LATITUDES 3

Méthode de français

B1

Yves Loiseau
Marie-Noëlle Cocton
Mathilde Landier
Anneline Dintilhac

Avant-propos

Nous avons le plaisir de vous présenter *Latitudes*, ensemble pédagogique destiné à des grands adolescents et à des adultes désireux d'apprendre le français. *Latitudes 3* fait suite à *Latitudes 1* et *2* et constitue le dernier niveau de l'ensemble. Il couvre 120 à 150 heures d'enseignement-apprentissage et permettra aux apprenants de terminer l'acquisition des compétences du niveau B1 du *Cadre européen commun de référence pour les langues* (Éditions Didier, 2001).

Le *Cadre européen commun de référence pour les langues*

Les objectifs et les contenus de *Latitudes* ont été définis en tenant compte des principes du *Cadre européen commun de référence pour les langues* : compétences générales et compétences communicatives, travail sur tâches, évaluations sommative et formative, ouverture à la pluralité des langues et des cultures.

L'autonomie de l'apprenant et l'acquisition

Le processus d'acquisition est fondé sur la compréhension de documents authentiques qui mène à la découverte d'actes de paroles et de faits linguistiques et culturels. La démarche s'appuie sur l'observation et la réflexion qui sont suivies d'une systématisation, et de productions qui favorisent le réemploi autonome. La typologie des activités proposées garantit une souplesse d'utilisation pour l'enseignant et une fixation des acquis pour l'apprenant.

La démarche de *Latitudes* vise à mener l'apprenant vers l'autonomie en le rendant responsable et conscient de son apprentissage. Par la mise en place de diverses stratégies, et grâce à l'acquisition préalable de savoirs et de savoir-faire communicatifs, linguistiques et culturels, il va rapidement acquérir les aptitudes nécessaires à la réalisation de nombreuses productions dans des domaines variés. L'apprenant est souvent invité à agir en petits ou grands groupes, à simuler des scènes quotidiennes, à réfléchir au monde qui l'entoure et à accomplir des tâches en lien avec la vie sociale.

En lui laissant certaines latitudes, ces activités concrètes et créatives contribuent à sa motivation et à son engagement dans son apprentissage. Il a également à sa disposition la totalité des activités sonores. Les deux CD audio inclus dans le livre de l'élève, les transcriptions des enregistrements, le cahier d'exercices (CD audio inclus) et les activités complémentaires en ligne contribuent à développer sa responsabilisation et son autonomie.

La démarche actionnelle

La démarche de *Latitudes,* résolument actionnelle, trouve sa légitimité dans le processus d'acquisition. Ainsi, chaque unité propose à l'apprenant d'acquérir des éléments de langue-culture qu'il peut réinvestir dans des productions guidées ou libres et dans des tâches concrètes de la vie quotidienne. Ces tâches impliquent l'apprenant dans des actions de communication qui s'inscrivent dans un contexte social clair et aboutissent à une production et à un résultat mesurable.

L'évaluation

Trois types d'évaluation sont proposés dans *Latitudes* :

• des bilans d'autoévaluation sont proposés après chaque unité. Les apprenants peuvent vérifier sans délai leurs connaissances par des activités courtes et très ciblées. Un résultat leur permet de se situer immédiatement et des renvois aux actes de parole découverts dans l'unité et aux pages linguistiques leur donnent la possibilité de dépasser leurs difficultés ;

• des tests sommatifs pour chacune des neuf unités sont à la disposition des enseignants dans le guide pédagogique. Ils comportent des activités de réception, de production, de vocabulaire et de grammaire, permettant de vérifier les acquis. Un barème de notation et un corrigé sont également proposés ;

• trois préparations aux épreuves du DELF B1 permettent à l'apprenant d'évaluer ses compétences de communication orales et écrites.

La structure de l'ouvrage

Latitudes est une méthode facile à utiliser et très pragmatique, à la fois par ses contenus, sa progression et la mise en œuvre du travail proposé.

Grâce à une organisation par objectifs fonctionnels, la structure est claire et les contenus parfaitement balisés.

Latitudes 3 se compose de neuf unités de seize pages chacune. Introduite par un contrat d'apprentissage, chaque unité fixe un objectif général : *raconter au passé, parler de quelqu'un, parler d'un lieu, parler de soi, exprimer ses sentiments et ses émotions, structurer son propos, exposer ses motivations, débattre, réagir et dénoncer*. De chacun de ces objectifs vont découler des sous-objectifs répondant aux besoins de la communication ; par exemple, pour *raconter au passé*, il est nécessaire de savoir *dire qu'on se souvient*, de savoir *dire qu'on a oublié* ou encore *de rappeler quelque chose à quelqu'un*. C'est à partir de ces objectifs généraux, puis plus spécifiques, qu'ont été définis les savoirs linguistiques à l'aide desquels les apprenants vont mettre en œuvre les cinq compétences : *comprendre, parler, interagir, écrire* et *lire*.

Les deux premières doubles-pages de chaque unité visent à faire **Découvrir** un objectif d'apprentissage se déclinant en plusieurs actes de parole présentés dans un contexte de communication orale ou écrite. L'unité se poursuit avec une double-page intitulée **Produire** dans laquelle l'apprenant est invité à identifier des stratégies de discours écrits et oraux en vue d'un réemploi ainsi qu'à distinguer des intonations et des particularités phonétiques. Ces pages sont accompagnées de modes d'emploi qui donnent à l'apprenant la possibilité d'acquérir les outils nécessaires à une production autonome. Vient ensuite une double-page intitulée **S'entraîner** contenant des exercices de grammaire, de lexique et de communication. L'aboutissement de chaque unité réside dans la réalisation d'une **Tâche** finale et motivante, alternant réflexion individuelle et production collective, qui permet le réinvestissement du chemin parcouru. Par ailleurs, les pages **Francophonies** invitent l'apprenant, par le biais de documents authentiques, à découvrir la diversité culturelle du monde francophone. Les apports culturels favorisent ainsi les échanges au sein de la classe et contribuent au développement du savoir-être interculturel.

À la fin de cet ouvrage est proposé un ensemble de pages outils : précis de grammaire, grille d'auto-évaluation B1, corrigés des autoévaluations, transcriptions de tous les documents sonores et index de contenus. Ces outils sont indispensables à l'apprenant dans sa démarche d'autonomisation et ils sont également précieux pour l'enseignant qui peut y trouver des références adaptées au niveau des apprenants.

L'ensemble du matériel

- *Le livre de l'élève*, accompagné de deux CD audio pour la classe, contient tous les documents sonores liés aux activités du manuel.

- *Le guide pédagogique* propose des explications détaillées sur la mise en place des activités, leur déroulement, leur corrigé, des informations culturelles utiles permettant de moduler la durée de l'enseignement-apprentissage selon les besoins.

- *Le cahier d'exercices*, avec CD audio inclus, suit pas à pas la progression du livre de l'élève et propose des activités sonores et écrites. Ce cahier peut être utilisé en autonomie ou en classe.

- *www.editionsdidier.com/collection/latitudes* : le site compagnon de la méthode propose aux apprenants des activités complémentaires en relation avec chaque unité de la méthode, le téléchargement d'extraits du livre et du cahier d'exercices, ainsi que le téléchargement intégral du guide pédagogique. Enfin, le site présente la méthode de façon détaillée et offre un espace d'échanges avec les auteurs.

Nous espérons que vous aurez grand plaisir à travailler avec *Latitudes*.

Les auteurs

Latitudes 3 : Parcours d'apprentissage

	Objectifs de communication	→ Tâche	Documents
unité 1 **Inoubliable !** **Page 8**	▸ **Raconter au passé** • Dire qu'on se souvient • Dire qu'on a oublié • Rappeler quelque chose à quelqu'un Autoévaluation **B1**	*Des souvenirs en boîte !* ▸ Écrire un témoignage pour contribuer à la mémoire collective du monde	**Écrit :** • *Les souvenirs s'invitent à l'âge adulte* : article de presse • *Inspecteur Delafond* : bande dessinée policière **Oral :** • *Abd Al Malik* : interview radio • *Kenya l'éléphante* : extrait du journal radio
unité 2 **Venez chez moi !** **Page 24**	▸ **Parler d'un lieu** • Décrire un lieu • Comparer Autoévaluation **B1**	*La ville de demain* ▸ Participer à la création d'une ville idéale	**Écrit :** • *Quelque chose en lui de Bartleby*, extrait du roman de Philippe Delerm • *Les tendances du logement idéal* : article de presse • Message électronique **Oral :** • *Zevisit.com* : balade audio-guidée • *Une ville, un jour* : émission radio • *Le retour aux tours* : reportage radio • *Si loin, si proche* : reportage radio
unité 3 **Vous les connaissez ?** **Page 40**	▸ **Parler de quelqu'un** • Décrire une personne • Rapporter les propos de quelqu'un Autoévaluation **B1**	*À vos micros !* ▸ Réaliser une interview pour une émission de radio	**Écrit :** • *Le Ciel t'aidera*, extrait du roman de Sylvie Testud • *L'éducation d'une fée*, extrait du roman de Didier van Cauwelaert • Sylvie Testud : interview **Oral :** • *Ils cherchent l'amour…* : émission radio • *Première rencontre* : émission radio • *La Grande Sophie* : reportage radio
unité 4 **Êtes-vous zen ?** **Page 56**	▸ **Parler de soi** • Exprimer la souffrance physique • Exprimer le plaisir, la joie, le bonheur Autoévaluation **B1**	*Bien-être, naturellement !* ▸ Organiser une journée du bien-être	**Écrit :** • *Vive la thalasso !* : article de presse • *Pourquoi manger mieux ?* : campagne de sensibilisation • *L'eau… plaisir !* : article de presse • Petites-annonces **Oral :** • *Lumière, lumière…* : reportage radio • *Une séance d'hypnose en direct* : reportage radio
unité 5 **Envie de culture ?** **Page 72**	▸ **Exprimer ses sentiments et ses émotions** • Exprimer des sentiments • Donner un avis critique • Exprimer le regret et le reproche • Exprimer l'hypothèse Autoévaluation **B1**	*Et si on créait ?* ▸ Proposer un projet culturel	**Écrit :** • *Maville.com* : site internet culturel • Critiques de spectacles • *Et si on téléchargeait légalement ?* : article de presse **Oral :** • *Demandez le programme !* : émission radio • *De l'art, de l'art !* : émission culturelle

Savoirs linguistiques	Productions orale et écrite	Pratiques de l'oral	Francophonies
• Passé composé, imparfait, plus-que-parfait • Accords du participe passé des verbes pronominaux • Le lexique du souvenir	• **Oral :** raconter une histoire insolite • **Écrit :** écrire une enquête policière	Fonction des pauses dans la chaîne parlée	Les griots : mémoires du monde
• La place des adjectifs • Les nuances de sens des adjectifs • Le pronom relatif *dont* • Les indéfinis • Le lexique de l'habitat	• **Oral :** réaliser une visite audio-guidée de sa ville • **Écrit :** répondre à une demande d'informations	Spécificités du langage parlé et du style familier	Montréal, une ville idéale ?
• Les pronoms relatifs composés • Discours rapporté et concordance des temps • Le lexique de la description physique et morale	• **Oral :** faire le portrait de quelqu'un • **Écrit :** écrire une biographie	La dénasalisation	Elles chantent en français !
• Les indicateurs de temps • Le gérondif • Le lexique du bien-être	• **Oral :** parler à quelqu'un de ses problèmes • **Écrit :** écrire un témoignage pour un courrier des lecteurs	Intonation : suggestion et conseil	France : tendance bio
• Indicatif ou subjonctif ? (1) • Le subjonctif dans l'expression des sentiments • Le conditionnel passé • L'hypothèse avec *si* • Le lexique de la critique culturelle	• **Oral :** présenter une œuvre d'art • **Écrit :** écrire une lettre à des amis pour proposer des sorties culturelles	Groupes et rythme	Le cinéma africain

Savoirs linguistiques	Productions orale et écrite	Pratiques de l'oral	Francophonies
• Les articulateurs du discours • Le participe présent • Le lexique du travail	• **Oral** : passer un entretien d'embauche • **Écrit** : rédiger une lettre de motivation	L'accent d'insistance	Ces Français qui ne veulent plus travailler
• L'expression de la cause • L'expression de la conséquence • L'expression du but • Le lexique de la solidarité	• **Oral** : exposer un projet • **Écrit** : écrire une lettre de demande	L'accent québécois	Voisins solidaires (Suisse et Belgique)
• L'expression de la concession • L'expression de l'opposition • Le lexique des discriminations	• **Oral** : exposer ses arguments • **Écrit** : écrire un essai argumentatif	Les interjections	Regarde-moi, je te dirai qui je suis… (Francophonies et préjugés)
• Indicatif ou subjonctif ? (2) • Le futur antérieur • Le lexique de l'environnement	• **Oral** : faire un discours pour dénoncer des problèmes • **Écrit** : écrire un article de presse	L'accent du Sud-Ouest	Écologies d'Outre-Mer

unité **1**

INOUBLIABLE !

Contrat d'apprentissage

Objectif ▶	Raconter au passé

Tâche ▶	**Écrire un témoignage**

Contribuez à la mémoire collective du monde en laissant un témoignage ou un souvenir aux générations futures.

Outils
- les temps du passé
- les verbes pronominaux
- le lexique du souvenir

Autoévaluation
B1

DÉCOUVRIR

Les souvenirs s'invitent à l'âge adulte

Convoqués tout au long de notre existence, les souvenirs d'enfance nous disent qui nous sommes.

Cela lui arrive de temps en temps. Quand il sort ces gâteaux ronds de la boîte, à l'heure du goûter de ses enfants, Marc, 41 ans, en prend un et le croque en se demandant s'il retrouvera la sensation que ces mêmes gâteaux lui procuraient quand il en mangeait à 6 ans, en rentrant de l'école. Pour Agnès, une Parisienne de 36 ans, ce serait plutôt une histoire de chocolat chaud. Adolescente, lors de vacances en Italie, elle a bu dans un village de passage « una cioccolata calda », dont elle garde un souvenir délicieux. « Depuis, à chaque fois que je vais en Italie, j'achète une préparation pour chocolat chaud épais que je bois ensuite de retour à Paris. Mais je n'ai jamais retrouvé le goût exact de celui de mes 12 ans », lâche-t-elle en riant. Nous avons tous ce genre de souvenirs qui resurgissent au hasard des gestes du quotidien. « Nos sens sont de grands fournisseurs de souvenirs agréables, constate le psychologue et psychothérapeute Patrick Estrade. Quand on est enfant, on perçoit le monde avec sérieux, on fait tout avec sérieux. Nos sens, visuels, gustatifs, olfactifs, sont des capteurs qui se traduisent en émotions. » […]
« Je me souviens parfaitement du réveillon de Noël de mes 3 ans, raconte ainsi Olivier, un scientifique de 34 ans. Nous étions partis en voiture, mes parents et moi, pour dîner chez mes grands-parents. Sur l'autoroute du Nord, la voiture est tombée en panne. Nous avons raté le réveillon, nous sommes arrivés après minuit, mais je ne me souviens

pas du tout du stress qu'il a pu y avoir dans cette situation. Je garde juste un souvenir magique de la dépanneuse dans laquelle j'étais monté. Et je me souviens aussi que, mes parents n'ayant pas les moyens d'acheter une autre voiture, cet événement a marqué le début d'une période formidable, où nous partions en vacances à vélo. En plus, nous habitions Saint-Cloud, dans un environnement bourgeois, et je garde finalement une certaine fierté d'avoir vécu dans ce milieu de manière un peu atypique. »
Pendant toute notre existence, nous dialoguons avec nos souvenirs. À travers eux, nous forgeons une partie de notre personnalité et de notre rapport au monde. Nos souvenirs d'enfance en disent long sur ce qu'on est à l'âge adulte, sur ce qu'on désire ou ce qu'on aspire à devenir.

Bruno Mallèvre
La Croix, 09/01/2008

C'est clair ?

1 Repérez dans l'article :
• qui raconte chaque souvenir,
• quel âge a cette personne aujourd'hui,
• quel âge avait cette personne à l'époque,
• quand cela s'est passé,
• ce qui s'est passé.

2 Par deux, répondez.

Dans cet article, Patrick Estrade parle des différents sens :
« Nos sens visuels, gustatifs, olfactifs ».

1. Associez les éléments entre eux.

le sens visuel   •   • l'odorat
le sens gustatif   •   • la vue
le sens olfactif   •   • le goût

2. Pour chaque souvenir évoqué, retrouvez le sens correspondant.

▶ **S'entraîner**
Exercice 6, p. 17

Parlons-en !

Et vous, quel est votre avis ? Pensez-vous comme le journaliste que « nos souvenirs d'enfance nous disent qui nous sommes » ?

2 ▸ 3 **Écoutez et complétez la fiche de l'invité.**

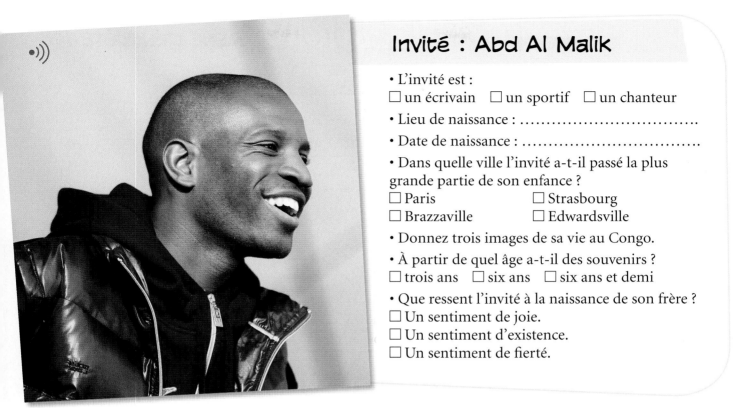

Invité : Abd Al Malik

• L'invité est :
☐ un écrivain ☐ un sportif ☐ un chanteur
• Lieu de naissance : ....
• Date de naissance : ....
• Dans quelle ville l'invité a-t-il passé la plus
grande partie de son enfance ?
☐ Paris   ☐ Strasbourg
☐ Brazzaville   ☐ Edwardsville
• Donnez trois images de sa vie au Congo.
• À partir de quel âge a-t-il des souvenirs ?
☐ trois ans ☐ six ans ☐ six ans et demi
• Que ressent l'invité à la naissance de son frère ?
☐ Un sentiment de joie.
☐ Un sentiment d'existence.
☐ Un sentiment de fierté.

Comment dire qu'on se souvient ou qu'on a oublié ?

4 **Dans l'article, relevez deux formes avec « se souvenir »
et observez la construction de ce verbe.**

2 ▸ 5 **Répondez.**

1. Quelle expression Abd Al Malik utilise-t-il pour dire qu'il a des souvenirs ?
☐ Je me souviens de tout.
☐ Je me rappelle de tout.
☐ Je n'ai rien oublié.

2. Quelle expression utilise-t-il pour dire qu'il n'a pas de souvenirs ?
☐ Je n'ai pas le moindre souvenir de ce qui s'est passé avant.
☐ Avant, je ne me rappelle de rien.
☐ Avant, c'est le trou noir.

3 ▸ 6 **a) Écoutez et dites si ces personnes se souviennent ou ont oublié.**

b) Relevez les expressions utilisées.

▶ **S'entraîner**
Exercices 1 et 8, pp. 16-17

Production orale

7 **Dans votre enfance, vous avez vécu un moment familial
que vous n'avez jamais oublié. Racontez.**

DÉCOUVRIR

C'est clair ?

1 Complétez les notes de l'inspecteur de police.

▶ **S'entraîner**
Exercice 7, p. 17

> *Manoir des Roches*
>
> Lieu du crime : ....
>
> ....
>
> Date du crime :
> Lundi 22 juin 2009
> Heure : ....
>
> Nature du crime :
> ☐ vol à main armée
> ☐ vol à l'étalage
> ☐ vol avec effraction
> Nom de la victime : ....
>
> ....
>
> Objet volé : ....
> Montant : ....
>
> Objet retrouvé sur le lieu
> du crime : ....
>
> Nombre de personnes
> interrogées : ....
> Informations sur les relations
> entre Mlle Jolin et
> – M. Legrand : ....
>
> – Mlle Lily : ....
>
> – le jardinier : ....
>
> Autres informations : ....

2 Répondez et comparez vos réponses avec votre voisin.

1. D'après vous, qui est le voleur ?
2. Quels sont les indices qui vous ont permis de le trouver ?
3. Pour quelle raison cette personne a-t-elle commis le crime ?

Comment raconter au passé ?

3 Relisez l'enquête. Associez chaque phrase à sa fonction.

1. Vous avez constaté le vol…
2. Il a brisé…, est entré, s'est dirigé…
3. Depuis trois ans. J'étais au chômage.
4. Il faisait si chaud dehors.
5. J'avais fini de tailler les arbres.

a. une action terminée avant une autre au passé
b. une description dans le passé
c. une situation dans le passé
d. une série d'actions terminées dans le passé
e. une action unique terminée dans le passé

**4 Retrouvez dans la BD les verbes avec « se ».
Comment expliquez-vous l'accord du participe passé ?**

▶ **S'entraîner**
Exercices 2 à 5, pp. 16-17

Point culture

« […] Et tout d'un coup le souvenir m'est apparu. Ce goût, c'était celui du petit morceau de madeleine que le dimanche matin à Combray (parce que ce jour-là je ne sortais pas avant l'heure de la messe), quand j'allais lui dire bonjour dans sa chambre, ma tante Léonie m'offrait après l'avoir trempé dans son infusion de thé ou de tilleul. […] »

Marcel Proust, *Du côté de chez Swann*, 1913.

La madeleine de Proust : objet ou micro-événement qui fait remonter à la conscience le souvenir d'un événement ou d'un contexte passé.

http://dictionnaire.reverso.net

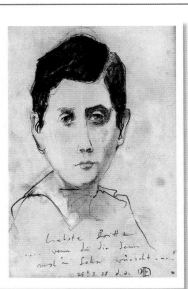

Échangez.

1. Dans cet extrait littéraire, qu'est-ce qui fait naître le souvenir du narrateur ?

2. Dans votre pays, y a-t-il une métaphore (une image) pour parler d'un souvenir d'enfance ?

PRODUIRE

ÉCRIRE une enquête policière

▶ **L'inspecteur Delafond a mené une enquête criminelle.
Racontez (environ 200 mots).**

Pour écrire une enquête policière au passé, je pense à :	Quelles questions dois-je me poser ?
Choisir un sujet d'enquête.	**Quoi ?** Exemples : *un vol, une disparition, un meurtre...*
Donner des précisions sur le décor.	**Où** cela s'est-il passé ? **Quand ?** Dans quelle pièce le crime a-t-il eu lieu ? Avec quoi ? (arme, outil, corde, autre objet...) **Conseil :** privilégiez un lieu fermé. Exemples : *un château, une maison, un musée, une banque, une gare...*
Décrire la victime.	**Qui ?** **Conseil :** la description de la victime peut aider à trouver le coupable. Exemple : *la victime était très grande* (le coupable doit être fort).
Préciser les circonstances et organiser mes idées de manière chronologique.	**Qu'est-ce qui s'est passé ?** **Conseil :** donnez des indices pour identifier le coupable. Exemple : *le coupable s'est enfui avec la voiture* (il sait conduire).
Décrire les suspects et mener un interrogatoire.	**Combien de suspects ?** Quelles sont leurs particularités ? **Conseil :** choisissez entre trois et six suspects. Posez des questions différentes à chacun d'entre eux afin de déstabiliser le lecteur.
Rédiger.	Choisissez le temps des verbes (imparfait, passé composé, plus-que-parfait) selon leurs fonctions dans l'histoire.
Conclure.	**Alors ?** Invitez le lecteur à trouver le coupable.

PARLER au passé

(4) **1 Écoutez et répondez.**

1. Qu'apprend-on au sujet de Kenya l'éléphante ?

2. Retrouvez les expressions utilisées pour dire que Kenya n'a pas les papiers nécessaires.

3. Qui défend les points de vue suivants à propos de l'éléphante Kenya ?
• Kenya devrait retourner dans sa famille.
• Kenya n'avait pas l'air heureux.
• Kenya n'avait pas un mode de vie acceptable pour un éléphant.

4. Pour Arsène Cagniac, le propriétaire de Kenya, l'éléphante « faisait partie de la famille »…
• Quel mot utilise-t-il pour parler d'elle ?
• Depuis combien de temps faisait-elle partie de la famille ?
• Jusqu'où est-il prêt à aller pour récupérer son éléphante ?

2 Quel titre pourriez-vous donner à ce document ?

Créer un effet de surprise ou de suspens

(5) **A Ces phrases expriment-elles la surprise, la tristesse, l'enthousiasme, l'hésitation ou le désaccord ?**

(6) **B Répétez en marquant une courte pause pour produire un effet de surprise.**

(7) **C La pause indique-t-elle un effet de surprise ou une hésitation ?**

À l'oral, les pauses brèves peuvent avoir différentes significations.
– Elles sont involontaires et indiquent une hésitation.
– Elles sont volontaires et produisent un effet d'insistance ou de mise en relief.
– Elles sont devant un mot ou une expression et produisent un effet de surprise ou de suspens.

Attention : l'expression située directement après une pause est souvent accentuée.

▶ **À votre tour, racontez (ou inventez) une histoire insolite dont vous avez été témoin ou acteur dans le passé.**

MODE D'EMPLOI	Pour raconter une histoire insolite, je pense à :	Quelles questions dois-je me poser ?
	Déterminer le thème de l'histoire.	**Quoi ?** **Conseil :** choisissez des éléments inattendus (personnes, lieux, situations…).
	Préciser les circonstances.	**Quand ?** Qui raconte ? Avez-vous un rôle dans l'histoire ? Lequel ?
	Décrire la situation et le déroulement des faits.	**Où ? Qui ? Comment ?** **Conseil :** pensez à décrire le lieu, à présenter les personnes, à relater les faits.
	Insister sur le caractère insolite.	**Conseil :** faites des associations originales et explicitez une situation inattendue. Exemples : *Un éléphant… sans papiers ! Travailler… en maillot de bain !*
	Susciter l'intérêt.	**Conseil :** jouez avec l'intonation. Utilisez les pauses brèves et accentuez les informations originales.

S'ENTRAÎNER

Grammaire

1 Choisissez la forme qui convient.

1. Elle se souvient (de – que – ø) il n'avait pas plu ce jour-là.
2. Je me rappelle bien (de – que – à) ce château qui dominait la rivière.
3. Personne ne se souvient (que – à – ø) l'avoir déjà rencontrée.
4. Jamais je n'oublierai (ø – de – à) mon premier amour.
5. Il faut que tu penses (à – que – ø) la contacter.
6. Je n'ai plus le moindre souvenir (de – que – à) mon enfance.
7. Marie ne sait plus (à – que – si) elle a fermé la porte à clé avant de partir.

2 Retrouvez la chronologie du parcours professionnel de Marie et justifiez l'emploi des temps.

1. Pendant mes études, j'allais souvent voir des défilés dans des salons. Avec des amies, nous en avions même organisé deux pour l'école.
2. Quand j'étais adolescente, j'ai fait un petit boulot dans une entreprise de textile.
3. L'année dernière, je suis partie en Chine juste après mon Master. J'y étais déjà allée en vacances, en 2003.
4. Donc, il y a cinq ans, je suis entrée dans une école de mode à Paris.
5. Maintenant, je travaille comme styliste à Pékin.
6. Grâce à ce travail, j'ai commencé à m'intéresser à la mode, au stylisme et à la haute couture.

**3 Complétez le souvenir de Charles.
Mettez les verbes au temps qui convient.**

Je me souviens du voyage en pleine nuit pour partir en Angleterre. Je (avoir) ...... trois ou quatre ans. Nous (rouler) ...... depuis deux ou trois heures. À un moment, mon père (s'arrêter) ...... pour faire le plein d'essence. Puis, nous (repartir) .... Soudain, mon père (se mettre) ...... à hurler. Il (oublier) ...... son portefeuille à la station-service. Nous y (retourner) ...... mais il n'y (être) ...... plus.
Pendant que mon père (demander) ...... si quelqu'un (trouver) ...... son portefeuille, ma sœur (aller) ...... aux toilettes. En rentrant dans la voiture, elle (apercevoir) ...... le portefeuille coincé entre le siège et le bas de la portière. Quelle chance nous (avoir) ...... ce jour-là !

**4 Complétez le souvenir de Stéphanie et Virginie.
Accordez, si nécessaire, les participes passés.**

Nous nous étions rencontré... sur les bancs de l'école primaire. Pendant longtemps, nous nous étions détesté... . Mais un jour, nos mères se sont croisé... et nous nous sommes regardé... différemment. Nous ne nous étions jamais imaginé... que nous pourrions nous entendre.

Pour raconter au passé

Le passé composé :
• présente des actions ou des états terminés à un moment précis.
• présente les événements de la situation.

L'imparfait :
• présente des actions ou des états sans limites de temps précises.
• présente le contexte, le décor d'une situation.
• évoque une habitude passée.

Le plus-que-parfait :
• permet de parler d'une action qui a eu lieu avant une autre dans le passé.

L'accord du participe passé des verbes pronominaux

■ Le participe passé s'accorde avec le sujet :
Elle s'est fâchée.

■ Le participe passé s'accorde avec le complément d'objet direct placé avant le verbe :
Ils se sont embrassés.

■ Le participe passé ne s'accorde pas :
Hier, ils ne se sont pas téléphoné.

LE SECRET DE NAPOLÉON Iᵉʳ

DE CETTE FAÇON PERSONNE NE VERRA QUE JE NE ME SUIS PAS LAVÉ LES MAINS !

Plusieurs fois, nous nous sommes téléphoné…. Au collège, nous nous sommes séparé… . Mais au lycée, nous nous sommes retrouvé… dans la même classe. Nous nous étions toujours promis… de rester en contact. Cela fait maintenant vingt ans que nous nous connaissons.

5 **Écrivez une courte histoire au passé à l'aide des verbes** *se rencontrer, s'amuser, se disputer, se séparer* **et** *s'enfuir.*

Lexique

6 **Associez chaque organe à un sens.**
Puis, attribuez un sens à chaque phrase.

les yeux •   • le toucher
les oreilles •   • l'ouïe
la langue •   • l'odorat
les mains •   • la vue
le nez •   • le goût

1. C'est le dernier. Savoure-le bien !
2. Tu entends les oiseaux dans le jardin ?
3. J'ai tâté mes poches, mais je n'ai pas trouvé mes clés.
4. Oh là là, qu'est-ce que ça sent mauvais !
5. Arrête de l'observer. Elle va être gênée.

7 **Complétez le fait divers avec les mots suivants :** *victime, suspects, enquête, délits, plainte, voleur, interrogatoire, inspecteur.*

Hier, mardi 14 juillet, un …… s'est introduit par effraction dans une maison du XVIe arrondissement de Paris. La ……, Mlle Richardeau, a porté …… au commissariat le plus proche. Le …… Dupuis, chargé de le ……, s'est aussitôt rendu sur les lieux. Quatre …… ont été arrêtés. Le …… aura lieu demain. La police locale rappelle que le nombre de …… augmente toujours sensiblement en période estivale.

Communication

8 **Vous retrouvez un ami d'enfance avec qui vous étiez à l'école. Échangez sur vos souvenirs. Jouez la scène à deux.**

Rappeler quelque chose à quelqu'un	Dire qu'on se souvient	Dire qu'on a oublié
• *Il riait toujours, tu te souviens ?* • *Tu te souviens comme il était sympa ? / qu'il arrivait toujours en retard ?* • *Rappelle-toi, c'était en 2002.*	• *Je me souviens de ton rire / que tu riais.* • *Je n'ai pas oublié son rire / qu'il riait.* • *Je me rappelle de toi / de tes yeux / que je t'aimais.* • *J'ai tout gardé en mémoire.*	• *Désolé, je ne m'en souviens plus.* • *Non, ça ne me revient pas.* • *Je ne me rappelle plus son nom.* • *J'ai un trou de mémoire !* • *Je n'ai pas le moindre souvenir de ça.*

TÂCHE

DES SOUVENIRS EN BOÎTE !

▶ Contribuez à la mémoire collective du monde en laissant un témoignage ou un souvenir aux générations futures.

Étape 1 Découverte

INSOLITE

Janvier 2010, Aubigné-sur-Layon.
Pour fêter la nouvelle année, le petit village pittoresque d'Aubigné-sur-Layon, situé au cœur de la région des vins d'Anjou, a trouvé une idée originale. Celle de mettre leurs souvenirs en boîte !

Les amoureux du patrimoine et de l'histoire ont sollicité leurs 334 habitants pour conter souvenirs ou anecdotes sur la vie du village et ainsi laisser un témoignage de leur passage dans l'histoire.

Une fois scellé, le coffre a été enterré sous la place de l'église. Ce n'est qu'en 2050 que les petits, alors devenus grands, pourront déterrer le coffre et prendre le temps de lire et d'apprécier les confidences d'autrefois.

Une initiative originale et pleine de sens, pour ce village touristique, où chaque pierre respire l'authenticité.

Le retour des vendanges, 1957

Témoignage d'Eugénie, 82 ans.

Je me souviens de ma première fête des vendanges. Je venais de la ville et je n'avais jamais goûté à la vie d'un village. À l'aube, les garçons sont partis cueillir le raisin. Les filles se sont retrouvées pour préparer le repas du soir. C'est ainsi que j'ai fait la connaissance de Madeleine. Elle habitait à côté du presbytère et passait son temps à raconter des histoires. Je me rappelle que le soir de la fête, elle m'a dit qu'elle avait embrassé un Italien qui était venu au village l'année précédente. Je savais qu'elle mentait car le village n'avait jamais accueilli d'Italiens. Peu importe, elle venait de gagner mon amitié.

1 **Lisez l'article et répondez.**

1. Que pensez-vous de cette idée ?
2. Selon vous, de quoi peuvent parler les témoignages ?
3. Pour quelles raisons peut-on avoir envie de laisser un témoignage ?
4. D'après vous, que peut contenir également le coffre ?

2 **Lisez le témoignage et discutez.**

1. Quels sentiments éprouvez-vous à la lecture de ce témoignage ?
2. Si, comme Eugénie, vous deviez laisser un témoignage dans lequel vous parlez d'une personne qui a marqué votre vie, qui choisiriez-vous ? Expliquez pourquoi.

 **Réflexion**

Par groupes, faites appel à votre mémoire collective pour trouver les témoignages et souvenirs de ces vingt dernières années que vous allez laisser aux générations futures.

Pour vous aider, répondez, par groupes, à ces questions :

1. Quel événement a marqué ces vingt dernières années ? (événement mondial, sportif, culturel…)

2. Quelle personnalité a apporté une forte contribution au monde ? (chanteur, acteur, écrivain, philosophe, scientifique…)

3. Quel objet gardez-vous en mémoire ? (téléphone portable, ordinateur…)

4. Quel produit alimentaire avez-vous découvert pour la première fois ces dernières années ?

5. Quels sont, à votre avis, les autres types de souvenirs importants ?

 **Écriture**

Parmi vos réponses aux questions précédentes, choisissez individuellement un souvenir et écrivez un témoignage à la manière d'Eugénie.

Pour vous aider, pensez à :
– justifier votre choix,
– raconter une anecdote au sujet de ce souvenir,
– préciser la relation que vous avez avec ce souvenir,
– évoquer les sentiments que vous éprouvez.

Vous pouvez également compléter votre témoignage en l'accompagnant d'une photo ou d'un objet.

Étape 4 **Échange**

**À présent, reformez les mêmes groupes que pour l'étape 2.
Dans une grande boîte vide, déposez votre témoignage accompagné de photos ou d'objets.
Échangez votre boîte avec celle d'un autre groupe et lisez les témoignages de vos camarades.**

Vous pouvez aussi décider que votre classe va laisser aux générations futures une boîte composée de quelques éléments. Pour décider du contenu de cette boîte commune, ouvrez toutes les boîtes et ne gardez que les éléments et témoignages qui vous paraissent les plus marquants.

FRANCOPHONIES

MÉMOIRES DU MONDE

Doc 1 Les griots, la mémoire de l'Afrique

Un griot est un historien oral africain, un gardien de l'histoire du village et de la généalogie de ses habitants.

Il (ou elle) est un membre respecté du clan[1] qui, avant l'apparition de l'écrit, retenait par cœur tous les événements marquants de la vie d'un village, comme les naissances, les morts, les mariages, les chasses, les saisons et les guerres, assurant ainsi la continuité du patrimoine collectif, de la culture et de la généalogie[2] du clan. Un griot pouvait parler des heures, voire des jours, faisant appel à la mémoire bien exercée d'une histoire transmise de griot en griot sur des générations.

La tradition orale était – est toujours – une composante majeure de la culture africaine, dans laquelle les archives entières de tout un village étaient enregistrées dans la mémoire d'un conteur particulier, ou griot. Le griot était chargé de rappeler à travers les générations les histoires des guerriers et des rois. Ainsi s'établissait un sentiment de continuité, tandis que les coutumes et la culture étaient préservées au sein de la tribu[3] et du village. D'autres conteurs, des professionnels ambulants qui voyageaient de village en village et de festival en festival, pratiquaient également cet art. Bien que ces histoires aient été avant tout destinées à divertir, elles étaient également instructives, « soulignant généralement les faiblesses humaines et la manière dont nous pouvons être blessés ou détruits par notre cupidité ou notre bêtise, ou par une confiance mal placée dans les gens et les choses ». [...]

unesco.org

1. clan : groupe familial avec un chef.
2. généalogie : recherche de toutes les personnes qui appartiennent à une famille.
3. tribu : groupe de personnes, sur un territoire, avec un chef.

Doc 2 8

" Vous voyez mes enfants, l'homme préfère toujours ce qu'on lui cache. "

Extrait du conte « Deyloul et ses filles », de Mamadou Sall, *La Grande Oreille*, juillet 2006.

Tilly Willis, *Filles de Calabash*, 1991 (huile sur toile), coll. privée

Doc 3

Griot par choix

entretien de Fatou Sangaré, avec Siré Camara

Membre actif de l'Association de « Griots Urbains » qui a pour but de promouvoir la culture africaine en France, Siré Camara est conteur professionnel. Il évoque son parcours personnel et l'action de son association.

Siré Camara, vous vous êtes fait connaître en tant que conteur et musicien. Pourtant vous n'êtes pas issu d'une famille de griot. Qu'est ce qui vous a amené à ce métier ?

C'est tout à fait par hasard que je suis devenu conteur. Je suis arrivé en France il y a une dizaine d'années, afin de poursuivre mes études. Après avoir passé une maîtrise d'histoire, je me suis inscrit en Master de sociologie. Comme beaucoup d'étudiants, j'ai dû travailler pour financer mes études, c'est comme ça que j'ai commencé à faire du soutien scolaire. J'avais pris l'habitude de motiver mes élèves en leur répétant : « Si vous travaillez bien, je vous raconterai une histoire. » Puis l'offre a fini par suivre la demande ; les élèves avaient plaisir à travailler et ont fait d'énormes progrès. C'est ainsi que je me suis découvert une passion pour raconter des histoires. Plus qu'une simple vocation, c'est devenu mon métier, au grand dam[1] de mes parents qui auraient préféré me voir poursuivre mes études.

Les griots sont formés dès leur plus jeune âge et ce de père et fils. Et vous, quel enseignement avez-vous reçu ?

Mon enfance a été bercée par les histoires que me racontait ma grand-mère. Ce sont ces histoires que j'ai reprises ainsi que d'autres qui m'ont été transmises. Par la suite, j'ai commencé à écrire des histoires à partir de différents thèmes, comme l'exclusion, le racisme, l'amitié... J'ai par exemple écrit l'histoire d'une petite mélodie qui au cours d'un voyage

Siré Camara

en Afrique se lie d'amitié avec les différents instruments de musique qu'elle rencontre.

Y a-t-il une différence entre votre rôle et celui du griot ?

La seule différence entre mon rôle de conteur et celui du griot, est que celui-ci a hérité de son statut, alors que moi je l'ai choisi. Un griot, même s'il décide de ne pas exercer, sera toujours un griot, ne serait-ce que par son nom de famille. Sinon, nous utilisons les mêmes outils, tel que le chant et la musique, et nous avons la même finalité : transmettre un message, des valeurs. [...]

www.africultures.com

1. au grand dam (de) : au grand regret (de).

1 Lisez les documents 1 et 3 puis répondez.

1. Quel est le sujet de chacun des documents ? Qu'est-ce qui les différencie l'un de l'autre ?
2. Comment l'origine des griots est-elle justifiée dans le document 1 ?
3. Qu'est-ce qui est original dans le parcours de Siré Camara ?
4. Quels sont les points communs entre les griots et les conteurs ?
5. Quelles différences essentielles distinguent ces deux types de personnes ?

2 Écoutez le conte mauritanien (doc 2).

1. D'après vous, que souligne ce conte ?
2. Comment expliquez-vous le choix des filles ?
3. Que pensez-vous de l'attitude de leur père ?
4. Quelle autre solution aurait-il pu trouver pour faire passer son message à ses filles ?

Autoévaluation

Je peux dire que je me souviens

1 Associez.

1. Euh, voyons… Il s'appelait Marcel Raymond. Tu te souviens ?
2. Tu es sûre que c'était l'année dernière, au ski ?
3. Rappelle-toi les goûters du dimanche après-midi.
4. Je suis sûre que tu ne l'as pas oubliée.

a. Mais oui, je me rappelle qu'il neigeait.
b. J'ai gardé en mémoire l'odeur du gâteau au chocolat.
c. Ah oui, je me souviens bien de lui. Il blaguait toujours.
d. Je me souviens qu'elle parlait fort et qu'elle arrivait toujours en retard.

> **1** Comptez 1 point par réponse correcte.
> **Vous avez…**
> ◗ 4 points : félicitations !
> ◗ moins de 4 points : revoyez les pages 10, 11 et 17 de votre livre et les exercices de votre cahier.

Je peux dire que j'ai oublié

2 Utilisez les verbes ou expressions entre parenthèses pour dire que vous avez oublié.

1. Mais, si, souviens-toi : on était partis à la mer voir tes amis belges.
.... (se souvenir)
2. Nous sommes allés voir ce film au cinéma. C'est même toi qui voulais le voir.
.... (revenir)
3. Mais comment s'appelait-elle déjà ?
.... (se rappeler)
4. Rappelle-toi, c'était en 1975.
.... (avoir un trou de mémoire)
5. Te souviens-tu avoir volé le vélo de ton grand-père ?
.... (le souvenir)

> **2** Comptez 1 point par réponse correcte.
> **Vous avez…**
> ◗ 5 points : félicitations !
> ◗ moins de 5 points : revoyez les pages 10, 11 et 17 de votre livre et les exercices de votre cahier.

Je peux rappeler quelque chose à quelqu'un

3 Cochez les phrases où on rappelle quelque chose à quelqu'un.

☐ Tu penses encore à lui ?
☐ Tu penseras à fermer à clé ?
☐ Rappelle-toi, elle était grande et mince !
☐ Rappelle-moi demain, sans faute !

> **3** Comptez 2 points par réponse correcte.
> **Vous avez…**
> ◗ 4 points : félicitations !
> ◗ moins de 4 points : revoyez les pages 10, 11 et 17 de votre livre et les exercices de votre cahier.

Je peux raconter au passé

4 **Lisez le texte et entourez la forme du passé qui convient.**

> ### Abd Al Malik
>
> Abd Al Malik **est né / était né** en 1975. Il **grandissait / a grandi** dans une cité à Strasbourg. Tous les jours, il **traînait / a traîné** dans la rue sans rien faire. Grâce à une enseignante, il **commençait finalement / a finalement commencé** à s'intéresser à l'école. Quand il **était / a été** à l'université, il **créait / a créé** un groupe de rap avec son frère. Il **est devenu / devenait** célèbre grâce à son album *Gibraltar*, sorti en 2006. Il **ne retournait jamais / n'est jamais retourné** à Brazzaville où il **a passé / avait passé** une partie de son enfance.

4
Comptez 1 point par réponse correcte. Vous avez…
▶ 9 points : félicitations !
▶ moins de 9 points : revoyez les pages 12, 13 et 16 de votre livre et les exercices de votre cahier.

5 **Paul raconte un souvenir dont il a honte.**
Reformulez ce texte en utilisant les temps du passé.

Les Leblanc me proposent de venir dans leur nouvelle maison de campagne près de Rouen. Comme ils m'ont déjà invité, je me sens obligé d'accepter. Au départ, l'idée ne m'enchante pas vraiment mais comme je ne connais ni la région ni leurs amis, je me dis que c'est l'occasion d'y aller. Quand j'arrive chez eux, il y a déjà beaucoup de monde. Régine ouvre le cadeau que j'achète avant de partir. Quand elle pose la bouteille sur la table, je vois, en même temps que les autres invités, une étiquette sur la bouteille : 2,30 euros… le prix de la bouteille.

La semaine dernière, …

5
Comptez 1 point par réponse correcte. Vous avez…
▶ 13 points : félicitations !
▶ moins de 13 points : revoyez les pages 12, 13 et 16 de votre livre et les exercices de votre cahier.

Je peux accorder les verbes pronominaux

6 **Conjuguez ces verbes pronominaux au passé composé.**
Faites les accords, si nécessaire.

1. Jeanne et Juliette ……… (se rencontrer) quand elles avaient 12 ans.
2. Ils ne se parlent plus depuis qu'ils ……… (se disputer).
3. Elle ……… (se former) à l'histoire de l'art à l'âge de 30 ans.
4. Les enfants ……… (se raconter) des histoires avant de s'endormir.
5. Ils ……… (se dire) des mots d'amour, des mots de tous les jours !

6
Comptez 1 point par réponse correcte. Vous avez…
▶ 5 points : félicitations !
▶ moins de 5 points : revoyez les pages 12, 13 et 16 de votre livre et les exercices de votre cahier.

Résultats : ____ **points sur 40 points**

unité 2

VENEZ CHEZ MOI !

Contrat d'apprentissage

| **Objectif** ▶ | Décrire un lieu |

| **Tâche** ▶ | **Présenter un projet** |
| | *Participez à la construction de la ville idéale en réfléchissant à des solutions pour faire face aux difficultés actuelles de logement.* |

Outils
- la place des adjectifs
- la nuance de sens des adjectifs
- le pronom relatif « dont »
- la comparaison
- les indéfinis
- le lexique de l'habitat

DÉCOUVRIR

•))) Découvrez Marseille sur zevisit.com

Le Vieux-Port de Marseille.

La rue de la République,
à Marseille.

Écoutez la balade audio

▶ ❚❚ ■

C'est clair ?

1 Décrivez ces photos de Marseille.

9 **2 Écoutez l'enregistrement et répondez.**

1. De quoi s'agit-il ?
2. Où la femme qui parle se trouve-t-elle précisément ?
3. Quelles sont les caractéristiques de ce lieu ?
4. Pourquoi la ville fait-elle des travaux ?
5. Qui est Didier Zapata ? Qu'a-t-il fait ?

9 **3 Écoutez de nouveau et expliquez les mots :**

la rénovation – la réhabilitation – l'habitat – le confort – les particuliers

Parlons-en !

Dans votre ville, quelles sont les difficultés liées au logement ? Existe-t-il des aides ou des programmes de rénovation ?

▶ **S'entraîner**
Exercice 1, p. 32

Comment décrire un lieu ?

9 4 **Dans la balade audio, relevez les expressions pour décrire la rue, les façades, l'appartement.**

10 5 **Écoutez l'émission « Ville d'un jour » et repérez les éléments essentiels à la description d'une ville (dates, population, monuments…).**

▶ **S'entraîner**
Exercice 8, p. 33

 Comment choisir la place des adjectifs ?

6 **Observez ces phrases. Discutez de la place des adjectifs.**

1. Une vraie avenue haussmanienne.
2. Le reste est détenu par deux grands propriétaires.
3. Beaucoup d'immeubles sont insalubres et nécessitent de lourds travaux de rénovation.

7 **Lisez ce texte et répondez.**

Au Train bleu[1], levant les yeux, Monsieur Spitzweg s'embarque. La fresque au-dessus de lui mélange des bords de mer presque turquoise et des fleurs blanches, des femmes suaves et un peu molles en apparence. Les noms des villes sont écrits. Nice. Flâner sur la promenade des Anglais quand on descend à peine de la Coulée verte[2]. Arnold prend tout son temps pour vivre Nice ainsi, tant pis si le café refroidit. Le meilleur, c'est de baisser les yeux pour revenir ensuite à l'austérité vaguement britannique des meubles et du service, et de mêler tout cela, le ciel carte postale ancienne, le luxe rigoureux. Arnold sourit dans son îlot. Le vrai voyage, c'est de devenir le Train bleu. Il sort son carnet noir et prend des notes.

Philippe Delerm, *Quelque chose en lui de Bartleby*, p. 75.

1. Le Train bleu est le nom d'un restaurant de la gare de Lyon à Paris.
2. La Coulée verte est un espace vert aménagé au sud de Paris.

1. Quels sont les adjectifs de couleur utilisés dans cette description ? Où sont-ils placés ?
2. Dans le texte, il est écrit : « une carte postale ancienne ».
Pourrait-on dire « une ancienne carte postale » ?
3. Quel est le sens de « ancien » dans les phrases qui suivent ?
– *Vous cherchez un appartement neuf ou un appartement **ancien** ?*
– *C'est grand parce que c'est un **ancien** garage. On a fait beaucoup de travaux.*

▶ **S'entraîner**
Exercices 3, 4 et 5, pp. 32-33

 Comment utiliser « dont » ?

8 **Observez ces phrases. Expliquez le choix du pronom relatif « dont ».**

1. La ville dont nous allons parler aujourd'hui a une place très particulière dans la vie culturelle française.
2. C'est une ville méditerranéenne, une ville pleine de couleurs dont les habitants sont très fiers.
3. Marseille est célèbre pour sa langue dont l'accent constitue à lui seul l'emblème du Midi de la France.

▶ **S'entraîner**
Exercice 6, p. 33

Production orale

9 **Décrivez votre quartier et ses maisons.**

Les tendances du logement idéal

Transparente, polyvalente et naturelle : la maison idéale telle que les Français la conçoivent. [...]

Toutes les enquêtes le disent : plus de 85 % de nos concitoyens, tous milieux et origines confondus, rêvent de cet eldorado. Les cadres n'hésitent plus à quitter les centres-villes pour se faire construire des pavillons en banlieue ou rénover à plusieurs d'anciennes usines, ateliers ou boutiques. Nos concitoyens raffolent de concepts audacieux à base de verre, de métal ou de bois. Les constructeurs se ruent sur un marché juteux où les notions de loft et de modularité font fureur. Comment expliquer cette frénésie ? « Le logement est un prolongement du soi, justifie la psychanalyste Catherine Rioult. D'où le besoin de se sentir à l'aise dans un espace autonome, quand dans l'appartement, il semble étriqué, étouffé dans la masse. Sur les divans, nos patients rêvent de bâtisses entre ville et campagne, parlent décoration ou meubles. » Dans les études (source Cetelem 2007), le logement est désormais passé devant les loisirs et le travail en ordre d'importance. Il constitue le premier poste de dépense des Français, qui y consacrent près du tiers de leur budget, acquisition comprise. [...]

Les médias ne pouvaient laisser échapper une passion qui électrise autant de Français. Plus de 600 magazines se disputent le secteur ameublement, décoration, ventes, jardins, etc. Sur les chaînes de télévision, « Question Maison » sur France 5 a ouvert la voie. « Du côté de chez vous » sur TF1 a réuni jusqu'à 77 millions de spectateurs par semaine, qui n'auraient raté à aucun prix ce zoom sur une maison d'exception. L'émission, toujours à l'antenne le week-end, s'est même transformée en chaîne spécialisée dans le bouquet CanalSat, concurrente de Téva Déco. M6 a répliqué avec « D&Co », qui réunit 3,5 millions de téléspectateurs, fanatiques d'embellissement, sur le mode relookez votre maison. Avec des résultats parfois comiques : « Certains clients m'appellent en s'imaginant que cela va se passer comme à la télé, s'amuse Pascale-Joanne Rabaud, architecte d'intérieur à Saint-Denis. Du genre, "j'ai 10 000 euros, je voudrais refaire mon appartement..." D'autres demandent un croquis pour 50 euros. Dans sept cas sur dix, la notion d'honoraires leur fait l'effet d'une aberration, parfois d'une escroquerie. La culture architecturale des Français reste sommaire. »

www.lefigaro.fr

•))) **Le retour aux tours**

Le quartier d'affaires de La Défense à Paris.

28

C'est clair ?

1 Prenez connaissance des documents et répondez.

1. Quelle est la tendance des Français en matière de logement ?
2. À qui cela profite-t-il ?
3. Quels éléments vous indiquent que le logement est important pour les Français ?
4. Pourquoi dit-on que « la culture architecturale des Français reste sommaire » ?
5. Pour quelle raison parle-t-on de « retour aux tours » ?

Comment comparer ?

2 Lisez ces phrases. Comment la comparaison est-elle exprimée ?

1. Certains clients m'appellent en s'imaginant que cela va se passer comme à la télé.
2. Mais il n'est pas question de faire les mêmes erreurs que dans le passé.
3. Elles seront aussi plus vertes, plus écologiques, moins gourmandes en énergie.

▶ **S'entraîner**
Exercices 7 et 8, p. 33

Comment utiliser les indéfinis ?

3 Lisez les phrases et répondez.

1. **Toutes** les enquêtes le disent : plus de 85 % de nos concitoyens, **tous** milieux et origines confondus, rêvent de cet eldorado.
2. Les cadres n'hésitent plus à quitter les centres-villes pour rénover à **plusieurs** d'anciennes usines.
3. 77 millions de spectateurs par semaine, qui n'auraient raté à **aucun** prix ce zoom sur une maison…
4. **Certains** clients m'appellent…
5. **D'autres** demandent un croquis pour 50 euros.

a) Dans quelles phrases le mot en gras remplace-t-il un nom ? Lequel ?
b) Dans quelles phrases le mot en gras complète-t-il un nom ? Lequel ?
c) Dans la première phrase, comment expliquez-vous le choix de « toutes » et de « tous » ?
d) Quelle quantité les mots en gras indiquent-ils ? Remplacez-les par un nombre ou une expression de quantité.

▶ **S'entraîner**
Exercice 2, p. 32

Point culture

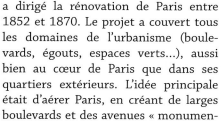

Georges Eugène Haussmann, couramment appelé le « baron Haussmann », a dirigé la rénovation de Paris entre 1852 et 1870. Le projet a couvert tous les domaines de l'urbanisme (boulevards, égouts, espaces verts…), aussi bien au cœur de Paris que dans ses quartiers extérieurs. L'idée principale était d'aérer Paris, en créant de larges boulevards et des avenues « monumentales », en travaillant les axes de la ville. Depuis Haussmann, Paris a changé de visage.

Échangez.

1. Que pensez-vous du travail d'Haussmann à Paris ?
2. Qu'est-ce qui donne son caractère à votre ville ?

PRODUIRE

ÉCRIRE pour donner des informations

▶ **Sur Internet, vous avez proposé un échange de maison. Une personne est intéressée. Vous lui répondez.**

Échange de maison

Exp. : Estela
Objet : Échange de maison

Bonjour,
Je vous remercie pour les photos de votre maison qui est tout à fait charmante. Le jardin est magnifique ! Souhaitez-vous que nous l'arrosions pendant votre absence ?
Pourriez-vous également, s'il vous plaît, me donner quelques précisions sur le quartier et la ville ? Nous aimerions pouvoir visiter la ville à pied ; votre quartier est-il bien desservi par les transports en commun ?
Bien cordialement,
Estela

Notre maison vue de la rue

MODE D'EMPLOI	Pour répondre à une demande d'informations, je pense à :	Quelles questions dois-je me poser ?
	Rappeler l'origine de la demande.	**Comment ?** *Je viens de lire votre message concernant...* *Suite à votre message, je vous écris pour...* *Votre message au sujet de...*
	Donner des informations.	**Comment ?** *Je vous informe que...* *Je souhaiterais vous informer de...* *Je me permets de vous signaler que...* *Je vous confirme que...*
	Donner des précisions sur le logement.	**Quoi ?** • Des informations générales. *C'est une maison ancienne. L'appartement est petit mais confortable.* • Des précisions (utilisez les pronoms relatifs, les adjectifs). *Il y a trois chambres spacieuses dont une au rez-de-chaussée qui est équipée d'une salle de bains.*
	Faire une description de la ville.	**Comment ?** **Conseil :** pensez à donner les différentes informations pratiques nécessaires (la situation géographique, le climat, la superficie, les lieux importants à découvrir...).
	Utiliser les formules de politesse.	**Quand ?** • Pour commencer : *Bonjour, / Madame, Monsieur,* • Avant de conclure : *Si vous souhaitez plus d'informations, n'hésitez pas à me contacter. / Pour de plus amples renseignements, vous pouvez contacter...* • Pour conclure : *Bien à vous. / Cordiales salutations.*

PARLER d'un lieu

12 **1** **Écoutez ce reportage et répondez.**

1. Où se trouvent les journalistes ? Que font-ils ?
2. Quelles caractéristiques de l'île de Gorée
évoquent-ils ?
3. D'après le guide, pourquoi construisait-on
des magasins avec des plafonds bas ? des pièces
à l'étage avec de hauts plafonds ? des galeries ?
4. Retrouvez les détails architecturaux qui plaisent
au guide.
5. Quel est le paradoxe de cette île ?
☐ La vie est tranquille même s'il y a beaucoup de gens.
☐ La ville est très belle même si l'architecture est modeste.

L'île de Gorée, au Sénégal.

12 **2** **Vrai ou Faux ? Écoutez de nouveau et justifiez votre réponse.**

1. Les véhicules motorisés sont interdits sur l'île.
2. Les architectes de l'île avaient choisi, à l'époque, des matériaux de grande qualité.
3. Sur l'île de Gorée, l'architecture est plus fonctionnelle que décorative.

Marques de l'oralité et style familier

13 **A** **Écoutez ces phrases.**
Que remarquez-vous ?

14 **B** **Écoutez et répétez les phrases.**

> **À l'oral**, dans le style familier, on ne prononce pas toujours toutes les lettres. « Il y a » devient [ja] ; « tu as » devient [ta] ; « C'est ce qui » devient [sɛski], etc.
>
> Pour la négation, on a tendance à ne pas prononcer le « ne » : « Je ne sais pas » devient [ʒəsɛpa].

▶ **Choisissez une ville de votre pays ou un quartier de votre ville et proposez une visite audio-guidée. Renseignez-vous sur ce lieu et apportez une photo en classe.**

MODE D'EMPLOI	Pour réaliser un audio-guide, je pense à :	Quelles questions dois-je me poser ?
	Décrire le lieu.	**Quel est le style** des bâtiments ? **l'ambiance** des rues ? **Conseil :** utilisez des adjectifs précis pour décrire les différents styles (*simple, classique, moderne...*) ou l'ambiance (*animée, calme, joyeuse...*).
	Aider l'auditeur à se repérer dans le lieu.	**Conseil :** situez les bâtiments les uns pas rapport aux autres avec des adverbes : *ici, là, devant vous, derrière, à la droite du bâtiment, à gauche.* Décrivez l'itinéraire : *Devant nous, il y a... ; Quand on prend la ruelle sur la droite, on aperçoit...*
	Donner des explications sur le lieu.	**Quels types d'informations ?** • Des informations générales ou historiques : *Ce musée a été construit en 1902 par un architecte français...* • Des précisions sur la fonction ou le rôle du quartier : *C'est le quartier des affaires. C'est la rue la plus commerçante...*
	Donner envie de visiter le lieu.	**Conseil :** mettez en avant les particularités du lieu. Insistez sur les informations positives qui font la spécificité de l'endroit.

S'ENTRAÎNER

Lexique

1 Complétez les phrases avec : *un bâtiment, le confort, un domicile, un logement, une réhabilitation, une rénovation.*

1. Quel type de … cherchez-vous : un appartement, une maison ?
2. Les installations de gaz datent de 1960. La mairie va procéder à … du quartier.
3. Et quelle est l'adresse de votre … ?
4. La maison est en bon état, mais il faudrait refaire la décoration et aussi des travaux de … .
5. C'est un petit appartement, sans beaucoup de …, mais près du centre-ville.
6. Le service psycho-social se trouve dans … Robert Debré, à droite.

2 Complétez avec : *personne, aucun, certains, toutes, quelqu'un, chacun.*

1. À cause des travaux, … les rues du centre-ville sont interdites aux voitures.
2. Est-ce qu'il y a … qui pourrait s'occuper de ce problème ?
3. Elle ne connaît … là-bas.
4. … doit remplir une fiche individuelle d'information.
5. Je n'ai … souvenir de cette personne.
6. … étudiants ne savaient pas qu'il y avait un examen.

Grammaire

3 Repérez les adjectifs qui indiquent une appréciation (une information subjective). Que remarquez-vous ? Sont-ils avant ou après le nom ?

une cathédrale gothique – une excellente raison – un service municipal – un jardin superbe – une rénovation extraordinaire – un style italien – une extraordinaire aventure – le troisième étage – un toit rouge – une superbe vue – une charmante demoiselle – une rencontre internationale – une cuisine équipée

4 a) Observez et justifiez l'ordre des adjectifs.

un jardin japonais abandonné – une voiture italienne rouge – une chemise blanche déchirée – un centre universitaire brésilien – une maison ancienne étroite – un vin rouge italien

b) Ajoutez aux noms les adjectifs entre parenthèses.

1. La maison possède un étage (beau, deuxième, rénové).
2. Il n'y a pas de conditions (économiques, meilleures, possibles).
3. À l'arrière, vous avez une terrasse (couverte, grande, magnifique).
4. Le système (français, social) fonctionne assez bien.

Les indéfinis

▪ Les indéfinis indiquent une quantité non définie.

▪ Ils s'ajoutent au nom. (adjectif)
J'ai quelques questions à vous poser.

▪ Ils remplacent un nom. (pronom)
Certains étaient très mécontents.

MA NOUVELLE VOITURE EST ANCIENNE !

Les adjectifs

Les adjectifs sont placés :
• en général, après le nom.

Attention ! Quand un nom est qualifié par plusieurs adjectifs, on les place par ordre d'importance (du général au particulier) :
un marteau gris démodé

• avant le nom,
– quand ce sont des adjectifs courts et fréquents,
– quand ce sont des adjectifs numéraux.

• avant ou après le nom, pour marquer une appréciation.

Attention ! Certains adjectifs changent de sens selon leur place. C'est le cas de *ancien, cher, dernier, grand…*

5 Lisez les phrases et indiquez le sens de l'adjectif en gras.

1. Nous sommes tristes de quitter notre **chère** maison pour vivre en appartement.
2. L'agence nous a seulement proposé des maisons **chères**.
3. Je l'ai vu la semaine **dernière**.
4. Nous serons à Lyon la **dernière** semaine d'août.
5. C'est une personne **seule**. On ne la voit pas souvent.
6. Quand je suis arrivée, il n'y avait qu'une **seule** personne.

6 Écrivez une seule phrase : utilisez *dont*.

1. Tu as trouvé une solution pour le problème ? Nous avons parlé du problème.
2. Il ne m'a pas donné les explications. J'ai besoin des explications.
3. Elle nous a communiqué des résultats. Nous sommes très heureux des résultats.
4. J'ai rencontré une personne. Je n'ai pas retenu le nom de la personne.

7 Écrivez une seule phrase : utilisez le mot entre parenthèses.

1. (comme) Amélie parle japonais et espagnol. Matthieu parle japonais et espagnol.
2. (autant de) Vous avez eu de la chance aujourd'hui. La prochaine fois, vous aurez peut-être moins de chance.
3. (les mêmes) Elle a de petits yeux verts. Son père a les yeux verts.

Le pronom relatif *dont*

■ Le pronom relatif *dont* est utilisé pour qualifier.

■ Il remplace un complément construit avec *de*.

J'ai apporté l'article dont je t'avais parlé. (parler **de**)

On a visité un village dont les maisons sont minuscules. (les maisons **du** village)

La comparaison

Pour comparer, on utilise :
• *tel que, comme, le même…* :
J'ai retrouvé la maison telle que je l'avais quittée en 1970.

• les constructions avec *plus, moins, autant…* :
Marion n'a pas autant de chance que toi.

Communication

8 Décrivez la ville d'Angers, comparez-la avec ce qu'elle était autrefois.

 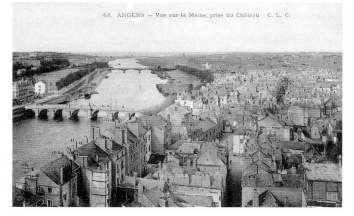

Décrire un lieu

• *Elle est située au sud du pays, au cœur de la Provence.*
• *On y trouve une vingtaine de musées.*
• *C'est une ville colorée, calme, animée, dynamique, jeune…*
• *Il y a un quartier ancien.*
• *C'est une maison qui date du XVe siècle.*

TÂCHE

LA VILLE DE DEMAIN

▶ **Participez à la construction de la ville idéale en réfléchissant à des solutions pour faire face aux difficultés actuelles de logement.**

Étape 1 **Découverte**

L'ÎLE DES RÉFUGIÉS CLIMATIQUES

C'est une ville amphibie en forme de nénuphar, qui peut accueillir 50 000 habitants. Elle est autosuffisante grâce aux énergies solaires et éoliennes. Sa coque, en fibre de polyester et dioxyde de titane, absorbe la pollution. Des jardins suspendus, un lagon d'eau de pluie, des déplacements au gré des courants, une coque végétalisée pour attirer la faune marine et favoriser la pêche...

Lilypad, dessinée par l'architecte Vincent Callebaut, offre trois « montagnes » : une pour les commerces, une pour le travail, une pour les loisirs. Les logements, eux, sont répartis sur l'ensemble des trois. Lilypad est un projet de rêve pour faire face à un cauchemar : la hausse du niveau des océans évaluée entre 20 cm et 1 m d'ici à 2100. L'ONU estime que les réfugiés climatiques forcés à partir de chez eux à cause de la montée des océans, le manque d'eau, la dégradation des terrains agricoles ou les catastrophes naturelles pourraient être 200 millions en 2050. Où pourront-ils aller ?

Ça m'intéresse, 05/2009

UNE « VILLE VERTICALE » À MARSEILLE

Afin de participer à la problématique des tours dans les centres-villes, le Syndicat des Architectes des Bouches du Rhône (SA13) a imaginé un gratte-ciel « écologique » alliant bureaux, logements et jardins qui pourrait prendre place sur la célèbre avenue du Prado. Entre fiction et réalité, le débat est lancé. […]

Se hissant sur 130 mètres, cet immeuble, baptisé Tour du Prado en référence à l'avenue sur laquelle il se trouverait, abriterait à la fois des logements sur 3 600 m², des bureaux sur 5 000 m², des loisirs et des jardins. Il s'agirait au final d'ériger « une ville verticale dans laquelle on habite, on travaille, on se cultive et surtout où l'on côtoie ses proches et ses voisins ». L'objectif n'est pas de faire « une simple tour de bureaux », ni « un lotissement pour privilégiés », ni même « un programme à la gloire d'une multinationale », soulignent les architectes du syndicat. Ce projet pourrait tout simplement incarner « un repère et un symbole » de l'identité marseillaise.

Céline Galoffre, 19/06/2009
www.maisonapart.com

1 Lisez les deux articles et répondez.

1. Quelles sont les difficultés rencontrées par les villes aujourd'hui ?

2. Pour quelles raisons « l'île des réfugiés climatiques » et « la ville verticale » ont-elles été imaginées ?

3. Quelles sont leurs caractéristiques ?

4. Que pensez-vous de ces projets ?

2 Comparez ces deux villes d'un point de vue esthétique, pratique et écologique.

Étape 2 Réflexion

Par groupes, imaginez des solutions architecturales permettant de faire face aux difficultés actuelles de logement. Puis, inventez une ville idéale.

Pour vous aider, répondez, par groupes, à ces questions :

1. Quelles sont les difficultés rencontrées par votre ville, en termes de logement et d'urbanisme ?

2. D'ici 2050, quelles difficultés pourraient rencontrer différentes villes du monde ? (difficultés démographiques, écologiques…)

3. Quelles solutions pourriez-vous apporter ?

4. Quels sont les éléments manquants dans votre ville que vous souhaiteriez ajouter à une éventuelle ville idéale ? (transports, loisirs, nature…)

5. Quel nom donneriez-vous à votre ville idéale ?

6. À quoi ressemblerait-elle, esthétiquement ?

Étape 3 Écriture

Individuellement, écrivez un message au maire de votre ville pour lui demander son opinion sur votre projet de « ville idéale ».

Pour aller plus loin dans l'écriture, vous pouvez envisager de donner votre message à un étudiant de la classe qui jouera le rôle du maire et devra vous expliquer, dans une réponse, ce qu'il pense de votre projet.
Il pourra vous donner des informations pour vous aider à améliorer votre travail.

Étape 4 Échange

Ensemble, décidez des critères d'évaluation de la qualité de ce projet futuriste :

– nom de la ville, forme esthétique, détails pratiques, etc.,

– pertinence du choix de la problématique à traiter (écologique, démographique ou autre…),

– intérêt des solutions apportées, cohérence du projet, etc.

Par groupes, présentez votre projet à la classe. Comparez les différents projets et, pour chaque ville idéale, dressez une liste des points positifs et négatifs.

FRANCOPHONIES

MONTRÉAL, UNE VILLE IDÉALE ?

Montréal, la métropole du Québec, est une ville qui attire beaucoup de Français. Pourquoi ? Peut-être parce qu'on y parle français. Parce qu'il y fait bon vivre… Doris, Française expatriée, et quelques Montréalais expliquent le charme de cette métropole toute en couleur.

Doc 1

Le blogue de Doris
une Française à Montréal

Petit bilan météo de décembre

Je n'aurais jamais vu autant de variations et d'alertes météo… Mais en réalité, plus de peur que de mal. Le plus important, c'est d'être bien équipé et de ne pas prendre de risques… Le pire reste encore le verglas sur les trottoirs au moment où la température remonte après la neige : c'est une patinoire imposée et généralisée. Il paraît que les températures les plus froides sont à venir en janvier.
On s'emmitoufle et on serre les dents !

ARCHIVES

▼ décembre (1)
    Petit bilan météo de décembre
▶ novembre (3)
▶ octobre (3)
▶ septembre (3)
▶ août (5)
▶ juillet (4)

Vos prévisions locales : Montréal, Québec

Conditions actuelles Émis le lundi 8 décembre, 10:00 HNE

-18°C
Quelques nuages

T. ressentie : – 28	Vents : 0-19 km/h
Lever : 7:22	Pression : 102,97 kPa
Coucher soleil : 16:11	Humidité relative : 59 %

Doris, http://leblogdedoris.blogspot.com

Doc 2 15

" Montréal, c'est une ville géniale. En fait, c'est une île ! "

Doc 3

Le blogue de Doris

Premier été à Montréal

L'été s'amorce avec la fête de la Saint-Jean-Baptiste, fête nationale du Québec, le 24 juin. Le Québec n'étant pas un pays indépendant mais une nation, c'est une fête familiale populaire loin de toute considération militaire. À Montréal, un grand défilé est organisé, incluant les Géants, des personnages représentatifs de l'histoire et de la culture québécoises d'hier et d'aujourd'hui. Puis, la fête se poursuit du côté du parc Maisonneuve avec un grand concert gratuit, des groupes et des artistes québécois les plus connus. Les familles investissent les pelouses et attendent la tombée de la nuit en savourant les premières crèmes glacées de l'été.

Les Géants de Jeanne Mance et Sieur Chomedey de Maisonneuve, les fondateurs de Montréal.

Doris, http://leblogdedoris.blogspot.com

1 Lisez et écoutez les documents, puis répondez.

1. Quelles informations pouvez-vous donner sur Montréal, à propos de :
– l'architecture,
– la beauté,
– le climat,
– la situation géographique,
– les traditions.

2. Regardez sur une carte : où se situent les différentes villes évoquées dans l'enregistrement ?

3. Selon les personnes interviewées, où, idéalement, Montréal devrait-elle être située ?

2 Échangez.

Pensez-vous que Montréal soit une ville idéale ? Quelle est pour vous la ville idéale dans le monde ? Pourquoi ?

Autoévaluation

Je peux décrire un lieu

1 Associez les éléments pour construire six descriptions.

a. Depuis trois ans, ce bâtiment
b. J'habite au 33ᵉ étage
c. Je cherche un appartement
d. La rue dans laquelle j'habite
e. C'est une ville
f. L'ambiance de ce quartier

1. qui ne donne pas sur la rue.
2. est étroite et sombre.
3. est calme et chaleureuse.
4. d'un immeuble sans ascenseur.
5. est en rénovation.
6. dynamique située au cœur des vignes.

1 — Comptez 1 point par réponse correcte. Vous avez…
▸ 6 points : félicitations !
▸ moins de 6 points : revoyez les pages 26, 27 et 33 de votre livre et les exercices de votre cahier.

Je peux choisir la place des adjectifs

2 Choisissez l'adjectif qui convient.

1. C'est une (charmante – française) ville.
2. Devant la maison, il y a une cour (petite – minuscule).
3. À l'arrière, ils ont un jardin (deuxième – magnifique).
4. Valérie a acheté la (même – identique) veste.
5. Nous avons participé aux rencontres (internationales – deuxièmes).
6. Est-ce qu'on pourrait faire une (autre – sportive) activité ?

2 — Comptez 1 point par réponse correcte. Vous avez…
▸ 6 points : félicitations !
▸ moins de 6 points : revoyez les pages 26, 27, 32 et 33 de votre livre et les exercices de votre cahier.

3 Lisez les phrases. Donnez le sens de l'adjectif en gras.

1. Paul est une **curieuse** personne, je ne le comprends pas. – Simon est une personne **curieuse**, il lit beaucoup.
2. Valérie est une fille très **chic**, et ça lui coûte une fortune. – Simone est une **chic** fille, je l'aime bien.
3. J'ai tout nettoyé avec ma **propre** serviette. – Où est-ce que je peux trouver une serviette **propre** ?
4. Luc a acheté un appartement dans un immeuble **ancien** qui aurait besoin d'être rénové. – J'ai peur qu'il regrette son **ancien** immeuble.

3 — Comptez 1 point par réponse correcte. Vous avez…
▸ 4 points : félicitations !
▸ moins de 4 points : revoyez les pages 26, 27, 32 et 33 de votre livre et les exercices de votre cahier.

Je peux utiliser *dont*

4 Écrivez une seule phrase : utilisez *dont*.

1. L'appartement coûte très cher. Elle rêve de cet appartement.
2. Rappelle-moi la question. Nous avons discuté de la question.
3. L'hôtel avait une belle piscine. Je n'ai pas eu le temps de profiter de cette piscine.
4. J'ai visité une maison. J'ai oublié l'adresse de cette maison.
5. Cette ville a une atmosphère particulière. Je me souviendrai toujours de cette ville.

4 — Comptez 1 point par réponse correcte. Vous avez…
▸ 5 points : félicitations !
▸ moins de 5 points : revoyez les pages 26, 27 et 33 de votre livre et les exercices de votre cahier.

Je peux comparer

5 Lisez le tableau et complétez le texte.

	Maison 1	Maison 2
Prix	250 000 euros	280 000 euros
Nombre de pièces	7 pièces	6 pièces
Frais de notaire	10 000 euros	10 000 euros

La maison 1 coûte ……… cher que la maison 2.
Elle est à un ……… prix. Pourtant, il y a ……… pièces que dans
la maison 2. Les frais de notaire sont ……… .

6 Complétez les phrases avec : *comme, autant de, la même, le même*.

1. Paul et Louis ont ……… voiture.
2. J'ai acheté une maison en lotissement ……… Frédéric.
3. Tu ne devrais pas prendre ……… pull que ton père.
4. À son anniversaire, il a eu ……… argent que son frère.

Je peux utiliser les indéfinis

7 Complétez les phrases avec : *tous, tout, toutes, toute*.

1. Les enfants ont mangé ……… les cerises.
2. Il prend le bus ……… les soirs.
3. Il veut ……… manger.
4. Personne n'a échoué : ils ont ……… réussi.
5. Elle a dansé ……… la nuit.

8 Choisissez l'indéfini qui convient.

Choisir un logement n'est pas évident : (chacun – certains)
achètent un appartement en ville, (d'autres – quelques) préfèrent
une maison à la campagne. (Chacun – Personne) n'a vraiment
envie de vivre dans la rue. (Quelques – Aucune) personnes
disent qu'elles voudraient vivre dans un château. De toute façon,
(chacun – personne) sait que, pour choisir son logement idéal,
cela peut prendre (d'autres – plusieurs) mois.

⑤ Comptez 1 point par réponse correcte. Vous avez…
▸ 4 points : félicitations !
▸ moins de 4 points : revoyez les pages 28, 29 et 33 de votre livre et les exercices de votre cahier.

⑥ Comptez 1 point par réponse correcte. Vous avez…
▸ 4 points : félicitations !
▸ moins de 4 points : revoyez les pages 28, 29 et 33 de votre livre et les exercices de votre cahier.

⑦ Comptez 1 point par réponse correcte. Vous avez…
▸ 5 points : félicitations !
▸ moins de 5 points : revoyez les pages 28, 29 et 32 de votre livre et les exercices de votre cahier.

⑧ Comptez 1 point par réponse correcte. Vous avez…
▸ 6 points : félicitations !
▸ moins de 6 points : revoyez les pages 28, 29 et 32 de votre livre et les exercices de votre cahier.

Résultats : _____ **points sur 40 points**

unité **3**

VOUS LES CONNAISSEZ ?

Contrat d'apprentissage

Objectif ▶	Décrire une personne

Tâche ▶	**Faire une interview**
	Réalisez votre émission de radio ! Chaque semaine, vous devrez interroger une personnalité francophone. Ensemble, imaginez le concept de votre émission et enregistrez-la.

Outils
- les techniques de la description
- les pronoms relatifs composés
- le discours rapporté
- le lexique de la description

Autoévaluation **B1**

PORTRAITS

Monsieur Lonkarsky était un homme d'une cinquantaine d'années. Il avait sûrement fait très attention à son alimentation tout au long de sa vie. À moins qu'il n'ait connu la famine, j'avais pensé en regardant son visage maigre.

Monsieur Lonkarsky portait de grosses lunettes d'écaille qui mangeaient une bonne partie de son visage sévère. Ses lunettes pesaient plus que sa tête, je pensais en le découvrant.

Il portait une chemise blanche à manches courtes. Ses coudes fripés sortaient de la chemisette. Ses bras étaient maigres. [...]

Monsieur Lonkarsky leva ses yeux gris sur moi pour la première fois depuis que j'étais entrée dans son cabinet. Ses yeux me fixaient. Il avait fermé la bouche. Ses lèvres, très fines, étaient si serrées qu'elles semblaient indiquer qu'il ne rouvrirait pas la bouche de sitôt.

« Motus et bouche cousue. »

14   Sylvie Testud, *Le Ciel t'aidera*, 2005

Didier
van Cauwelaert
L'éducation d'une fée
roman
■ Albin Michel

Je suis tombé amoureux de deux personnes en même temps, un vendredi matin, dans un bus d'Air France. Elle est blonde, en tailleur noir, les traits tirés, les yeux rougis, l'air à la fois concentré et absent, les doigts crispés sur la poignée de maintien au-dessus de sa tête. Il est tout petit, avec de grosses lunettes rondes à monture jaune, des cheveux noirs collés au gel qui se redressent en épis, et un jouet dans la main droite. De son autre main il s'accroche à la jupe de sa mère, qui descend de quelques millimètres à chaque secousse. [...]

Tout en elle m'attire et me bouleverse : son chignon qui se défait avec des langueurs d'algue, ses yeux bleus délavés, sa beauté ravagée par les larmes, son alliance au bout d'une chaîne entre des seins qui essaient de se faire oublier. [...] Et lui, à peine trois ou quatre ans, les lèvres gonflées et la gorge vibrant au bruit de son jouet, il a cette allure reconnaissable entre mille du rêveur buté, du petit solitaire par défaut qui s'invente un monde clos où il voudrait bien que les autres le suivent.

12   Didier van Cauwelaert, *L'éducation d'une fée*, 2000

C'est clair ?

1 Lisez les documents et répondez.

1. De quel type de texte s'agit-il ?
2. Qui sont les personnages décrits ?
3. Quelles parties du corps sont décrites ?
4. Selon vous, qui est le narrateur dans chaque texte ?

2 Échangez vos impressions de lecture.
Quel personnage imaginez-vous le plus facilement ?
Pourquoi ?

> **Parlons-en !**
>
> Amour, travail... vous souvenez-vous d'une rencontre avec une personne précise ? Y a-t-il des visages que vous n'oublierez jamais ?

Ils cherchent l'amour...

 3 Écoutez cette émission et répondez.

1. Qu'apprend-on sur le physique des quatre personnes ?
2. Qu'est-ce qui peut les séduire ?
3. D'après les informations, pouvez-vous imaginer des couples ? Pourquoi ?

Comment décrire une personne ?

 4 Dans les différents documents, relevez les manières de décrire qui utilisent :
– des noms et des adjectifs,
– des comparaisons,
– des subordonnées relatives.

5 Dans les extraits littéraires, relevez les phrases qui expriment un point de vue et répondez.

1. Quels sont les verbes utilisés pour introduire le point de vue ?
2. Qu'apportent ces phrases à la description ?

6 Quels adjectifs et noms sont utilisés pour décrire les parties du corps suivantes ? En connaissez-vous d'autres ?

le visage – les cheveux – les bras – les yeux – les lèvres

▶ **S'entraîner**
Exercices 7, 8 et 9, p. 49

Comment utiliser les pronoms relatifs composés ?

7 Transformez ces phrases comme dans l'exemple. Que remarquez-vous ?

*Le stylo **avec lequel** j'écris est à ma sœur.* → *Le stylo est à ma sœur. J'écris avec ce stylo.*

1. Voici les candidats de notre jeu **grâce auquel** ils vont peut-être rencontrer l'âme sœur.
2. C'est un homme **pour qui** l'essentiel est la beauté intérieure.

▶ **S'entraîner**
Exercice 6, p. 49

Production écrite

8 Faites votre autoportrait moral et physique.
Donnez des informations insolites ou peu connues des autres étudiants.
Rassemblez les portraits, puis essayez de trouver de qui il s'agit.

Sylvie Testud dans la peau de Françoise Sagan

Sylvie Testud, c'est une âme forte dans un corps brindille, un franc-parler imagé et un visage pointu comme un point d'exclamation. Déroutés par sa joliesse plus nature que glamour et sa capacité à la transcender – elle a souvent prêté son doux minois à des personnages infréquentables –, les journalistes l'ont longtemps qualifiée d'actrice « atypique ». À 37 ans et près de cinquante films à son actif, Sylvie Testud continue de n'en faire qu'à sa tête. On la savait espiègle et sympathique, on la découvre impertinente et résolue. […]

Quand Diane Kurys vous a proposé d'incarner Françoise Sagan, comment avez-vous réagi ?

J'étais étonnée. J'avais beau savoir qu'elle écrivait déjà à 18 ans, il ne me restait de Sagan que l'image de la fin, une femme au débit infernal et au visage bouffi. Et voilà Diane Kurys qui vient me dire que je lui ressemble... Franchement, je ne voyais pas trop. Mais, tout de même, Sagan, quel défi pour une actrice !

Que connaissiez-vous d'elle et de son œuvre ?

Je n'avais lu que *Bonjour tristesse* et *Un château en Suède*. J'avais une image d'elle complètement fausse, véhiculée par ces émissions de télé où elle n'apparaissait qu'en accidentée de la parole. J'imaginais quelqu'un d'extrêmement cérébral, renfermé et sec. Pour les besoins du film, j'ai rencontré certains de ses amis et de ses proches – son ancienne secrétaire, son fils. Ils m'ont révélé une Sagan aux antipodes de celle que je me représentais. […]

Ne craigniez-vous pas qu'un tel rôle vous pousse à la « performance » ?

J'étais d'autant plus terrorisée que je ne suis pas une adepte du feu d'artifice permanent... Je ne voyais que trop la dimension casse-gueule[1] du rôle : incarner Sagan, c'est accepter le risque d'un triple accident. Sa silhouette, son

attitude, et surtout son rythme exigent de l'actrice une déformation corporelle, intellectuelle et verbale. Quand j'ai pris conscience de l'ampleur du travail, j'ai eu très peur. Et puis je me suis calmée, j'ai procédé par étapes, comme un enfant qui apprend une langue étrangère. […]

À quand remonte votre désir d'être actrice ?

Un jour, j'ai eu le malheur de raconter à un journaliste que j'avais vu *L'Effrontée* à l'âge de 11 ans. Depuis, on a souvent répété que Charlotte Gainsbourg m'avait révélé ma vocation. Ce serait trop beau ! Cela dit, c'était la première fois qu'un film me parlait autant, parce qu'il me racontait l'histoire d'une fille du même âge que moi, qui n'était ni la plus jolie ni la plus moche, ni la plus intelligente ni la plus bête, bref une fille moyenne, de celles dont on ne parle pas. Je me suis beaucoup identifiée. En fait, je crois que j'ai commencé ce métier pour de mauvaises raisons, celles d'une midinette qui voit une actrice à la télé et se dit que sa vie a l'air vachement mieux que la sienne. Après, évidemment, mieux vaut trouver d'autres motivations.

Entretien de Sylvie Testud avec Mathilde Blottière, paru dans *Télérama* n° 3047 du 7 juin 2008

---
1. Dangereux (familier).

C'est clair ?

1 Lisez l'interview de Sylvie Testud et répondez.

1. L'article parle de trois femmes : quelle est leur profession ?
2. Pourquoi Diane Kurys a-t-elle choisi Sylvie Testud ?
3. Qu'apprenez-vous sur Françoise Sagan ? Et sur Sylvie Testud ?
4. Comment Sylvie Testud a-t-elle fait pour préparer le tournage ?
5. Pourquoi a-t-elle choisi ce métier ?

17 **2 Écoutez cette interview et répondez.**

1. Qu'apprenez-vous sur Tarik Zem ?
2. De quoi ont parlé Luc Tirard et Tarik Zem ?
3. Pourquoi Luc Tirard a-t-il choisi Tarik Zem ?
4. Quelle est la coïncidence dont on parle ?
5. Pourquoi Tarik Zem a-t-il été surpris par cette proposition ?

•))) **Première rencontre avec Tarik Zem**

Le Malade imaginaire, mis en scène par Gildas Bourdet

Comment rapporter des paroles ?

17 **3 Lisez ces phrases au discours direct et répondez.**

a. *Et voilà Diane Kurys qui vient me dire : « Vous lui ressemblez. »*
b. *On vous demande : « Vous pouvez jouer le rôle de Molière ? »*
c. *Vous me demandez : « Parlez-moi du tournage ! »*

1. Dans les documents, retrouvez ces phrases au discours indirect.
2. Que remarquez-vous ? Relevez les changements.

4 Observez et répondez.

a. *On dit de lui que c'est le Don Juan de notre époque.*
b. *Il a voulu savoir si je venais le lendemain.*
c. *Il m'a expliqué qu'il tournerait un film sur la vie de Molière.*
d. *J'ai raconté à un journaliste que j'avais vu* L'Effrontée.

1. Transformez ces phrases au discours direct.
2. Relevez les temps des verbes dans les deux formes.
3. Comparez. Qu'en déduisez-vous ?

▶ **S'entraîner**
Exercices 1 à 5, pp. 48-49

18 **5 Écoutez la fin de l'interview et cherchez les phrases au discours indirect. Quels sont les verbes introducteurs utilisés, autres que « dire » et « demander » ?**

Point culture

Le cinéma français n'en finit plus de revisiter la vie des célébrités.

Et puis survint *La Môme.* Le succès phénoménal du film et le sacre de Marion Cotillard ont réveillé les vocations. La preuve : après *Sagan,* sorti en juin dernier, *Mesrine* et *Coluche* bousculent à leur tour l'actualité de la rentrée. [...] « La nostalgie et les grands destins sont à la mode », explique Anne Fontaine, réalisatrice de *Coco avant Chanel.*

Olivier Bruyn, 17/09/2008, www.femmes.com

Échangez.

1. Y a-t-il beaucoup de films biographiques dans votre pays ?
2. Sur qui aimeriez-vous tourner un film biographique ?

PRODUIRE

ÉCRIRE une biographie

▶ **Vous préparez un film biographique.
Écrivez la biographie du personnage principal.
Mettez en avant les moments forts de sa vie et de sa personnalité.**

MODE D'EMPLOI	Pour écrire une biographie, je pense à :	Quelles questions dois-je me poser ?
	Faire des recherches et sélectionner les informations.	**Où trouver des informations variées et fiables ?** **Conseil :** utilisez des sources variées (Internet, livres, documents vidéos, ...).
	Introduire la personne.	**Qui est-elle ?** (profession, influence, actualité) Comment est-elle devenue célèbre ?
	Faire une description.	**Comment est-elle physiquement et moralement ?** Que dit-on d'elle ? *Ceux qui ont travaillé avec lui racontent que...*
	Organiser la biographie.	**Quels sont les moments marquants de sa vie ?** (adolescence, rencontres, accident, périodes de création...) Quels aspects de sa vie ont influencé son destin ? (famille, carrière, moment historique...) **Conseil :** plusieurs types de biographies existent. L'ordre chronologique est le plus facile à organiser et le plus couramment utilisé.
	Rédiger la biographie.	**Quel temps choisir ? Qu'est-ce qui donne de la vie au récit ?** **Conseil :** vous pouvez choisir le présent (récit plus vivant) ou les temps du passé (pour marquer l'évolution dans le temps). Utilisez des mots de liaison pour donner de la vie au récit.
	Terminer la biographie.	**Comment terminer ?** **Conseil :** vous pouvez utiliser une anecdote ou une citation, parler de ses projets...

PARLER d'une personne

La Grande Sophie

19 **1 Écoutez ce portrait et répondez.**

1. Quelle est l'actualité de cette chanteuse ?
2. Repérez les éléments qui évoquent sa région d'origine.
3. Qu'apprend-on sur les débuts de cette chanteuse ?
4. Quelles récompenses a-t-elle reçues ?
5. La journaliste explique que son nouvel album marque un changement dans la carrière de cette chanteuse. Pourquoi ?

La dénasalisation

20 **A Écoutez. Que remarquez-vous sur la prononciation des sons soulignés ?**

1. *La Grande Sophie sera au Québec la semaine prochaine.*
2. *La Grande Sophie commencera sa tournée en Europe le mois prochain.*

21 **B Écoutez. Quel mot entendez-vous ?**

1. un – une
2. dessin – dessine
3. musicien – musicienne
4. sain – saine
5. patron – patronne
6. plan – plane
7. vient – viennent
8. prends – prennent

22 **C Écoutez et comparez les mots entendus avec ceux-ci : *poisson, poison, nation, magasin, plan, parrain.* Que constatez-vous ?**

23 **D Écoutez les phrases. Dites si les mots suivants sont « dénasalisés » : *plein, bon, rien, on, moyen, non.***

> **La dénasalisation** est la transformation d'un son nasal en son « oral ». Ce phénomène apparaît lorsque la voyelle nasale est suivie par une voyelle (avec ou sans doublement du « n » ou du « m »). Elle peut apparaître lors du passage du masculin au féminin de certains mots (*bon – bonne*), dans le passage au pluriel de certains verbes (*il tient – ils tiennent*), dans certaines liaisons avec [ɔ̃] ou [ɛ̃] (*un bon ami*) ou dans la dérivation de certains mots (*chanson – chansonnier*).

▶ **Complétez l'actualité de la Grande Sophie en faisant un portrait original de cette chanteuse. Comment pourriez-vous la décrire ? Regardez la photo.**

MODE D'EMPLOI	Pour faire un portrait, je pense à :	Quelles questions dois-je me poser ?
	Choisir un point de vue pour ma description.	**Quel est le trait physique ou le trait de caractère le plus représentatif de cette personne ?** **Conseils :** trouvez ce qui représente le mieux la personne, ce qui fait sa différence et organisez votre portrait autour de cet aspect. Utilisez des expressions imagées : *c'est une cigale…*
	Organiser les informations.	**Quelles sont les informations les plus importantes ?** **Conseils :** décidez de l'ordre de présentation des informations (des plus importantes aux moins importantes ou le contraire ? Des plus actuelles aux plus anciennes ?).
	Rendre le portrait vivant.	**Comment donner de la vie à un portrait oral ?** **Conseils :** évoquez une confidence ou citez une phrase marquante. *« Je voudrais être quelqu'un d'autre »* a-t-elle l'habitude de dire.

S'ENTRAÎNER

1 Choisissez l'élément qui convient.

On m'a souvent demandé (comment – si) j'avais fait pour comprendre Coluche, et (si – ce que) je gardais comme souvenir de ce tournage. Je réponds toujours (que – ce que) ça n'a pas été difficile physiquement, mais (si – que) j'ai dû travailler sur l'image que donnait ce comique. Je ne sais pas (qui – ce qui) est le plus difficile ! Les spectateurs diront (ce que – si) j'ai réussi.

2 Conjuguez les verbes entre parenthèses.

– Alors, ce casting ?
– Génial ! Le réalisateur m'a d'abord demandé de (se mettre) devant la caméra. Ensuite, j'ai récité mon texte. Ils ont eu l'air d'aimer ! Ils m'ont expliqué qu'ils (ne pas encore voir) quelqu'un d'aussi expressif, et qu'ils (aller) me recontacter. Le lendemain, l'assistante m'a téléphoné pour savoir si je (être) disponible lundi. J'ai répondu que je (avoir) besoin de réfléchir.
– Quoi ? Tu n'as pas accepté tout de suite ?
– Non ! Le matin, j'avais eu un autre rendez-vous pour un film encore plus intéressant, alors je ne sais pas ce que je (devoir) faire !

3 Écrivez le message au discours indirect passé.

– Allo, oui, bonjour. Je pourrais parler à Diane Kurys, s'il vous plaît ?
– Elle n'est pas là. Vous voulez laisser un message ?
– Non, je suis journaliste, je l'ai rencontrée hier, mais on m'a volé mes notes. Quand est-ce que je pourrai la revoir ?
– Eh bien… qu'est-ce que vous faites demain matin ?
– Je ne pourrai pas venir, je serai à Toulouse !
– Rappelez jeudi, vous verrez ça avec la secrétaire.
– D'accord, merci, au revoir.

→ *Diane, tu as eu un appel. Un journaliste. Il a demandé…*

4 Modifiez les indicateurs de temps entre parenthèses.

Nous avons invité le célèbre acteur le mois dernier. Il nous a indiqué qu'il avait fini son film (*hier*) et qu'il allait en commencer un nouveau (*dans deux semaines*). Il a précisé qu'il partait en vacances dès (*demain*). Nous avons indiqué que sa femme était venue (*la semaine dernière*) et qu'elle nous avait dit beaucoup de bien du film.

Du discours direct au discours indirect

■ Pour passer du discours direct au discours indirect :
– on utilise des verbes introducteurs,
– on change les pronoms personnels.

« Je suis comédien. » → *Il dit qu'il est comédien.*
« Venez demain ! » → *Il me dit de venir demain.*
« Qu'est-ce que tu as fait ce matin ? » → *Il me demande ce que j'ai fait ce matin.*
« Pouvez-vous venir lundi prochain ? » → *Il me demande si je peux venir lundi prochain.*

■ Quand le verbe introducteur est au passé :
– on change le temps du verbe,
– on change les indicateurs de temps.

Il a dit qu'il était comédien.
Il a demandé ce que tu avais fait ce matin-là.

Outils du discours indirect

• **Les changements d'indicateurs de temps :**
Hier, aujourd'hui, demain → *la veille, ce jour-là, le lendemain*

Cette semaine → *cette semaine-là*

Le mois dernier, prochain → *le mois précédent, suivant*

• **Les verbes introducteurs :**
dire, demander, vouloir savoir, préciser, avouer, ajouter, indiquer, annoncer, prévenir, déclarer + de ou *que* ou *si*, etc.

5 Choisissez le verbe qui convient.

La police a (déclaré – demandé) qu'elle avait trouvé le voleur de *La Joconde*. Les journalistes (ont voulu savoir – se sont demandé) s'ils pouvaient le rencontrer. La police a (ordonné – indiqué) de ne pas poser de questions personnelles. Le voleur nous a (avoué – ajouté) qu'il avait agi sans raison. Il a (prévenu – précisé) qu'il n'avait pas prévu de le faire, et il a (ajouté – confirmé) qu'il le regrettait.

6 Faites une seule phrase. Utilisez un pronom relatif composé.

1. On ne voyait pas ses genoux. Il avait posé son livre sur ses genoux.
2. Je voudrais remercier ma mère. Je dois tout à ma mère.
3. Vous écrirez votre nom. Vous ajouterez votre nationalité à côté de votre nom.
4. Il ne m'a pas expliqué la raison. Il m'a choisi pour cette raison.

Lexique

7 Faites les descriptions contraires de celles-ci :

1. Il a une silhouette imposante, le visage carré, un regard mélancolique, le nez large, un sourire timide et de longs cheveux blancs. Il n'est pas terrible !
2. Ma meilleure amie est honnête, généreuse, optimiste, ouverte d'esprit, modeste, courageuse, chaleureuse et toujours de bonne humeur !

8 D'après vous, quelles doivent être les trois plus grandes qualités des personnes suivantes ?

un joueur de football – un directeur d'entreprise – une infirmière – l'amour de votre vie

Communication

9 Observez les photos et décrivez chaque personne en quatre ou cinq phrases. Variez les techniques.

Gérard Depardieu

Vanessa Paradis

Les pronoms relatifs composés

lequel, laquelle, lesquels, lesquelles remplacent des compléments introduits par une préposition (*à*, *de*, *par*, *sous*, *contre*…). Ils s'accordent avec le nom qu'ils remplacent.

Attention !
à + lequel = auquel
de + lequel = duquel
à + lesquels = auxquels
de + lesquels = desquels…

La description

▪ **physique :**
• *une belle allure*
• *une silhouette sportive, élancée*
• *un regard rieur, mélancolique*
• *un nez pointu, droit, en trompette*
• *un grand sourire charmeur*
• *des lèvres gonflées, fines*

▪ **morale :**
• Points forts : *travailleur, ouvert d'esprit, inventif, sensible, honnête, tolérant, optimiste, chaleureux…*

• Points faibles : *têtu, moqueur, susceptible, fier, autoritaire, froid, égoïste, méfiant…*

Décrire quelqu'un

On peut caractériser avec des adjectifs, des subordonnées relatives :
• *Elle a un regard qui…*

On peut donner une opinion :
• *Il semble… / Il paraît… / Il a l'air…*

On peut comparer :
• *Elle a les mêmes yeux que…*
• *Elle me fait penser à…*

TÂCHE

À VOS MICROS !

▶ **Réalisez votre émission de radio ! Chaque semaine, vous devrez interroger une personnalité francophone. Ensemble, imaginez le concept de votre émission et enregistrez-la.**

Étape 1 **Découverte**

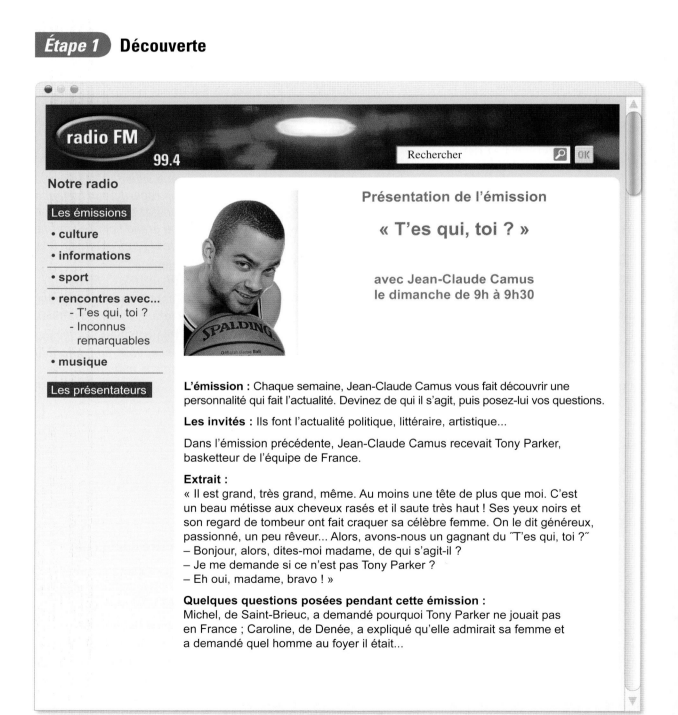

radio FM 99.4

Rechercher 🔍 OK

Notre radio

Les émissions

• culture

• informations

• sport

• rencontres avec...
   - T'es qui, toi ?
   - Inconnus
     remarquables

• musique

Les présentateurs

Présentation de l'émission

« T'es qui, toi ? »

avec Jean-Claude Camus
le dimanche de 9h à 9h30

L'émission : Chaque semaine, Jean-Claude Camus vous fait découvrir une personnalité qui fait l'actualité. Devinez de qui il s'agit, puis posez-lui vos questions.

Les invités : Ils font l'actualité politique, littéraire, artistique...

Dans l'émission précédente, Jean-Claude Camus recevait Tony Parker, basketteur de l'équipe de France.

Extrait :
« Il est grand, très grand, même. Au moins une tête de plus que moi. C'est un beau métisse aux cheveux rasés et il saute très haut ! Ses yeux noirs et son regard de tombeur ont fait craquer sa célèbre femme. On le dit généreux, passionné, un peu rêveur... Alors, avons-nous un gagnant du ˝T'es qui, toi ?˝
– Bonjour, alors, dites-moi madame, de qui s'agit-il ?
– Je me demande si ce n'est pas Tony Parker ?
– Eh oui, madame, bravo ! »

Quelques questions posées pendant cette émission :
Michel, de Saint-Brieuc, a demandé pourquoi Tony Parker ne jouait pas en France ; Caroline, de Denée, a expliqué qu'elle admirait sa femme et a demandé quel homme au foyer il était...

1 Lisez ce document et répondez aux questions.

1. De quel type de document s'agit-il ?
2. Comment l'émission « T'es qui, toi ? » se passe-t-elle ?
3. Comment l'invité est-il présenté puis interrogé ?
4. Quels éléments de l'émission sont présentés sur le site ?

Étape 2 Réflexion

Par groupes, imaginez un concept d'émission et choisissez la personnalité que vous allez interviewer.

Pour vous aider, répondez à ces questions :
1. À quelle rubrique appartient votre émission ? (culture, politique, société...)
2. Quel sera le concept de votre émission ? son originalité ? (ne pas dire aux auditeurs à l'avance qui est invité ; faire participer les auditeurs ; faire se rencontrer deux personnalités qui se répondent...)
3. Quelle personnalité allez-vous inviter ? (votre professeur, une star internationale, le maire de la ville...)
4. Quelles caractéristiques physiques et morales de cette personne sont importantes à présenter ?
5. Quelle est l'actualité de cette personne ? Qu'est-ce qui justifie sa présence sur votre radio ? Que dit-on sur elle ?
6. Sur quels thèmes les questions vont-elles porter ? (son travail, sa famille, l'actualité...)
7. Qu'allez-vous présenter sur le site pour ne pas dévoiler complètement l'émission ?

Étape 3 Écriture

Réalisez la présentation de votre émission pour la page internet du site de la radio, puis préparez les fiches de questions pour l'émission.

Pour réaliser la page internet, pensez à :
– présenter clairement les différentes rubriques,
– expliquer ce que les auditeurs vont entendre, en gardant un peu de mystère.

Pour préparer vos fiches, pensez à :
– préparer une introduction de l'émission avec une description de la personne invitée,
– écrire les questions dans un ordre logique (chronologique, thématique...),
– préparer les réponses pour la personne qui va jouer le rôle de la personnalité.

Étape 4 Échange

Enregistrez votre interview, ou jouez-la simplement devant les autres groupes.

Pour vous aider :
– installez des tables et des chaises pour simuler une vraie interview,
– ne lisez pas trop les fiches, restez spontané.

FRANCOPHONIES

ELLES CHANTENT EN FRANÇAIS !

Doc 1 Entretien

La nouvelle Jane Birkin est née

Chaque nouvel album de Jane Birkin est un événement. Mais la sortie d'*Enfants d'hiver* marque un tournant beaucoup plus net dans la carrière de la chanteuse et réalisatrice, désormais parolière : une nouvelle Jane Birkin est née. C'est l'heure des présentations.

Quel dommage qu'il ait fallu retaper cet entretien... Aucun clavier d'ordinateur ne peut retranscrire le « parler » Jane Birkin, ce franglais au charme unique, cet accent distingué [...], cette voix aiguë et pleine de sourires que la France entière a très vite adopté, parodié, adoré. D'autant plus dommage qu'une fois lancée, Jane Birkin est intarissable et passionnée.

Ce qui surprend avec *Enfants d'hiver*, c'est l'atmosphère très mélancolique dans laquelle le disque baigne.

C'était mon humeur du moment. L'année dernière n'était pas très drôle. Dans ce disque, je passe de mes 12 ans – époque magnifique avec mon frère et ma sœur – à mes 60 ans. Je parle du jour où quelqu'un vous appelle « madame » alors que vous vous sentez peut-être femme, mère sans doute, mais pas « madame ». [...]

Écrire en français, pour une anglophone de naissance, est-ce plus difficile ?

Cela fait quarante ans que je suis en France, je pense en français, même si je me goure sur les masculins et féminins. D'ailleurs, je remercie Philippe Lerichomme d'avoir corrigé mes « un » et mes « une » dans les textes de l'album. Je ne veux pas passer pour une nouille. Par contre, je veux bien être quelqu'un d'original. [...]

Finalement, avec cet album sombre et engagé, on vous découvre très différente de l'image « sympa » qu'on avait de vous.

Il n'y a aucune volonté de casser une image. Si les gens ne savaient pas que j'étais mélancolique, c'est parce que même enfant, je me débrouillais pour faire marrer tout le monde car je n'étais pas très jolie. [...]

Votre film *Boxes* et votre nouvel album sont très autobiographiques. L'étape suivante, c'est la rédaction de vos mémoires ?

D'autres sont déjà en train d'écrire ma vie, ça m'embête. Je ne peux pas les en empêcher. Un type m'a appelée, il m'a dit que son éditeur était d'accord et qu'il voulait bien me rencontrer pour toucher au plus près de la vérité. Je me suis dit : « C'est quoi cette horreur ? » Que mes enfants impriment mes journaux intimes, par exemple, ce serait bien. C'était vraiment le quotidien, on découvre un Serge impayable. Ça vaudrait le coup parce que ce sont des détails, des anecdotes. [...]

Propos recueillis par Mélanie Carpentier et Julien Demets
www.evene.fr

Doc 2 Le fabuleux destin d'Anggun

Star adulée dans son Indonésie natale, Anggun quitte pourtant la gloire et son île de Java pour Londres. Mais c'est à Paris que sa carrière internationale prend son envol avec « La neige au Sahara », un tube qui fera d'elle l'artiste francophone la plus connue à l'étranger. [...]

Elle arrive joyeuse, naturelle dans cet hôtel chic et sobre de la capitale où la belle a élu ses quartiers. Pas une once de maquillage n'entache son teint épicé. Elle prend place, menue et pourtant souveraine quand ses grands yeux se posent sur vous.

Luminescence, titre de son dernier album, suscite d'emblée la curiosité. « Émission de lumière produite par autre chose que la chaleur », nous dit le dictionnaire. [...] Cet album réunit aussi bien des titres rythmés et saccadés que des chansons nostalgiques et douces comme « Nous avions des ailes ». [...]

« J'ai besoin de chaleur humaine »

Oui, Anggun a cette particularité d'être à la fois intense et gaie. Déjà gâtée par la vie et forte d'une bien belle carrière à seulement 31 ans, elle ne veut se dédier qu'à la musique malgré quelques appels du pied du grand écran. Viscéralement attachée à la culture française, elle en a même adopté ses aspects les plus singuliers. [...] « J'adore être dépaysée ! La culture est à tous les niveaux, ce n'est pas seulement la peinture. Vous avez un passé littéraire prodigieux. Mon père était peintre et écrivain, il admirait les grands auteurs français. » Mais si elle a toujours le souci du mot juste et nous a même gratifiés de quelques textes sur cet album, Anggun n'écrit pas en français. Par souci d'honnêteté. Car elle reste avant tout Javanaise et ça se retrouve avec le titre « On n'oublie jamais d'où l'on vient ».

« Tout me rappelle d'où je suis. Mon meilleur ami est indonésien et je parle tous les jours avec lui dans notre langue. Je demeure profondément indonésienne. J'ai besoin de chaleur humaine, je rechercherai toujours cela chez les autres. J'ai toujours été très entourée, on vous donne ça en Indonésie, on sourit aussi sans raison. Ici, il faut une raison pour sourire... »

Marielle Cro
www.tropicattitude.com, 12/11/2008

1 Lisez et écoutez les documents, puis répondez.

1. Comment pourriez-vous décrire le rapport de ces chanteuses à la langue et à la culture françaises ?
2. Quels avantages et difficultés y trouvent-elles ?
3. De quelle chanteuse vous sentez-vous proche ? Pourquoi ?

2 Échangez.

1. Connaissez-vous des artistes qui ont choisi le français ou la France ?
2. Connaissez-vous des artistes étrangers qui ont choisi votre pays ?
3. Qu'est-ce qui peut favoriser, pour un artiste, son succès dans votre pays ?

Doc 3 24

« Le groupe Miou Miou chante tout en douceur »

Radio Prague

Autoévaluation

Je peux décrire une personne

1 Complétez cette description avec des parties du corps.

Je cherche l'homme que j'ai croisé dans le métro hier. Il avait les ……… poivre et sel, mi-longs, jusqu'aux ……… (qui étaient d'ailleurs très carrées). Ses ……… sensuelles formaient une ……… bien dessinée sous un charmant ……… en trompette.

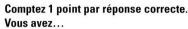

Comptez 1 point par réponse correcte. Vous avez…
- 5 points : félicitations !
- moins de 5 points : revoyez les pages 42, 43 et 49 de votre livre et les exercices de votre cahier.

2 Choisissez l'expression verbale qui convient.

1. Vous (semblez – ressemblez) fatigués aujourd'hui.
2. Cet homme (porte – a) une belle allure.
3. Avec son allure, il (donne l'impression – paraît) d'être le maître du monde.
4. Elles (semblaient – avaient l'air) heureux de me voir.
5. Ses vêtements (paraissent – portent) trop petits pour lui.

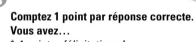

Comptez 1 point par réponse correcte. Vous avez…
- 5 points : félicitations !
- moins de 5 points : revoyez les pages 42, 43 et 49 de votre livre et les exercices de votre cahier.

3 Associez les éléments pour construire des descriptions.

1. Son regard rieur semble
2. Son allure donne l'impression
3. Elle pose avec l'assurance de celles
4. Elle a la même silhouette élancée

a. qui veulent conquérir le monde.
b. aussi un peu ému.
c. que les grands mannequins.
d. que personne ne peut la séduire.

Comptez 1 point par réponse correcte. Vous avez…
- 4 points : félicitations !
- moins de 4 points : revoyez les pages 42, 43 et 49 de votre livre et les exercices de votre cahier.

4 Associez chaque caractéristique morale suivante à sa définition : *chaleureux, susceptible, têtu, tolérant.*

a. Il accepte les différences, il est…
b. Il ne change pas facilement d'avis, il est…
c. Elle n'aime pas les reproches, elle est…
d. Ils aiment recevoir des gens avec sympathie, ils sont…

Comptez 1 point par réponse correcte. Vous avez…
- 4 points : félicitations !
- moins de 4 points : revoyez les pages 42, 43 et 49 de votre livre et les exercices de votre cahier.

Je peux utiliser les pronoms relatifs composés

5 Écrivez une seule phrase. Utilisez un pronom relatif composé.

1. J'habite dans un village. Napoléon est né près de ce village.
2. Comment s'appelle le directeur ? Vous travaillez pour ce directeur.
3. J'ai perdu la boîte. J'avais mis mes bijoux dans cette boîte.

Comptez 1 point par réponse correcte. Vous avez…
- 3 points : félicitations !
- moins de 3 points : revoyez les pages 43 et 49 de votre livre et les exercices de votre cahier.

B1

Je peux rapporter des paroles

6 Une fille écoute ses parents discuter et rapporte le dialogue à son frère. Complétez.

LE PÈRE   – Qu'est-ce que tu fais ?
LA MÈRE   – Ben, je travaille !
LE PÈRE   – On peut parler ?
LA MÈRE   – De quoi veux-tu qu'on discute ?
LE PÈRE   – Quand est-ce que tu penses annoncer la nouvelle
                aux enfants ?
LA MÈRE   – Toi, explique-leur ce soir qu'ils vont avoir un petit
                frère, je suis trop fatiguée…

LA SŒUR   – *Papa demande à maman ……… . Elle répond ……… .
                Il lui demande ……… . Elle veut savoir ……… . Il lui
                demande ……… . Elle lui dit ……… .*

⑥ Comptez 1 point par réponse correcte.
Vous avez…
▶ 6 points : félicitations !
▶ moins de 6 points : revoyez les pages 44, 45, 48 et 49 de votre livre et les exercices de votre cahier.

7 Choisissez le temps du verbe.

1. Hier, mon mari m'a demandé si (je l'aimais – je l'aime). Je lui ai répondu que (je l'aimerai – je l'aimerais) toute ma vie.
2. Quand on m'a proposé de jouer dans ce film, j'ai répondu oui tout de suite, j'ai dit que (j'avais attendu – j'ai attendu) cette occasion toute ma vie ! Le réalisateur m'a expliqué qu'il (avait longtemps cherché – cherchait longtemps) l'acteur idéal.

⑦ Comptez 1 point par réponse correcte.
Vous avez…
▶ 4 points : félicitations !
▶ moins de 4 points : revoyez les pages 44, 45, 48 et 49 de votre livre et les exercices de votre cahier.

8 Modifiez les indicateurs de temps entre parenthèses, si nécessaire.

Chers amis,
Il y a deux ans exactement, je suis partie. À mon anniversaire, je vous avais dit que j'avais rencontré Pablo (il y a trois mois) et que j'étais tombée amoureuse. (Demain), je vous annonçais que je partais vivre avec lui dans son pays (dans trois semaines). Vous m'aviez répondu que j'étais folle de partir (maintenant) alors que je venais de trouver un travail. (Aujourd'hui), je vous annonce que nous allons nous marier. J'espère que vous pourrez venir !
Patricia

⑧ Comptez 1 point par réponse correcte.
Vous avez…
▶ 5 points : félicitations !
▶ moins de 5 points : revoyez les pages 44, 45, 48 et 49 de votre livre et les exercices de votre cahier.

9 Choisissez le verbe qui convient.

1. Accusé de vol, l'homme a fini par (avouer – ajouter) qu'il était coupable.
2. Après avoir entendu vos opinions, je voudrais (annoncer – ajouter) ce que je pense.
3. Le Président (a promis – a ordonné) qu'il tiendrait toutes ses promesses.
4. Vous parlez de la loi en général, mais vous oubliez de (préciser – confirmer) que ce texte n'est pas voté !

⑨ Comptez 1 point par réponse correcte.
Vous avez…
▶ 4 points : félicitations !
▶ moins de 4 points : revoyez les pages 44, 45, 48 et 49 de votre livre et les exercices de votre cahier.

Résultats : ☐ **points sur 40 points**

unité 4

ÊTES-VOUS ZEN ?

Contrat d'apprentissage

Objectif	▶ Parler de soi

Tâche	▶ Écrire un programme
	Organisez la journée du bien-être ! *Établissez un programme qui réponde* *aux besoins de votre public.*

Outils
- les indicateurs de temps
- le gérondif
- le lexique du bien-être

Autoévaluation
B1

DÉCOUVRIR

Vive la thalasso !

On y va pour se refaire une santé, mais aussi pour se faire cocooner pendant quelques jours et oublier tous ses soucis dans les bulles chaudes et reminéralisantes ! Aujourd'hui, les cures renforcent leur prise en charge à travers des soins venus d'ailleurs. Outre les rituels rythmés de la thalasso traditionnelle, « la quasi-totalité des instituts propose maintenant des soins et des massages inspirés des médecines orientales », assure Martial Denêtre, directeur de la thalassothérapie de Carnac.

NOS SOINS PRÉFÉRÉS

LE SHIATSU

Littéralement « pression du doigt » ou « pression du pouce » en japonais, le shiatsu est l'art de soigner par le massage. Le praticien modifie la circulation énergétique du patient en pressant certaines parties du corps. [...] Après un massage, on se sent plus léger, plus calme, comme revitalisé.

ÉLISE, 30 ANS : « Au début, cela surprend puisque le shiatsu se pratique essentiellement par des pressions successives sur des points précis. Rien à voir avec l'idée qu'on se fait d'un massage... Par moments, cela fait même un peu mal, mais c'est très relaxant. »

L'ACUPUNCTURE

Le médecin pose des aiguilles sur des points très précis, le long des méridiens du corps, pour rééquilibrer l'énergie.

DOMINIQUE, 54 ANS : « Je suis très douillette et j'étais terrorisée à l'idée d'être transformée en pelote d'épingles... En fait, cela ne fait pas du tout mal ! Je me suis sentie vite détendue, j'ai même failli m'endormir. Le mieux-être s'est prolongé pendant toute la journée et je me suis endormie plus facilement que d'habitude. »

LA RÉFLEXOLOGIE

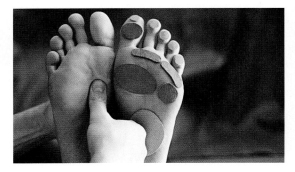

Tous nos organes seraient représentés dans nos pieds, nos mains, notre ventre et nos oreilles. En stimulant des points précis sur les pieds en cas de réflexologie plantaire, mais aussi sur les paumes et le ventre, le réflexologue soulage les tensions et stimule les organes fatigués.

CAROLE, 43 ANS : « J'avais des maux de tête et des problèmes de transit. Le masseur a effectué des petites pressions du pouce sur la voûte plantaire. C'était un peu douloureux, mais d'après lui, le signe qu'il avait touché l'organe déficient qui allait se rééquilibrer. Dans les heures qui ont suivi, ma tête et mes intestins étaient "libérés". »

Prima, 07/2008

C'est clair ?

1 Lisez l'article et répondez.

1. Qu'est-ce qu'un institut de thalassothérapie ?
2. Quelles nouveautés ces instituts offrent-ils ?
3. Comment le shiatsu, l'acupuncture et la réflexologie fonctionnent-ils ?
4. Pour quelles raisons Carole est-elle allée voir un réflexologue ?

Parlons-en !

Dans votre pays, quelle est la place de la médecine traditionnelle ? Existe-t-il de nouveaux types de soins ? En avez-vous déjà expérimenté certains ?

2 Recherchez dans l'article les mots de la même famille que :

un soin – masser – presser – l'organisme

**3 Lisez de nouveau le témoignage de Dominique.
Selon vous, que signifie : « *j'ai même failli m'endormir* » ?**

▶ S'entraîner
Exercices 1 et 2, p. 64

 4 Écoutez et répondez.

1. De quel type de document s'agit-il ?
2. Quel était le problème de Nadine ?
3. Qu'a-t-elle fait pour résoudre son problème ?
4. Quels sont les deux mots utilisés à la place du mot « blues » ?

Lumière, lumière...

❓ Comment exprimer la souffrance physique ?

5 a) Dans le reportage radio, quel verbe la journaliste utilise-t-elle pour expliquer le problème de santé de Nadine ?

b) Dites si ces expressions expriment la souffrance ou le bien-être.

1. Cela fait même un peu mal.
2. J'avais des maux de tête.
3. C'était un peu douloureux.
4. C'est très relaxant.
5. Je me suis sentie vite détendue.
6. Le réflexologue soulage les tensions.
7. On est irritable.
8. On ressent véritablement un gain d'énergie.

▶ S'entraîner
Exercice 8, p. 65

❓ Comment utiliser les indicateurs de temps ?

**6 Lisez et dites quels mots en gras expriment :
– la durée de l'action,
– l'instant de début ou de fin de l'action.**

1. Un blues qui touche une personne sur cinq **dès** l'automne et **jusqu'au** printemps.
2. Nadine souffrait **depuis** plusieurs années de cette déprime saisonnière.
3. J'ai commencé mes séances **il y a** quinze jours.
4. **Au bout de** quinze jours on ressent véritablement un gain d'énergie.

▶ S'entraîner
Exercices 3 et 4, p. 64

 **Production orale**

7 Vous avez des douleurs physiques. Vous avez testé plusieurs traitements, mais vous avez toujours mal. Expliquez cela à un ami qui vous conseillera.

DÉCOUVRIR

Pourquoi MANGER (MIEUX) ?

Bien manger, c'est se faire plaisir en préservant sa santé...

Manger est un des grands plaisirs de la vie : plaisir de savourer un bon repas, de faire une pause dans le travail, de se retrouver à table en famille ou entre amis, de ne plus avoir faim et d'être rassasié, et même le plaisir de ne pas se soucier de ce qu'on mange ! C'est aussi la satisfaction de préparer pour les autres, de créer une recette, de partager ses « coups de mains », de découvrir des saveurs, d'apprécier la richesse et la diversité des alliances de goûts, de finesse des plats par opposition au trop gras trop salé trop sucré qui alourdit les papilles...

Si ce plaisir de manger procure un certain bien-être, il est également vrai que nous construisons notre santé avec notre alimentation. Toutes les études scientifiques le confirment : l'alimentation est un élément essentiel pour protéger sa santé !

Sur le plan alimentaire, quelques habitudes simples à mettre en pratique pour l'alimentation de tous les jours permettent de bien se nourrir en développant le plaisir de manger. Bien sûr des entorses, de temps en temps, à ces habitudes par exemple lors de déplacements, de fêtes, d'imprévus, de placards vides le dimanche soir, quand les magasins sont fermés, ne sont alors pas bien ennuyeuses.

Programme National Nutrition Santé

Mangerbouger.fr, le site de la nutrition santé et plaisir

Institut National de Prévention et d'Éducation pour la Santé inpes

---

2

L'eau... plaisir !

L'EAU MINÉRALE NATURELLE PROCURE UN PLAISIR UNIQUE.

Boire de l'eau minérale naturelle constitue un vrai moment de détente agréable au cours duquel vous ressourcez à la fois votre corps et votre esprit. Chaque eau minérale naturelle possède son propre goût, sa texture, sa densité, liés à son terroir d'origine. Plates ou plus ou moins pétillantes, c'est toute une palette de saveurs subtiles qui s'offre au consommateur. Chacun trouvera l'eau qui lui convient en fonction de ses besoins et aussi des moments de consommation. Les gourmets ne s'y trompent pas et aujourd'hui, ils choisissent leur eau comme ils choisissent le vin qui accompagnera leurs mets.

www.eaumineralenaturelle.fr

C'est clair ?

1 Lisez les documents et répondez.

1. De quoi chaque document parle-t-il ?

2. Quels sont les points communs des sujets évoqués dans les documents ?

3. Êtes-vous d'accord avec cette affirmation : « nous construisons notre santé avec notre alimentation » ?

2 Expliquez ou donnez un synonyme des mots en gras.

1. plaisir de **savourer** un bon repas

2. plaisir de ne pas **se soucier** de ce qu'on mange

3. ce plaisir de manger **procure** un certain bien-être

4. des entorses à ces habitudes ne sont alors pas bien **ennuyeuses**

Comment exprimer le plaisir ?

3 Dans les documents, recherchez les expressions construites avec le mot « plaisir ».

26 **4 Écoutez et relevez les expressions que les personnes utilisent pour exprimer le plaisir.**

> ▶ **S'entraîner**
> Exercices 9 et 10, p. 65

Affiche d'information du Programme d'Alimentation Insertion, destinée aux usagers, bénévoles et salariés de l'aide alimentaire française.

Comment utiliser le gérondif ?

5 Observez et expliquez le sens du gérondif dans chaque phrase.

1. Bien manger, c'est se faire plaisir **en préservant** sa santé.

2. Quelques habitudes simples […] permettent de bien se nourrir **en développant** le plaisir de manger.

3. En modifiant votre alimentation, vous pourriez améliorer votre santé.

> ▶ **S'entraîner**
> Exercices 5, 6 et 7, pp. 64-65

Point culture

L'eau est la première source de bien-être. Évian, Perrier, Vittel… les Français consomment plus de 85 litres d'eau en bouteille par an. L'eau minérale présente l'avantage (que n'ont pas les eaux de source et l'eau du robinet) de posséder des propriétés favorables à la santé.

En France, la distribution de l'eau du robinet est souvent assurée par de grandes entreprises telles que Véolia ou Suez, et les Français paient l'eau en moyenne 2,77 euros par m³ (= mille litres).

Échangez.

1. Quelles eaux minérales françaises connaissez-vous ?

2. Quelles sont les caractéristiques de la consommation de l'eau dans votre pays ?

PRODUIRE

ÉCRIRE un témoignage

▶ Le magazine *Bien-être et santé* publie l'annonce suivante.
Répondez-y ! (150 à 180 mots environ)

Partagez vos expériences de bien-être !

Vous êtes une habituée des cures thermales ? Des amis vous ont offert des soins dans un institut de thalassothérapie ? Vous collectionnez les séjours en thalasso-thérapie ? Écrivez-nous pour raconter vos expériences et le plaisir que vous y trouvez. Le numéro de *Bien-être et santé* du mois d'avril sera consacré aux cures et aux thalassos et nous serions heureux d'avoir votre témoignage.

MODE D'EMPLOI	Pour écrire un témoignage pour un magazine, je pense à :	Quelles questions dois-je me poser ?
	Rappeler la demande de témoignage.	**Comment ?** *Je viens de lire votre appel dans votre magazine numéro...* *Le numéro d'avril de votre magazine mentionne que...* *Vous avez fait appel, dans le numéro... de votre magazine, à...*
	Donner des informations sur le lieu de séjour.	**Comment ?** *Je fréquente l'institut...* *Je suis allée trois fois à...* *Je vous confirme que...*
	Donner les qualités que je trouve à ce lieu.	**Quoi ?** – Les structures d'accueil : *L'institut est situé dans un joli parc proche du centre.* – Le personnel : *Le personnel est accueillant et sait répondre aux besoins de chacun.* – Les soins : *L'institut offre toute une gamme de soins : massages...*
	Expliquer le plaisir que j'y trouve.	**Comment ?** **Conseil :** pensez aux différents éléments qui vous procurent du plaisir *(la ville, l'institut, le personnel, les soins...)*.
	Conclure en mettant en avant les points les plus positifs.	**Comment ?** **Conseils :** annoncez la conclusion *(En résumé, ... En définitive, ...)* Reprenez les deux ou trois points les plus positifs. Concluez en invitant les lecteurs à se rendre dans ce lieu : *Si certains veulent connaître deux jours de bonheur, je leur recommande...* *Pour être vraiment en forme, je conseille à tout le monde...*

PARLER de ses difficultés

 1 Écoutez ce reportage et répondez.

1. De quoi s'agit-il ?
2. Qui est l'homme ? Que suggère-t-il à la femme ?
3. De quelles parties du corps l'homme parle-t-il ?
4. De quel mal la patiente semble-t-elle souffrir ?
5. Imaginez la question à laquelle
répond la patiente à la fin du document.

L'intonation dans l'expression du conseil

A Ces phrases expriment-elles un conseil ou un ordre ? Répétez-les en transformant l'intonation pour qu'elles expriment toutes un conseil.

B Écoutez et répétez en respectant l'intonation.

> **À l'oral**, le contenu linguistique de la phrase ne suffit pas toujours à indiquer qu'il s'agit d'un conseil. L'intonation joue un rôle important : elle doit être montante à la fin de la phrase et la voix reste légèrement suspendue.

▶ **Imaginez que vous avez un problème (professionnel, personnel, familial…).
Vous avez besoin de conseils. Vous consultez un spécialiste. À deux, jouez la scène.**

MODE D'EMPLOI		
Pour parler de mes problèmes à quelqu'un, je pense à :	**Quelles questions dois-je me poser ?**	
Déterminer le problème.	**Quel est le problème ?** **Conseil :** expliquez ce qui ne va pas, et depuis combien de temps. Expliquez les conséquences de votre problème sur votre vie : *Je n'arrive plus à me concentrer. J'ai peur d'aller au travail…*	
Demander des conseils.	**Comment ?** **Conseil :** demandez son point de vue au spécialiste. *Est-ce que je devrais… ? À ma place que feriez-vous ?*	
Dire ce que j'envisage de faire pour améliorer la situation.	**Quelles solutions envisager ?** **Conseil :** faites part de vos bonnes résolutions. *Je vais changer de travail.* *À partir de maintenant, j'irai à la piscine tous les lundis.* *Je vais parler à…*	
Pour conseiller une personne, je pense à :	**Quelles questions dois-je me poser ?**	
Comprendre son problème.	**Comment ?** **Conseil :** questionnez la personne sur son état ou son problème pour obtenir des informations. *Pourquoi venez-vous me voir ? Comment vous sentez-vous ?* *Comment vous êtes-vous retrouvé dans cette situation ?*	
Donner des conseils.	**Quelles solutions proposer ?** **Conseil :** suggérez des changements. *Vous devriez faire… Et si vous faisiez… ?*	
Rassurer la personne.	**Quel ton adopter ?** **Conseil :** utilisez un ton rassurant et posé et encouragez la personne. *Ne vous inquiétez pas, cela ne va pas durer.*	

S'ENTRAÎNER

Lexique

1 Complétez les phrases avec : *soigner, traiter, un massage, une pression, un organe.*

1. Si tu as mal au dos, je peux te faire …, ça aide souvent.
2. Il est à la clinique Pasteur ? Qui est-ce qui le … ?
3. C'est un médicament qui est très bon pour … les problèmes d'estomac.
4. J'ai une carte de donneur de … . Si j'ai un accident, mon cœur ou mon foie pourront être utilisés.
5. Le shiatsu fonctionne par des … sur différentes parties du corps.

2 Que diriez-vous dans chaque situation ? Utilisez le verbe *faillir.*

1. Vous arrivez à la gare et montez dans le train deux secondes avant qu'il parte.
2. Vous marchez sur une peau de banane.
3. Vous aviez rendez-vous avec un ami, il arrive avec 30 minutes de retard.
4. Au cinéma, vous n'avez pas aimé le film.

DEPUIS QUE J'AI UNE MONTRE J'AI TRÈS PEUR D'ÊTRE EN RETARD !

Soulcié

Grammaire

3 Choisissez le mot qui convient.

1. J'irai le voir (dès – depuis) mon arrivée à Bruxelles.
2. Nous restons à Dakar (au bout de – jusqu'à) le mois de juin.
3. Elle ne travaille plus ici (depuis – il y a) quinze jours.
4. Ce n'était pas très intéressant, nous sommes partis (au bout de – dès) une heure.
5. Je suis allé une fois en thalassothérapie, (depuis – il y a) deux ans.
6. On a eu aucune nouvelle d'elle (dès – depuis) le 15 août.

4 Choisissez le mot qui convient.

1. Il va beaucoup mieux (depuis que – jusqu'à ce que) il a changé de travail.
2. Je suis allé la voir (depuis que – dès que) j'ai appris qu'elle avait des problèmes.
3. Tu l'appelles chaque jour (dès que – jusqu'à ce que) il te donne une réponse.
4. Nous partirons (dès que – depuis que) tu seras prêt.

5 Associez les éléments.

1. Il est parti	**a.** en relisant ma lettre.
2. J'ai trouvé des erreurs	**b.** en claquant la porte.
3. J'ai glissé	**c.** en demandant au directeur.
4. Je me suis coupé	**d.** en descendant l'escalier.
5. Elle pourrait réussir	**e.** en ouvrant une enveloppe.
6. On aura une réponse plus sûre	**f.** en partant dès cinq heures.
7. On éviterait les bouchons	**g.** en travaillant un peu plus.

Les indicateurs de temps

• *dès* : pour une action qui vient juste après une autre action.

• *depuis* : pour indiquer le début d'une action qui continue encore ou pour indiquer la durée d'une action qui dure encore.

• *il y a* : pour indiquer une date, le moment où a lieu une action.

• *au bout de* : pour indiquer la durée à la fin de laquelle a lieu une action.

• *jusqu'à* : pour indiquer la date limite de la fin d'une action.

6 Transformez les phrases comme dans l'exemple.

Exemple : *Quand je sortais de la gare, j'ai rencontré Marie.*
→ *En sortant de la gare, j'ai rencontré Marie.*

1. Vous iriez mieux si vous mangiez mieux.
2. On aide son corps à trouver son équilibre quand on boit de l'eau.
3. Il a soulagé ma douleur : il m'a fait un massage.
4. J'avais très mal à la tête quand je me suis levé ce matin.
5. Je cuisine bio. J'utilise des plantes de mon jardin.
6. Je bois beaucoup de thé quand je travaille.

7 Complétez les phrases : utilisez le gérondif.

1. Je bois toujours beaucoup d'eau…
2. Tu perdrais quelques kilos…
3. Je trouve qu'elle est devenue plus belle…
4. On dépense beaucoup d'argent…
5. Je me suis posé beaucoup de questions…

Communication

8 Utilisez chaque mot ou expression dans un dialogue.

ça fait mal – j'ai mal à – j'ai des maux de – c'est douloureux – soulager – irriter – je souffre de

---

Exprimer la souffrance

• *La fenêtre s'est refermée sur ma main, ça fait mal.*
• *J'ai trop mangé, j'ai mal au ventre.*
• *À cause de la pollution, j'ai des maux de tête.*
• *Si j'appuie là, c'est douloureux.*
• *Je souffre de problèmes de dos.*

---

9 Associez les éléments.

1. Ça me fait plaisir de   **a.** je suis satisfait.
2. J'ai obtenu ce que je voulais,   **b.** j'ai à vous rencontrer.
3. Je suis vraiment content que   **c.** ça procure un vrai plaisir.
4. Passer quelques jours en thalasso,   **d.** manger de bonnes choses.
5. Vous ne pouvez pas savoir le plaisir que   **e.** tu aies pu venir.

10 Vous avez gagné une croisière transatlantique. Vous discutez avec votre voisin et vous lui expliquez tout le plaisir que vous trouvez dans ce voyage.

Exprimer le plaisir

• *Je suis vraiment content que tu ailles mieux.*
• *Ça fait du bien de se reposer.*
• *Tu ne peux pas savoir le plaisir que ça me fait.*
• *Ça me fait plaisir de te voir.*
• *C'est génial que tu aies réussi.*
• *Cela procure du plaisir.*
• *Je suis satisfait de votre participation.*

Le gérondif (rappel)

• pour exprimer la manière :
Le massage s'effectue en exerçant des pressions.

• pour exprimer la condition :
En surveillant ton alimentation, tu aurais moins de problèmes de santé.

• pour indiquer que deux actions se font en même temps :
La thalasso, c'est se soigner en se faisant plaisir.

TÂCHE

BIEN-ÊTRE, NATURELLEMENT !

▶ Organisez la journée du bien-être ! Établissez un programme qui réponde aux besoins de votre public.

Étape 1 Découverte

Journée « bien-être »

Béthune – La Semaine du goût fait désormais partie des pratiques habituelles de nos écoles pour sensibiliser les enfants aux produits de nos terroirs et pour leur faire découvrir le goût des artichauts et du fromage. Afin de poursuivre cette exploration des bonnes choses, le vendredi 22 janvier, les écoles primaires de Béthune organisent une journée du bien-être. Des médecins, des diététiciennes et des psychologues iront expliquer aux enfants comment il faut prendre soin de son corps pour être bien dans sa peau et connaître les joies d'une vie équilibrée. Suggérée par le Service d'hygiène et santé de la ville, cette journée prendra toute sa force de l'engagement des professionnels de santé.

« Il faut expliquer aux enfants comment fonctionne leur corps »

Sandrine Carolis est diététicienne à Béthune : « J'estime qu'il est nécessaire d'apporter aux enfants des informations avant l'adolescence et qu'il faut leur expliquer comment fonctionne leur corps. Nous allons par exemple leur expliquer ce que sont les équilibres alimentaires, pourquoi il faut boire de l'eau, à quoi cela sert de se laver ou à quoi ça sert de faire du sport. »

1 Lisez l'article puis répondez.

1. Que pensez-vous de cette journée du bien-être ?
2. Selon vous, pourquoi les professionnels de santé pensent-ils que cette journée est nécessaire ?
3. Quelles seront les activités organisées pendant cette journée ?

Étape 2 Réflexion

a) Par petits groupes, recherchez des exemples de « mal-être » que connaissent les personnes de votre âge.

Pour vous aider, répondez à ces questions :
1. Quelles sont vos habitudes alimentaires (boissons comprises) ?
2. Quels sont les problèmes de santé que vous connaissez : mal de dos, mal aux yeux, fatigue, etc. ? Quelle est l'origine de ces problèmes ?
3. Quelles sont les difficultés psychologiques que vous connaissez : timidité, difficulté à rencontrer les autres, peur du ridicule, etc. ?

b) Pour chacune des réponses données, imaginez quelle activité il serait possible de proposer dans le cadre d'une journée bien-être.

Pensez à :
– bien expliquer l'objectif de l'activité et sa durée ;
– déterminer les produits ou les objets dont vous aurez besoin pour l'activité ;
– préciser ce que devront faire les personnes qui dirigeront l'activité.

Étape 3 Écriture

Écrivez un programme d'activités détaillé que vous présenterez à la classe puis au directeur de votre établissement.

Pour chaque activité, pensez à :
– expliquer les raisons de vos choix (quelles sont les causes à l'origine de l'activité ?) ;
– justifier les choix de vos actions (comment ces actions permettront-elles aux personnes d'améliorer leur bien-être ?) ;
– présenter l'activité (actions à réaliser, produits à exposer…).

Étape 4 Échange

**Par groupes, présentez votre programme d'activités à la classe.
Comparez ensuite les différents programmes, dressez une liste des points positifs et négatifs, sélectionnez les activités qui vous semblent les meilleures pour établir un programme « officiel » de votre journée du bien-être.**

FRANCOPHONIES

TENDANCE BIO

Doc 1

Pourquoi manger bio ?

Pour la santé : Meilleur ou pas meilleur pour la santé ? Certaines études assurent que oui, d'autres les contredisent... D'un côté des aliments naturels, de l'autre des aliments auxquels on a ajouté, dès leur croissance, des produits de synthèse dont on ne connaît pas encore tous les effets... C'est sûr, on retrouve parfois des résidus de pesticides, y compris en bio, parce que quand l'air est pollué... Mais il y en a de toutes

Des associations organisent des cours sur la manière de jardiner et de cuisiner des légumes bio.

façons moins que dans les produits arrosés d'engrais et insecticides chimiques... En l'absence de certitude et de conviction personnelle, le principe de précaution mérite d'être appliqué. Il reste que le logo AB vous

Doc 2

garantit des produits sans OGM, sans conservateurs ni additifs de synthèse. Vous êtes sûrs de ne pas avaler à votre insu des substances synthétiques dont on pourrait plus tard démontrer des effets négatifs. Il faut aussi penser à la santé des agriculteurs. De plus en plus d'études médicales démontrent que l'utilisation de pesticides à haute dose dans les exploitations met leur santé et celle de leurs enfants en danger.

Pour les saveurs : Les aliments biologiques sont souvent plus savoureux, les plantes ont eu le temps de pousser dans une terre qui n'est pas forcée, et sont issues de variétés sélectionnées pour leur goût, leur rusticité. Les processus de fabrication sont respectueux des qualités nutritives des aliments, qui sont le plus proches possible de leur état naturel, le moins raffinés, désodorisés, édulcorés possible. Ils ont souvent un goût plus marqué que les produits conventionnels. [...]

Pour l'environnement : Quand on achète un produit bio, on sait que sa production n'a pas déversé de résidus néfastes dans la nature, ni n'a détruit irrémédiablement d'espèces... Si de plus c'est un produit local et de saison, on sait que son transport et sa culture ont été économes en énergie, ce qui permet de ne pas aggraver l'effet de serre. La bio se soucie de la biodiversité, et lutte contre l'uniformité. Bien souvent, elle utilise des variétés oubliées, choisies pour leurs qualités gustatives ou nutritionnelles. Topinambours, choux-raves, blés anciens, petites pommes d'antan...

Véronique Bourfe-Rivière
www.jecuisinebio.fr

Doc 3

Les derniers chiffres sur la consommation de Bio en France

L'agence Bio réalise chaque année un baromètre sur la consommation des produits biologiques en France. Les conclusions de la dernière version viennent d'être publiées et confirment que le consommateur français met de plus en plus de bio dans son assiette et dans sa vie.
Voici les principaux résultats, tirés du dossier de presse.

De plus en plus de Français achètent bio

44 % des Français ont consommé au moins un produit bio, et ce, au moins une fois par mois sur toute l'année 2008. Ils étaient 42 % en 2007.

Ils sont de plus en plus fidèles

Ainsi 74 % des personnes qui ont acheté du bio en 2008 déclarent avoir l'intention de continuer voire même, pour 22 % d'entre eux, d'augmenter leurs achats de produits bio dans les 6 mois suivant l'enquête.

Et de plus en plus convaincus par l'intérêt du bio

76 % d'entre eux estiment que l'agriculture bio constitue une solution d'avenir face aux problèmes environnementaux. 86 % estiment par ailleurs que l'agriculture bio doit se développer.

Alors pourquoi les Français consomment-ils des produits bio ?

Essentiellement pour des raisons de santé, ainsi, dans les raisons de consommation les plus citées par les consommateurs acheteurs, on trouve :
• à 94 % pour « préserver ma santé »
• à 92 % pour « la qualité et le goût des produits »
• à 89 % pour « être certain que les produits soient sains » [...]

www.agencebio.org

Doc 4 (30)

Salon international de l'agriculture, Paris.

1 Prenez connaissance des documents et répondez.

1. De quels produits est-il question dans les documents ?
2. Quelles sont les particularités de ces produits : quelles sont leurs caractéristiques et où sont-ils produits ?
3. Pourquoi les Français consomment-ils des produits bio ?
4. Selon vous, pourquoi Jean-Paul Geai dit-il que « les produits bio sont incontestablement un plus pour l'environnement » ?
5. Expliquez le titre de l'affiche : « Voici l'insecticide préféré des produits Bio. »

2 Et vous ?

Existe-t-il, dans votre pays, une réflexion sur la qualité des produits ? Quelle est la place des produits bio ? Contrôlez-vous la qualité des produits que vous consommez, et comment ?

Autoévaluation

Je peux exprimer la souffrance physique

1 Complétez les phrases avec : *douloureux, mal, souffrir, soulager, soigner, traiter, masser, un mal.*

1. J'ai passé la journée devant l'ordinateur et j'ai .... aux yeux.
2. C'est juste une petite infection, on va vous ....
3. Elle s'est cassé les deux jambes, elle a beaucoup ....
4. Une abeille m'a piqué. Oh là là, c'est ....
5. Mets ça sur ton pied, ça va .... la douleur.
6. Chéri, tu pourrais me .... le haut du dos, s'il te plaît ?
7. Quand je me suis levé ce matin, j'avais .... de ventre horrible.
8. Il y a un nouveau médicament pour .... les problèmes de cœur.

❶

Comptez 1 point par réponse correcte. Vous avez…
◗ 8 points : félicitations !
◗ moins de 8 points : revoyez les pages 58, 59 et 65 de votre livre et les exercices de votre cahier.

2 Complétez les phrases avec un mot de la même famille que le mot entre parenthèses.

1. (soigner) Les centres de thalasso proposent des .... adaptés aux problèmes de santé.
2. (traiter) Je vais vous donner un .... qui va vous aider.
3. (presser) On va effectuer de petites .... sur votre dos, avec les pouces.
4. (masser) Puis-je vous proposer un .... en attendant le départ de votre avion ?

❷

Comptez 1 point par réponse correcte. Vous avez…
◗ 4 points : félicitations !
◗ moins de 4 points : revoyez les pages 58, 59 et 65 de votre livre et les exercices de votre cahier.

Je peux utiliser les indicateurs de temps

3 Choisissez le mot qui convient.

1. Je n'ai eu aucune nouvelle de lui (dès – depuis) son départ.
2. Nous habitons à Lille (depuis – il y a) un mois.
3. Elle aimait beaucoup le Congo, mais elle a dû rentrer en France (jusqu'à – au bout de) un an.
4. Vous pourrez venir mardi (dès – depuis) l'ouverture.
5. On a eu une réunion avec elle (depuis – il y a) un mois.
6. On aura beaucoup de travail (jusqu'à – au bout de) le mois de mai.
7. Lundi, je suis resté à la bibliothèque (dès – jusqu'à) la fermeture.

❸

Comptez 1 point par réponse correcte. Vous avez…
◗ 7 points : félicitations !
◗ moins de 7 points : revoyez les pages 58, 59 et 65 de votre livre et les exercices de votre cahier.

B1

4 Choisissez le mot qui convient.

1. Je suis venu (depuis que – dès que) j'ai appris la nouvelle.
2. On va s'occuper d'elle (depuis que – jusqu'à ce que) elle aille mieux.
3. Je lui explique tout (dès que – jusqu'à ce que) elle arrive.
4. Elle n'est plus la même (depuis que – dès que) elle a eu l'accident.

Comptez 1 point par réponse correcte. Vous avez…
▶ 4 points : félicitations !
▶ moins de 4 points : revoyez les pages 58, 59 et 65 de votre livre et les exercices de votre cahier.

Je peux exprimer le plaisir, la joie et le bonheur

5 Associez les éléments.

1. Il est très satisfait de
2. Une semaine au calme,
3. On est vraiment content que
4. Tu ne peux pas savoir le plaisir que
5. Oh, ça fait du bien de
6. Mais si, ça me fait plaisir

a. ça procure un vrai plaisir.
b. changer d'air quelques jours.
c. d'aller à Lyon avec vous.
d. tu sois présente.
e. tu lui as fait.
f. votre travail.

Comptez 1 point par réponse correcte. Vous avez…
▶ 6 points : félicitations !
▶ moins de 6 points : revoyez les pages 60, 61 et 65 de votre livre et les exercices de votre cahier.

6 Choisissez la forme qui convient.

1. C'est génial que tu (peux – puisses) le rencontrer !
2. Vous ne pouvez pas savoir le plaisir que j' (ai – aie) de recevoir cette bonne nouvelle.
3. Elle est vraiment contente que tu (as – aies) accepté l'invitation.
4. Ça me fait plaisir que vous (êtes – soyez) venus.

Comptez 1 point par réponse correcte. Vous avez…
▶ 4 points : félicitations !
▶ moins de 4 points : revoyez les pages 60, 61 et 65 de votre livre et les exercices de votre cahier.

Je peux utiliser le gérondif

7 Transformez les phrases comme dans l'exemple.

Exemple : *Je me suis coupé le doigt quand j'ouvrais la boîte.*
→ *Je me suis coupé le doigt en ouvrant la boîte.*

1. Vous comprendrez mieux quand vous le verrez.
2. Il a dit ça. Il plaisantait.
3. Tu apprendrais plus vite si tu prenais des cours.
4. Elle est arrivée. Elle pleurait.
5. Vous ne pouvez pas téléphoner quand vous conduisez.
6. J'ai appris à cuisiner. Je regardais ma mère.
7. Vous nous aideriez beaucoup si vous nous donniez cinq euros.

Comptez 1 point par réponse correcte. Vous avez…
▶ 7 points : félicitations !
▶ moins de 7 points : revoyez les pages 60, 61 et 65 de votre livre et les exercices de votre cahier.

Résultats : [ ] **points sur 40 points**

unité **5**

ENVIE DE CULTURE ?

Contrat d'apprentissage

Objectif	▶ **Exprimer ses sentiments et ses émotions**

Tâche	▶ **Proposer un projet culturel**
	Dans le cadre d'un concours organisé par Et si on créait, *magazine des jeunes créateurs d'événements culturels, proposez pour votre quartier un projet culturel.*

Outils
- le subjonctif
- l'expression de l'hypothèse
- le conditionnel passé
- le lexique de la critique culturelle

73

DÉCOUVRIR

🔭 C'est clair ?

1 **Observez et identifiez les documents.**
Discutez pour attribuer une image à chaque titre d'exposition.

31 **2 a) Écoutez la première partie de l'émission radio.**
Associez chaque annonce à un titre d'exposition et à une image.

b) Pour chaque exposition, donnez :
– des informations pratiques (lieu, date, horaires, tarif…),
– une description précise de l'événement.

32 **c) Écoutez la seconde partie de l'émission. Répondez.**
1. Combien de personnes ont été interviewées ?
2. Quelle est l'exposition qui n'a reçu que des critiques positives ?
Précisez.

> **Parlons-en !**
>
> « L'art, c'est un appel au voyage. »
> Que pensez-vous de cette affirmation ?

Comment exprimer ses sentiments ?

3 **a) Dans la seconde partie de l'émission,
quelles critiques des expositions sont formulées ?**

b) Dites quel sentiment correspond le mieux à chaque personne. Justifiez votre choix.

le regret – l'indifférence – l'intérêt – la déception – le dégoût – l'appréciation – l'étonnement

**c) Associez les éléments pour reconstituer les propos de chaque personne.
Puis, observez les phrases. Que remarquez-vous ?**

Ça me plaît •   • que les photos ne soient pas plus professionnelles.
Je regrette •   • que le peintre n'ait pas été présent.
Je trouve formidable •   • d'y être allé.
Ça me surprend •   • que l'on trouve des informations variées.
Je suis déçu •   • qu'on laisse faire ça.
Dommage •   • que le photographe ait réussi à s'intéresser à tout.

> ▶ **S'entraîner**
> Exercices 1, 2 et 5, pp. 80-81

Comment formuler une critique ?

4 **Dans les commentaires laissés sur RadioNantes, relevez :**

• une expression pour dire que la personne conseille, ou non, cette exposition,
• une expression pour dire que l'exposition est réussie ou non,
• une expression pour dire que la lumière était idéale ou ne l'était pas.

5 **Lisez ces deux critiques et dites laquelle vous donne le plus envie d'aller au théâtre.
Expliquez votre choix.**

Crepapelle

Lieu : Théâtre du Rond-Point – Paris
du 15 septembre au 17 octobre

Maria Cassi, ambassadrice de cœur de Paris le temps d'un spectacle, manie l'analyse sociologique avec acharnement et dévotion. Dans le bus, à la terrasse des cafés, devant un petit-déjeuner ou sous la tour Eiffel, la comédienne italienne aime Paris passionnément et le clame. [...] Il y a un certain ravissement, doublé d'un frisson d'auto-satisfaction, à regarder l'émerveillement naïf de l'étranger devant ce qui est, pour nous, tellement quotidien qu'on ne le remarque plus. À un point tel qu'on aimerait redécouvrir Paris par ses yeux et connaître ses bonnes adresses – avec nous, les serveurs sont toujours pressés et les vendeuses occupées ailleurs. Pourtant, le véritable centre d'intérêt est moins dans cette description biaisée d'une ville que dans la découverte de cette comédienne exceptionnelle, à l'énergie délirante. Maria Cassi donne d'elle-même et parle avec son corps. Gonflant les joues et louchant à outrance, elle joue de la caricature et des clichés, de la bourgeoise parisienne à l'ouvrier florentin, avec sensibilité.   Mathieu Laviolette-Slarka, www.evene.fr

Kvetch

Lieu : Lucernaire – Paris
du 17 juin au 5 septembre

Rien à redire sur les bonnes idées de Ludovic Pacot-Grivel empruntées aux techniques ciné-matographiques : arrêts sur image, jeux de lumière et de projecteurs individualisant chacun au milieu des autres. [...] Mais les qualités s'arrêtent là et la mise en scène pâtit d'un texte consternant dans lequel les mesquineries quotidiennes, les petitesses ne sont contrebalan-cées par aucune lueur d'espoir. Le spectateur a du mal à reprendre son souffle et à trouver la distance nécessaire pour profiter de l'humour noir cher au Britannique Steven Berkoff. Les blagues à tendance dépressive volent au plus bas dans cette pièce créée en 1986 censée décrire notre humanité avec lucidité alors que l'auteur ne décortique que le pire.

Marie Sautelet, www.evene.fr

> ▶ **S'entraîner**
> Exercices 2 et 9, pp. 80-81

Production écrite

6 **Pour le site internet *evene.fr*, présentez le dernier spectacle que vous avez vu et donnez
votre avis. Vous le recommandez ou le déconseillez aux lecteurs du site. (150 mots)**

Et si on téléchargeait légalement ?

Le gouvernement français voulait protéger les artistes victimes
du téléchargement illégal sur Internet : c'est chose faite…

Du côté des artistes…

La loi Hadopi 2 sur la protection pénale de la propriété littéraire et artistique vient d'être adoptée par l'Assemblée nationale par 285 voix contre 225. Elle ne fait pas que des heureux…

Parmi les artistes, victimes du téléchargement illégal, les avis sont partagés : « J'aurais aimé que la sanction soit plus sévère », précise un cinéaste, « trois ans d'emprisonnement et une amende de 300 000 euros pour des pirates récidivistes, c'est finalement bien peu ! »

« Je regrette que la loi aille aussi loin et prévoie de couper la ligne téléphonique », estime un chanteur qui se réjouit que des millions de personnes du monde entier puissent écouter sa musique grâce à Internet. « C'est dommage qu'on ne réussisse pas à trouver un terrain d'entente. Cette loi déclenche une guerre entre les artistes et les internautes qui ne comprennent pas forcément ce que signifie le droit d'auteur », ajoute un acteur. Rendre la culture accessible à tous n'est décidemment pas si facile !

Du côté des internautes…

Quel genre de « hors-la-loi » sont ces internautes qui téléchargent illégalement ? Quels sont leurs pratiques, leurs arguments ? Nous vous proposons un dossier spécial et une série de témoignages.

…témoignages…témoignages…témoignages…témoignages…

Céline, 16 ans.

Je ne suis pas particulièrement fière de moi, mais je n'ai pas non plus l'impression de commettre un crime en téléchargeant de la musique. On pourrait croire que je suis ingrate parce que je n'accepte pas de dépenser de l'argent pour quelqu'un qui travaille pour moi. Un copain m'a dit que la police pouvait venir chez moi. Franchement, ça ne me fait pas peur. S'ils coffraient tous ceux qui téléchargent, il n'y aurait plus personne. Je n'ai pas suivi les dernières propositions de loi. Il paraît qu'ils veulent la coupure de la connexion. C'est un peu fou, non ? Internet, c'est vraiment indispensable et le téléchargement n'en est qu'une toute petite part. Moi, j'en ai tout le temps besoin : pour faire des recherches pour le lycée, discuter avec mes potes, envoyer des messages, faire des jeux…

David, 29 ans.

J'aime bien aller au cinéma. Je paye une carte UGC illimitée depuis cinq ans. Si je trouve un film bien, je le télécharge en rentrant chez moi. C'est devenu un réflexe. Je n'ai pas vraiment l'impression de faire du piratage ou de nuire à l'industrie. C'est juste que j'ai envie de les avoir à la maison, au cas où je voudrais les revoir. La loi Hadopi, c'est le grand sujet du moment. Je ne suis pas contre la suspension de l'abonnement. Si je reçois deux avertissements, je trouve ça normal. Je sais que si je recevais un rappel à l'ordre, j'arrêterais de télécharger des films. Je pourrais facilement m'en passer. Ce serait un peu plus dur pour les séries. J'aime bien connaître la suite. Enfin, si la loi passe, je regarderai d'abord sur les forums pour voir si je peux masquer mon adresse IP, certainement jusqu'au deuxième avertissement…

C'est clair ?

1 Lisez l'article et les témoignages puis répondez.

1. Quel est l'objectif principal de la loi Hadopi ?
2. Quelles mesures ont été prises en cas de téléchargement illégal ?
3. Quelles sont les habitudes des deux personnes concernant le téléchargement ?
4. Pour quelles raisons ces personnes téléchargent-elles ?
5. Céline et David vont-ils cesser de télécharger une fois la loi adoptée ?

2 Que pensez-vous de la loi Hadopi ?
Et vous, est-ce qu'il vous arrive de télécharger illégalement ?

Comment exprimer le regret et le reproche ?

3 Dans l'article, relevez les phrases qui expriment un regret.

4 Connaissez-vous d'autres manières d'exprimer le regret ?
Imaginez les regrets des internautes face à la loi Hadopi.

> ▶ **S'entraîner**
> Exercices 4, 6 et 7, pp. 80-81

5 Transformez les regrets des artistes évoqués dans l'article en reproches,
comme dans l'exemple. Quel est le temps que vous utilisez ?

Exemple : *J'aurais aimé que la sanction soit plus sévère.*
    → *Vous auriez dû décider d'une sanction plus sévère.*

Comment exprimer l'hypothèse ?

6 Dans le témoignage de Céline, il est écrit :
« S'ils coffraient tous ceux qui téléchargent, il n'y aurait plus personne. » Est-ce un fait réalisable ?

7 Dans les témoignages, relevez les phrases qui expriment l'hypothèse.
Puis, associez chaque phrase à une explication.

a) *Si* est suivi du présent et l'hypothèse est possible.
b) *Si* est suivi de l'imparfait et l'hypothèse est irréelle.

> ▶ **S'entraîner**
> Exercices 3 et 8, pp. 80-81

8 Par deux, discutez. Si vous étiez artiste, que penseriez-vous de cette loi ?

Point culture

Journées européennes du Patrimoine

Créées en 1984 par le ministère de la Culture, les Journées européennes du Patrimoine ont lieu chaque année le troisième week-end de septembre. Événement culturel de la rentrée, ces journées témoignent de l'intérêt des Français pour l'histoire des lieux et de l'art (en 2008, plus de 12 millions de visites). Le succès de la manifestation repose sur la grande diversité du patrimoine proposée aux visiteurs [...] Depuis 1991, les Journées du Patrimoine ont pris une dimension européenne. Encouragés par le Conseil de l'Europe et l'Union européenne, 49 pays organisent désormais une manifestation similaire.

www.journeesdupatrimoine.culture.fr

Échangez.

1. Dans votre ville, quels éléments font partie du patrimoine ?
2. D'après vous, est-il important de rendre le patrimoine accessible à tous ?
3. Pensez-vous que les Journées du Patrimoine répondent à ce besoin ?

PRODUIRE

ÉCRIRE une lettre de proposition

▶ **Des amis, passionnés d'art et de culture, viennent vous voir dans votre pays pour une semaine. Écrivez-leur pour leur proposer un programme culturel.**

MODE D'EMPLOI	Pour proposer un programme culturel à des amis, je pense à :	Quelles questions dois-je me poser ?
	Introduire le sujet.	**Comment saluer ?** *Chers amis,* *Philippe et Valentine,* *Bonjour Philippe et Valentine !* **Comment exprimer ma joie de revoir mes amis ?** *Je suis ravi, content* *C'est super, sympa* } *que vous veniez.* *Quelle joie* *Quel plaisir* } *de vous voir !* *Je me réjouis*
	Réfléchir à un programme.	**Quelles sont les passions de mes amis ?** peinture – littérature – sculpture – cinéma – théâtre – nature – randonnée – sport – photographie – musique
	Proposer un programme.	**Comment proposer un programme ?** *Je vous propose* *Je prévois* } *une sortie au théâtre.* *J'ai prévu* } *d'aller au théâtre.* *J'envisage* } *que nous allions au théâtre.* *On pourrait aller au théâtre.* *Si ça vous tente, on peut...* *Si ça vous dit, on pourrait...*
	Donner mes impressions.	**Qu'est-ce que j'en pense ?** *Personnellement, j'ai adoré.* *C'est le plus beau spectacle que j'aie jamais vu.* *C'est un vrai régal !* ▶ **S'entraîner** Lire *Le subjonctif*, p. 80
	Finir ma proposition.	**Comment exprimer mon impatience de revoir quelqu'un ?** *J'ai hâte de vous revoir.* *Je vous attends avec impatience.*

PARLER d'une œuvre d'art

🎧 (33) **1 Écoutez les trois descriptions et répondez.**

1. À quelle œuvre ces images correspondent-elles ?

2. Pour chaque œuvre, retrouvez, si possible :
- le nom de l'artiste,
- le nom de l'œuvre,
- la date de réalisation de l'œuvre,
- le lieu où se trouve cette œuvre,
- les symboliques associées à cette œuvre,
- précisez également ce qui a rendu ces artistes célèbres.

🎵 **Groupes et rythme**

(34) **A Écoutez les phrases. Combien d'unités de sens entendez-vous ?**

Exemple : Depuis 2006, quand vous traversez le pont du Garigliano à Paris, vous tombez sur cette drôle de cabine téléphonique en forme de fleur. (= 3 unités de sens)

(35) **B Écoutez ces phrases et repérez celle dont l'intonation n'est pas correcte.**

(36) **C Répétez en respectant le rythme et les intonations pour donner du sens et rendre les phrases vivantes.**

> **À l'oral**, pour rendre un récit vivant, on coupe les phrases en groupes de mots qui forment des « unités de sens ».
> Les mots s'enchaînent à l'intérieur de chaque groupe. La longueur de ces groupes peut varier en fonction du débit : plus le débit est rapide, plus les groupes pourront être longs. Ces groupes se terminent le plus souvent par une intonation montante. L'intonation est descendante à la fin de la phrase.
> *Depuis 2006↗, quand vous traversez le pont du Garigliano à Paris↗, vous tombez sur cette drôle de cabine téléphonique en forme de fleur↘.*

▶ **Choisissez une œuvre d'art présente dans les rues d'une ville de votre pays. Recherchez des informations à son sujet et préparez une présentation de cette œuvre.**

MODE D'EMPLOI	Pour présenter une œuvre, je pense à :	Quelles questions dois-je me poser ?
	Décrire l'œuvre.	De **quoi** s'agit-il ? (une sculpture, un objet…) À quoi ressemble-t-elle ? (forme, taille, couleurs, matériaux) **Où** peut-on la voir ? (ville, type de lieu…) **Depuis quand** est-elle exposée ? Qui l'a commandée ? Les habitants aiment-ils cette œuvre ? Pourquoi ?
	Présenter l'artiste.	**Qui** a créé cette œuvre ? (nom de l'artiste, nationalité…) Pourquoi a-t-on demandé à cet artiste de produire cette œuvre ?
	Rendre mon récit vivant.	**Conseil :** découpez les phrases en groupes de mots pour faciliter l'écoute et dynamiser le récit.

S'ENTRAÎNER

Grammaire

**1 Faites une seule phrase.
Utilisez l'infinitif ou le subjonctif.**

1. Je ne peux pas aller chez toi. Je suis déçu.
2. Ma grand-mère va de mieux en mieux. Je suis soulagée.
3. Mon frère a raté son examen. Mes parents sont surpris.
4. Héloïse a perdu sa montre. Elle est furieuse.
5. On lui a proposé un travail. Il est ravi.

2 Reconstituez les commentaires de ces lecteurs.

1. Je suis assez déçu
2. Je suis surprise que le rythme
3. C'est dommage que l'auteur
4. Quel dommage que le héros
5. C'est le pire livre que
6. Ça m'étonne que le livre

a. j'aie jamais lu.
b. ait choisi une fin aussi triste.
c. ne soit pas plus rapide.
d. du choix des personnages.
e. plaise à un si large public.
f. soit un peu stéréotypé !

3 Reconstituez les phrases.

1. S'il n'avait pas plu,
2. Si tu étais rentré plus tôt,
3. Si le temps le permet,
4. S'ils avaient été sages,
5. Si vous y allez,

a. on aurait dîné ensemble.
b. rapportez-nous un souvenir !
c. ils ne seraient pas punis.
d. nous ferons cette balade.
e. nous serions sortis.

**4 Deux amis évoquent des regrets.
Complétez le dialogue au conditionnel passé.**

– Tu …… (vouloir) être un artiste ?
– Ben, oui, comme ça, je …… (devenir) célèbre, je ……
(gagner) plein d'argent et je …… (visiter) beaucoup de pays.
– Oui, mais, tu …… (ne jamais rencontrer) Victor, tu ……
(ne pas se marier) et tu …… (ne pas avoir) de jolis enfants.
Et ça, tu le …… (regretter) !

Le subjonctif

Infinitif ou subjonctif ?
■ Si le sujet est le même dans les deux phrases, on utilise l'infinitif.
Je suis contente. Je viens.
→ *Je suis contente de venir.*

Subjonctif présent ou passé ?
■ Le fait exprimé par le verbe au subjonctif passé est antérieur à celui exprimé par le verbe introducteur.
Paul est déçu qu'elle ne soit pas venue hier.

Pour exprimer un sentiment
■ On utilise le subjonctif après un verbe qui exprime un sentiment + *que*.
Ça me désole qu'il y ait autant de gens malheureux.

Avec un superlatif
■ On utilise le subjonctif après un superlatif.
C'est le plus beau spectacle que j'aie jamais vu.

Exprimer l'hypothèse

***Si* + présent, + présent ou impératif ou futur**
■ L'hypothèse est située dans le présent et est possible.
Si tu aimes ce CD, je te l'achète.
Si tu as le temps, viens !
Si tu aimes ce plat, je le referai.

***Si* + imparfait, + conditionnel présent**
■ L'hypothèse est située dans le présent et est irréelle.
Si j'étais une fleur, je serais une rose.

***Si* + plus-que-parfait, + conditionnel présent ou passé**
■ L'hypothèse est située dans le passé et est impossible.
Si tu avais dormi, tu serais en forme.
Si j'avais su, je ne serais pas venu.

Communication

5 **Par deux, réagissez aux titres de presse suivants. Exprimez vos sentiments.**

1. Elle perd sa jupe au festival de Cannes !
2. Trois chiens abandonnés
3. Un avion s'écrase après le décollage
4. Début des soldes d'hiver
5. Augmentation du prix de l'essence

37 **6** **Écoutez et dites si les personnes expriment un regret ou un reproche.**

7 **Votre meilleur ami a oublié votre anniversaire. Exprimez vos regrets sur votre blogue. (150 mots)**

8 **Discutez avec votre voisin : si vous pouviez être différent(e), comment seriez-vous ?**

Exprimer le regret et le reproche

Pour regretter :
• *C'est trop bête !*
• *Je regrette de / que…*
• *J'aurais mieux fait de…*
• *Il aurait fallu que…*
• *Si j'avais su, je t'aurais écouté.*

Pour reprocher :
• *Tu n'aurais pas dû partir.*
• *Ce que je te reproche, c'est d'être parti.*
• *Comment est-ce que tu as pu faire ça ?*

Lexique

9 **À quel type d'événement culturel se rapportent ces critiques ? Sont-elles positives ou négatives ?**

1. Une intelligente mise en scène.
2. Des arrangements riches et harmonieux pour ce nouvel album.
3. Un polar intrigant qui ne nous laisse pas indifférent.
4. Une jolie chorégraphie comme on en voit rarement !
5. Une acoustique incroyable et une voix très mélodieuse.

La critique culturelle

• *C'est une pièce sublime, grandiose, superbe, magnifique…*
• *C'est un film décevant, médiocre, ennuyeux, insipide, nul…*

• *Un vrai régal !*   • *C'est un navet (film).*
• *À vous couper le souffle !*   • *Ça ne présente aucun intérêt.*
• *Époustouflant !*   • *Lamentable !*

Exprimer ses sentiments

• *Ça me dégoûte*
• *Ça me fait peur*
• *Ça m'angoisse*
• *Ça m'étonne*
• *Ça me choque*   } + *que* ou + *de*
• *Ça me désole*
• *Ça m'énerve*
• *Ça m'amuse*

TÂCHE

ET SI ON CRÉAIT ?

▶ **Dans le cadre d'un concours organisé par** *Et si on créait*, **magazine des jeunes créateurs d'événements culturels, proposez pour votre quartier un projet qui permette d'enrichir la culture de chacun…**

Étape 1 **Découverte**

Les quartiers créent leur prix

Une passion : la lecture.

Un regret : que trop de jeunes pleins de talent restent dans l'ombre.

Un projet : créer un prix littéraire de quartier. « Si les jeunes des quartiers défavorisés pouvaient s'exprimer, cela éviterait peut-être les excès de violence. » C'était il y a un peu plus d'un an, en regardant la colère des jeunes de son quartier à la télévision, que Yann, 19 ans, apprenti mécanicien, a eu l'idée de ce projet. « J'en ai parlé à un pote qui m'a tout de suite rejoint. »

Fiers de leur petite trouvaille, Yann et Rachid décident alors de contacter les élus locaux. L'avis est favorable. Le pari est lancé. Dans moins de huit semaines, le prix du concours devrait être décerné par le maire en personne. Les seules conditions : habiter dans le quartier, ne jamais avoir publié de livre et avoir moins de trente-cinq ans.

Cinq personnes se sont portées volontaires pour être membres du jury : trois professeurs de français, la responsable du bibliobus et un retraité bibliophile. « Si tout fonctionne comme prévu, les auteurs nous enverront leurs manuscrits de dix pages maximum dans cinq semaines. »

Yann, que tout le monde surnomme « bibliovore », n'a qu'une envie : que son projet puisse s'étendre au niveau national !

1 Répondez.

1. Quels sont les trois éléments qui ont poussé Yann à proposer ce projet ?

2. Quelles sont les conditions nécessaires pour participer à ce concours ?

3. Comment les habitants du quartier ont-ils appelé Yann ? Que signifie ce mot ? Quels autres mots de l'article se rapportent au « livre » ?

4. Que pensez-vous de l'idée de Yann ?

Étape 2 Réflexion

Par groupes de deux, réfléchissez à un projet culturel que vous pourriez soumettre au magazine *Et si on créait*.

Pour vous aider, répondez à ces questions :
1. Quel domaine artistique vous intéresse particulièrement ? (le théâtre, la photographie…)
2. Quels regrets avez-vous concernant la culture dans votre quartier ? (choix, horaires, prix…)
3. Quel type de manifestation souhaiteriez-vous organiser ? (une exposition, un débat…)
4. Quel public aimeriez-vous cibler ? (les jeunes, les retraités…)
5. Où aimeriez-vous mettre en place votre projet ? (dans une salle, dans la rue…)
6. À qui pourriez-vous demander de l'aide pour réaliser votre projet ?

Étape 3 Écriture

Pour participer au concours proposé par le magazine, complétez la fiche et remettez-la à votre professeur.

Fiche participant

Auteurs du projet : ....

Passion ou domaine artistique : ....

Regret ou manque concernant la culture : ....

....

Décrivez votre projet. Expliquez ce qui vous motive (pourquoi ?), quels sont vos objectifs (dans quel but ?) et les ressources à votre disposition (comment ? avec qui ?).

....

....

Étape 4 Échange

Vous allez maintenant quitter votre binôme et former un groupe de quatre personnes, avec quatre projets différents.

a) Présentez votre projet aux trois personnes comme si vous aviez un jury en face de vous. Votre présentation ne doit pas dépasser cinq minutes.
b) Une fois votre projet exposé, chaque membre du jury a une minute pour donner son avis. (Exemple : *Je suis surprise que votre projet ne s'adresse qu'aux personnes âgées.*) Prenez des notes.
c) Reformez votre binôme. Discutez des différentes critiques (positives et négatives) qui ont été formulées sur votre projet. Essayez d'y répondre.

FRANCOPHONIES

LE CINÉMA AFRICAIN

Doc 1 40 ans de festival et une identité affirmée

En 1969, vit le jour à Ouagadougou[1] et à Bobo Dioulasso[1], la Semaine du Cinéma africain : « projections foraines suivies de débats avec le public, séances enrichissantes pour les cinéastes, moments privilégiés qui favorisent un esprit d'émulation, une école du soir. » C'est comme cela que Sembène Ousmane décrivait cette première rencontre, dont il fut l'un des artisans. [...]

La Semaine de Ouagadougou se transforma, en 1972, en festival compétitif, panafricain, et il fut décidé que le festival aurait lieu les années impaires, puisque les Journées cinématographiques de Carthage avaient lieu les années paires. Le Fespaco, à ses débuts, était « le festival des origines et des valeurs culturelles africaines », comme le dit le cinéaste Ferid Boughedir ; au début des années 1970, les salles de cinéma étaient encore à ciel ouvert, et les cinéastes palabraient des heures durant, autour de la piscine de l'hôtel Indépendance, en attendant que la nuit tombe. « Les cinéastes ne pouvaient à l'époque montrer leurs films que dans trois manifestations », rappelle un des aînés, le cinéaste gabonais Philippe Mory, « Carthage, Ouaga et le festival de Dinard ! », (qui a disparu depuis). Dans les années 1970-1980, le Fespaco dut faire face à la concurrence accrue de très nombreux festivals de cinéma de par le monde, et à la prise en compte des cinémas d'Afrique, à Cannes notamment (Palme d'or 1975 : *Chronique des années de braise* de Mohamed Lakhdar Hamina, Grand Prix du jury 1987 : *Yeelen* de Souleymane Cissé). Sous l'impulsion du gouvernement de l'époque, le Fespaco grandit lui aussi ; des salles de cinéma « en dur » furent construites à Ouagadougou et dans le pays, et le festival devint une manifestation de prestige. En s'ouvrant à la diaspora (afro-américaine notamment), il affirma son ambition de devenir la vitrine des créateurs du monde noir.

Elle était loin alors, la petite semaine culturelle des débuts. [...] Pour le 40e anniversaire du Fespaco, le nouveau Délégué général, Michel Ouédraogo, affiche l'ambition de remettre les pendules à l'heure.

Catherine Ruelle, 25/02/2009
www.rfi.fr

Le Président du Burkina Faso, Blaise Compaoré, et le réalisateur nigerian Newton Aduaka, Grand prix du Fespaco 2007.

---

1. au Burkina Faso.

Doc 2   Le cinéma ambulant

Au nombre des diffuseurs présents au Fespaco 2009, le Cinéma numérique ambulant (CNA). Créé en 2001 au Bénin et présent aujourd'hui au Burkina, en France, au Mali et au Niger, le CNA participait pour la quatrième fois consécutive à la fête du Cinéma africain. Pour l'édition 2007, en partenariat avec le Festival, il avait organisé une trentaine de projections dans les quartiers populaires de la ville de Ouagadougou. Cet événement dans l'événement alimenta énormément l'aspect festif du Fespaco 2007, permettant au commun des Ouagalais de vivre aussi la culture et cette fête du cinéma.

Pour cette année, la nouvelle direction du festival inspirée par son Délégué général, Michel Ouédraogo, a interdit ces projections afin de contribuer à lutter contre le phénomène de fermeture des salles en Afrique. La dernière en date est celle de l'unique salle du Cameroun, qui mettait la clef sous le paillasson au moment même où Ouagadougou s'affairait à vivre les joies du cinéma.

Projection du CNA au Fespaco.

Le CNA partageant la volonté de lutter contre la fermeture des salles, a respecté l'interdiction des projections en plein air, tout en la déplorant.

Wend Lassida Ouédraogo
www.c-n-a.org

Doc 3 🎧 38

« L'essentiel pour nous, c'est qu'il y ait des salles pour la promotion du cinéma africain. »
Michel Ouédraogo,
Délégué général du Fespaco

1 Prenez connaissance de tous les documents et répondez précisément.

1. Qu'est-ce que le Fespaco ?
2. Quels sont les objectifs de Mahama Johnson Traoré et de Michel Ouédraogo ?
3. Quels sont les problèmes liés au Fespaco ?
4. En quoi consiste le CNA ?
5. Pensez-vous que le cinéma de plein air contribue à la fermeture des salles en Afrique ?

2 Échangez.

1. Êtes-vous passionné de cinéma ?
2. Connaissez-vous d'autres festivals de cinéma ?
3. Quelle est la place du cinéma dans votre pays ?

Autoévaluation

Je peux exprimer mes sentiments

1 **Associez à chaque phrase le sentiment exprimé :** *regret, déception, indifférence, satisfaction, étonnement, peur.*

1. Quel dommage que tu ne sois pas venue !
2. Tu es à l'heure ! Je n'en reviens pas !
3. Que tu viennes ou non, ça m'est bien égal !
4. Ce travail me plaît davantage que le précédent.
5. Ah, les serpents, j'ai horreur de ça !
6. Non, franchement, je ne m'attendais pas à ça !

1

Comptez 1 point par réponse correcte. Vous avez…
▸ 6 points : félicitations !
▸ moins de 6 points : revoyez les pages 74, 75 et 81 de votre livre et les exercices de votre cahier.

2 **Conjuguez les verbes au subjonctif présent ou passé.**

1. Je regrette que Cécile (ne pas vouloir) ……… venir hier soir.
2. Elle est surprise que les étudiants (être) ……… toujours en retard.
3. Il trouve bizarre que l'artiste (quitter) ……… le concert avant la fin samedi soir dernier.
4. Les enfants souhaitent que le clown (revenir) ……… l'année prochaine.
5. Quel dommage que personne (ne vouloir) ……… faire de discours pour son départ en retraite la semaine prochaine.
6. C'est incroyable qu'il (faire) ……… si beau au mariage de ta sœur l'été dernier !

2

Comptez 1 point par réponse correcte. Vous avez…
▸ 6 points : félicitations !
▸ moins de 6 points : revoyez les pages 74, 75 et 81 de votre livre et les exercices de votre cahier.

Je peux exprimer le regret

3 **Exprimez vos regrets en fonction de chaque situation. Choisissez l'expression qui exprime le regret et modifiez la phrase.**

1. Vous n'avez pas suffisamment travaillé pour l'examen.
Bizarre que… Dommage que… Génial que…
2. Nous ne vous avons pas vus à l'exposition de peinture contemporaine.
Nous souffrons de… Nous regrettons de… Nous sommes ravis de…
3. Vous n'aviez pas assez d'argent pour acheter votre album préféré.
Je regrette que… Je me souviens que… J'avoue que…
4. J'aurais dû rester à la maison.
Il aurait fallu que… Il aurait voulu que… Il aurait mieux valu que…

3

Comptez 1 point par réponse correcte. Vous avez…
▸ 4 points : félicitations !
▸ moins de 4 points : revoyez les pages 76, 77 et 81 de votre livre et les exercices de votre cahier.

Je peux exprimer le reproche

4 **Quelles phrases expriment le reproche ?**

☐ Tu aurais dû le prévenir que tu allais être en retard !
☐ J'aurais dû l'appeler pour son anniversaire.
☐ Vous auriez pu faire attention quand même !
☐ Ce que je te reproche, c'est de ne jamais écouter !
☐ S'il avait su, il l'aurait invitée au restaurant.
☐ Tu n'as rien rangé dans la cuisine. Tu exagères à la fin !

4

Comptez 1 point par réponse correcte. Vous avez…
▸ 4 points : félicitations !
▸ moins de 4 points : revoyez les pages 76, 77 et 81 de votre livre et les exercices de votre cahier.

Je peux exprimer l'hypothèse

5 Mettez les verbes entre parenthèses à la forme qui convient.

1. Si nous (avoir) .... plus d'argent, nous achèterions un tableau de Picasso.

2. Si tu pars en vacances avec nous, je (être) .... ravie.

3. Si les gens étaient allés plus souvent dans ce musée, il (ne pas être fermé) .... aujourd'hui.

4. Si cette actrice (accepter) .... le rôle, elle aurait été formidable.

5. Si nous (venir) .... vous voir l'été dernier, est-ce que vous nous auriez accueillis ?

6. Si vous rencontrez ma sœur, (dire) .... lui que je viendrai la voir demain.

7. Si les enfants écrivent une lettre au Père Noël, est-ce qu'il (répondre) .... ?

8. Si vous pouviez rencontrer un artiste, qui est-ce que vous (aimer) .... rencontrer ?

5

Comptez 1 point par réponse correcte. Vous avez...
▶ 8 points : félicitations !
▶ moins de 8 points : revoyez les pages 76, 77 et 80 de votre livre et les exercices de votre cahier.

Je peux proposer un programme

6 Reconstituez la lettre de Vincent pour que ses amis comprennent.

a. Que dites-vous de ce programme ?

b. Puisque vous n'êtes jamais venus auparavant, je vous propose d'organiser le programme du week-end.

c. Dimanche, je prévois d'aller au musée des Beaux-arts.

d. Salut les amis,

e. Vincent.

f. C'est un jeu traditionnel de la région.

g. Samedi, nous pourrions commencer par faire une promenade au bord de la Loire en vélo.

h. Si ça vous dit, je propose de continuer par une partie de boule de fort.

i. Je crois que cela ferait plaisir à Anne qui est une passionnée de peinture, non ?

j. Je vous embrasse bien fort.

k. Merci pour votre message. Je suis très content de savoir que vous allez venir passer le week-end à la maison.

l. Pour finir la journée de samedi, je pensais réserver une table dans une guinguette afin de vous faire goûter aux vins d'Anjou et aux plats typiques.

6

Comptez 1 point par réponse correcte. Vous avez...
▶ 12 points : félicitations !
▶ moins de 12 points : revoyez la page 78 de votre livre et les exercices de votre cahier.

Résultats : ☐ **points sur 40 points**

VOUS AVEZ LE POSTE !

Contrat d'apprentissage

Objectif	▶ **Exposer ses motivations**

Tâche	▶ **Concevoir un site internet**
	Et si vous participiez au Salon international des métiers de demain ? Concevez un site qui regroupera des informations sur les métiers, les formations et proposez votre projet aux organisateurs du salon.

Outils

- les articulateurs du discours
- le participe présent
- le lexique du travail

Autoévaluation
B1

Le travail, c'est la santé ?

Depuis toujours, les Français sont très attachés à la « valeur travail ». Plus qu'un gagne-pain, le travail est signe d'épanouissement. « Le travail, c'est la santé… » chantait Henri Salvador.

Pourtant la réalité est, de nos jours, un peu différente. Le patronat est de plus en plus exigeant, les emplois de plus en plus rares, les travailleurs de plus en plus déprimés… La France se classerait, d'ailleurs, au troisième rang mondial du nombre de dépressions liées au travail. La solution ? Pourquoi pas celle d'Anne, une inconditionnelle du changement qui, pour lutter contre la lassitude au travail, décide de démissionner régulièrement ?

 C'est clair ?

1 Lisez le texte. Observez l'illustration. Réagissez !

2 Écoutez l'émission de Faustine Bollaert. Présentez :
– l'émission,
– le sujet de l'émission,
– la personne dont on parle,
– les points positifs et négatifs à changer de travail.

3 Expliquez les mots ou expressions extraits des documents. Trois mots ont le même sens. Qu'est-ce qui les différencie ?

le patronat – un emploi – un gagne-pain – démissionner – un boulot – un CDI – un CV

Parlons-en !

Qu'est-ce qui fait que certaines personnes ne sont pas heureuses au travail ? Que pensez-vous de l'attitude d'Anne ?

▶ **S'entraîner**
Exercices 1 et 2, p. 96

Comment exprimer sa capacité à faire quelque chose ?

4 Écoutez de nouveau et relevez les mots utilisés par Faustine Bollaert pour exprimer la capacité ou l'incapacité à faire quelque chose.

1. Elle ...... de rester plus de quelques mois dans la même entreprise.
2. Anne ...... vous appeler pour vanter les mérites de l'entreprise.
3. Elle réussit à tourner la page avec une facilité déconcertante, avec ...... étonnante.
4. Elle décroche de nouveaux boulots ....

5 Reformulez la phrase de l'illustration :

« Je ne suis pas en état d'écouter ça… »

6 Lisez ces phrases. Quelles sont celles qui expriment une capacité ?

1. Es-tu vraiment en état de conduire ?
2. Je ne sais pas si c'est une bonne idée.
3. Je suis à même de le comprendre.
4. C'est le moyen le plus simple.
5. Ce livre est en mauvais état.
6. Je sais coudre et tricoter.
7. J'ai les mêmes à la maison.
8. Nous avons les moyens de vous faire parler.

▶ **S'entraîner**
Exercice 7, p. 97

Comment exprimer son intérêt pour quelque chose ?

7 a) Dans ces paroles de la journaliste, relevez les mots qui expriment un intérêt pour quelque chose.

1. « Un boulot qui en règle générale la passionne. »
2. « J'avoue que je suis plutôt fascinée par cette capacité à… »

b) Reformulez les phrases précédentes, comme dans l'exemple.

Exemple :
Ce travail l'intéresse. ↔ *Elle est intéressée par ce travail.*

8 Repérez les éléments qui expriment un intérêt pour quelque chose.

1. Anne, une inconditionnelle du changement, lutte contre la lassitude au travail.
2. Elle a toujours été attirée par les hommes aux yeux bleus.
3. Cela fait des années qu'il est sensible aux critiques de son ami.
4. Il est très attaché aux valeurs qu'il a reçues pendant son enfance.
5. Depuis que je suis petit, je m'intéresse à la politique.

▶ **S'entraîner**
Exercice 8, p. 97

Production orale

9 Comme Faustine, vous êtes fasciné par une personne qui a une capacité hors du commun. Racontez.

La Française Teresa Nzola Meso Ba bat le record de France du triple saut en 2009. Elle saute à 14,69 m !

DÉCOUVRIR

Comment réussir
un entretien d'embauche ?

Incontournable dans le processus de recrutement, l'entretien d'embauche est une étape que tous les candidats appréhendent. N'étant souvent que peu préparés, ceux-ci n'adoptent pas toujours la bonne attitude. Non seulement ils oublient de s'informer au préalable sur l'entreprise mais en plus, ils manquent souvent de naturel face au recruteur. Voici quelques conseils pour décoder les questions de l'interlocuteur pendant l'entretien.

« Dites-m'en un peu plus à votre sujet. »
Cette question, très vaste, ouvre bien souvent l'entretien. Or, il est difficile d'y répondre. La meilleure approche consiste à mettre en avant les points démontrant que vous êtes le candidat le plus qualifié pour le poste (expertise acquise, fonctions occupées préalablement...). Par ailleurs, exprimez vos motivations ainsi que l'intérêt que vous portez au poste à pourvoir ainsi qu'à l'entreprise.

« Parlez-moi de votre dernier emploi. »
La majorité des recruteurs recherchent un lien direct entre les responsabilités que le candidat assumait lors de son dernier emploi et le poste qu'il vise aujourd'hui. Cette question permet au postulant de mettre en avant ses aptitudes et d'aborder certains aspects plus spécifiques (place de sa fonction dans la société, contributions et valeur ajoutée apportées à son (ses) précédent(s) employeur(s)...). Inutile donc de s'en tenir à des généralités, expliquez les implications de votre précédent emploi, ses difficultés, les enrichissements retirés.

« Quels sont vos points faibles ? »
Cette question peut être déstabilisante. Bien qu'elle ne soit pas systématique, il est préférable de s'y préparer. En effet, s'il est difficile de reconnaître ses défauts face à ceux que l'on connaît bien, que dire lorsqu'il s'agit d'un entretien d'embauche ? Inutile de faire son autocritique. Le recruteur souhaite seulement évaluer la capacité du candidat à trouver des solutions et à faire face aux situations auxquelles il est confronté. La franchise est donc de rigueur. Ainsi, si la planification n'est pas votre point fort, exposez la méthode d'organisation que vous avez adoptée afin d'y remédier. [...]

« Pourquoi devrais-je vous engager ? »
Inutile d'alléguer que vous êtes le (la) meilleur(e) candidat(e). Peaufinez une réponse, évoquez les qualités spécifiques qui font que vous êtes le meilleur postulant et expliquez dans quelle mesure vous apporterez une contribution significative à l'entreprise. Enfin, étayez par quelques exemples concrets.

« Quelles sont vos prétentions salariales ? »
Il est préférable d'entamer les discussions sur la rémunération une fois les responsabilités bien déterminées. Toutefois, cette question peut intervenir assez tôt dans le processus. C'est pourquoi, déterminez au préalable votre valeur sur le marché de l'emploi et donc, la rémunération à laquelle vous pouvez prétendre.

OfficeTeam

C'est clair ?

1 Vrai ou faux ? Justifiez vos réponses.

1. Ce texte est un exemple d'entretien d'embauche.
2. Lors d'un entretien, le candidat doit dire qu'il est le meilleur.
3. Un entretien ne nécessite pas de préparation.
4. Au cours d'un entretien, il est préférable d'être honnête.
5. Lors d'un entretien, on ne doit pas parler du salaire.

2 Échangez.

1. Quelles sont les autres questions qui peuvent être posées lors d'un entretien d'embauche ?
2. Comment se passe un entretien d'embauche dans votre pays ?

Comment articuler son discours ?

3 Observez les articulateurs en gras.

*J'aime travailler, **mais** je n'aime pas mon travail actuel. **Donc**, j'ai décidé de démissionner.*
***Ainsi**, je vais avoir du temps libre. Je vais **également** être moins stressée.*

1. À quoi servent-ils ?
2. Pour chacun, dites ce qu'il exprime :
la conséquence, l'opposition ou l'énumération ?

▶ **S'entraîner**
Exercices 3, 4 et 9, pp. 96-97

4 Relisez le texte et trouvez des articulateurs. Dites ce qu'ils expriment.

Comment prendre la parole dans une conversation ?

5 Observez ces phrases. À quoi servent les éléments en gras ?
1. **Dites-m'en** un peu plus à votre sujet.
2. **Parlez-moi de** votre dernier emploi.

▶ **S'entraîner**
Exercice 9, p. 97

6 Écoutez ces phrases.
Quelles sont celles qui permettent de commencer une conversation
et celles qui permettent de prendre la parole au cours d'une conversation ?

Comment utiliser le participe présent ?

7 Observez les formes du participe présent en gras et répondez.

a. N'**étant** souvent que peu **préparés**, ceux-ci n'adoptent pas toujours la bonne attitude.
b. La meilleure approche consiste à mettre en avant les points **démontrant** que vous êtes
le candidat le plus qualifié pour le poste.

1. Comment pouvez-vous reformuler ces phrases ?
2. Comment forme-t-on le participe présent ?
3. Le sujet du verbe au participe présent est-il le même que celui
du verbe principal ?

▶ **S'entraîner**
Exercices 5 à 7, p. 97

Point culture

Le CV anonyme : afin de contourner d'éventuelles discriminations, une centaine d'entreprises recruteront sur CV anonymes durant six mois. « Trop jeunes », « trop vieux », « trop pauvres », « trop noirs », « trop beurs », « trop femmes »... Au nom de l'égalité des chances, les Français ont décidé d'en finir avec ces stéréotypes capables de briser une carrière. L'idée de systématiser le CV anonyme, émise par l'Institut Montaigne en 2004 dans le souci de donner une chance à chacun en matière de recrutement, revient sur le devant de la scène : à partir du 3 novembre, une expérimentation grandeur nature rassemblera une centaine d'entreprises, disposées – enfin ! – à se prêter au jeu de la candidature cachée.

Domitille Arrivet
www.lepoint.fr, 03/11/2009

Échangez.
1. Pensez-vous que le CV anonyme permette l'égalité des chances ?
2. Quelles solutions peut-on apporter à la discrimination au travail ?

PRODUIRE

ÉCRIRE une lettre de motivation

▶ **Vous cherchez du travail. Écrivez une lettre de motivation dans laquelle vous précisez vos points forts et votre intérêt pour ce travail.**

MODE D'EMPLOI	Pour écrire une lettre de motivation, je pense à :	Quelles questions dois-je me poser ?
	Mettre la lettre en forme.	**Quels éléments constituent une lettre ?** **Conseils :** en haut de la lettre, indiquez l'adresse de l'expéditeur, l'adresse du destinataire, le lieu, la date, l'objet, la pièce jointe (très probablement votre CV). N'oubliez pas de sauter des lignes entre les paragraphes et de signer à la fin de votre lettre.
	Utiliser la civilité adaptée.	**À qui est-ce que j'écris ?** **Conseil :** réfléchissez à une civilité adaptée. Exemple : *Madame, Monsieur, ou Monsieur le Directeur,*
	Introduire le sujet.	**Comment est-ce que je commence ?** **Conseil :** rappelez la situation pour que le destinataire comprenne pourquoi vous écrivez. Exemple : *Suite à l'annonce parue sur Internet le 1er décembre dernier, je me permets de vous écrire pour présenter ma candidature au poste de...*
	Parler de mon parcours professionnel.	**Quels éléments dois-je mentionner ?** **Conseil :** mentionnez des expériences professionnelles, personnelles ou une formation cohérente avec le secteur d'activité. Exemple : *Actuellement en stage dans une entreprise, je viens d'obtenir un master... Bénéficiant d'une expérience en...*
	Exposer ma motivation.	**Qu'est-ce qui m'intéresse ?** **Conseils :** montrez que le poste vous intéresse et que vous avez les capacités pour l'occuper. Exemple : *Je suis très intéressé par... Ce domaine m'intéresse... Passionné des arts depuis...*
	Mettre en avant mes points forts.	**En quoi suis-je différent des autres ? Que puis-je apporter à l'entreprise ?** **Conseils :** pensez à parler de vos qualités, de vos goûts, de votre projet professionnel. Exemple : *Rigoureux et responsable, je...*
	Utiliser une formule de congé adaptée.	**Comment conclure une lettre ?** **Conseils :** montrez que vous pouvez répondre à d'autres questions et terminez par une formule de politesse adaptée. Exemple : *Je me tiens à votre disposition pour tout renseignement complémentaire. Je vous prie d'agréer, Monsieur le Directeur, l'expression de mes salutations distinguées.*

PARLER de son parcours

 1 Écoutez ce reportage et répondez.

1. Quel titre pourriez-vous donner à ce document ?
2. Que dit la première femme au sujet du dossier « Latitude » ?
3. Pourquoi souhaite-t-elle changer de travail ?
4. D'après vous qui est la deuxième femme ?
   ☐ une personne qui recrute
   ☐ une conseillère en recherche d'emploi
5. Citez trois aspects positifs mentionnés dans le bilan de l'entretien.

L'accent d'insistance, pour convaincre une personne

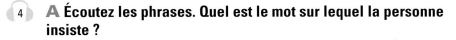 **A Écoutez les phrases. Quel est le mot sur lequel la personne insiste ?**

B Écoutez les questions. Répondez à chacune d'entre elles en utilisant les éléments suivants. Pensez à accentuer les éléments en gras.

1. **deux** ans – 2. **nouveaux** défis – 3. réaménagement **des Halles** à Paris – 4. **sérieuse, enthousiaste** – 5. **toujours** – 6. **de la relation clientèle** et **de l'encadrement.**

> **À l'oral**, pour convaincre une personne, il faut avoir une voix assurée et insister sur les éléments que l'on souhaite mettre en valeur. Pour mettre en valeur un élément, il faut accentuer la première syllabe du mot ou de l'expression.

▶ **Par deux, simulez un entretien d'embauche. Mettez-vous d'accord sur le poste.**

MODE D'EMPLOI	Si je postule, je pense à :	Quelles questions dois-je me poser ?
	Raconter mon parcours.	**Comment construire mon discours ?** **Conseils :** expliquez les études que vous avez faites. Résumez de manière chronologique vos différentes activités professionnelles. Décrivez les postes que vous avez occupés.
	Exposer mes motivations.	**Pourquoi le poste m'intéresse ?**
	Convaincre la personne qui recrute.	**En quoi mes compétences correspondent-elles à celles demandées pour le poste ?** Quels sont les éléments que je souhaite mettre en valeur ?
	Si je recrute, je pense à :	**Quelles questions dois-je me poser ?**
	Obtenir des informations sur l'expérience et le parcours du candidat.	Quelles études cette personne a-t-elle faites et pourquoi ? Quelles sont ses différentes expériences professionnelles ? Pourquoi souhaite-t-elle changer de travail ? Quels aspects du nouveau poste l'intéressent ? Quels sont les qualités et les défauts du candidat pour ce poste ?
	Exposer les spécificités du poste.	**Quel type de profil est nécessaire pour ce poste ?** (*une personne dynamique, rigoureuse, autonome ou sachant travailler en équipe...*)

Lexique

1 Complétez les phrases à l'aide des verbes :
embaucher, démissionner, postuler, recruter,
licencier, muter.

1. À cause de la crise, l'entreprise doit …… une centaine de salariés.
2. J'ai …… le mois dernier mais ma candidature n'a pas été retenue.
3. L'ambiance était détestable dans l'entreprise : j'ai fini par …… .
4. Ils ont déménagé car sa femme a été …… à Paris.
5. Le directeur des ressources humaines a …… une nouvelle secrétaire.
6. Cette entreprise vient de s'installer dans la région. C'est sûr, elle va …… !

2 Remplacez les mots en français familier par des mots en français standard.

1. Il travaille dans cette boîte depuis quatre ans comme responsable des ventes.
2. Elle est toujours au chômage. Cela fait deux mois qu'elle a perdu son boulot.
3. Comme il était toujours en retard, son chef l'a viré.
4. Il bosse comme un fou dans son nouveau restaurant. J'ai peur pour sa santé.

Grammaire

3 Choisissez le mot qui convient.

1. Le directeur reconnaît mes compétences, (donc – cependant) il ne veut pas augmenter mon salaire.
2. Vous n'avez pas signé le dossier. (Par conséquent – Par ailleurs), vous avez oublié de le photocopier.
3. L'ordinateur est un formidable outil. (Pourtant – Ainsi), je ne m'en sers jamais.
4. La réunion a fini assez tôt. (Au contraire – Ainsi), ils ont pu prendre leur avion.
5. Je suis d'accord avec vous. (Toutefois – De plus), j'aurai une objection à faire.

4 Complétez le texte avec des articulateurs.

Le nombre de dépressions au travail ne cesse d'augmenter.
…… le ministre du Travail va nommer un inspecteur qui évaluera le problème. …… il a annoncé qu'une enquête sur le stress au travail allait être réalisée prochainement.
…… les employeurs devront organiser des espaces de détente. ……, les budgets manquent pour réaliser de tels lieux. ……, le ministre du Travail va débloquer des subventions exceptionnelles.

Le monde du travail

• **l'employeur**
*embaucher, engager, licencier, virer**

• **le salarié**
bosser, exercer un métier, démissionner, être au chômage, prendre un congé / sa retraite, gagner sa vie, toucher un salaire*

• **le travail**
un emploi, un boulot, un job* à temps plein, un CDD, un CDI, un contrat saisonnier*

*mots familiers

J'EMBAUCHE UN DIRECTEUR DES RESSOURCES HUMAINES POUR VIRER TOUS MES EMPLOYÉS !

Soulcié

Articuler son discours

• **conséquence :** *donc, alors, en conséquence, par conséquent, ainsi, de cette façon*, etc.
• **opposition-concession :** *mais, cependant, bien que, en revanche, au contraire*, etc.
• **énumération :** *pas seulement… mais aussi, de plus, par ailleurs, encore, également*, etc.

5 Transformez les phrases. Utilisez le participe présent.

1. Je cherche un stage dans une entreprise qui produit des logiciels informatiques.
2. Je ne parlais pas anglais. Je n'ai pas obtenu le poste de délégué international.
3. Je voudrais suivre une formation qui offre la possibilité de travailler en alternance.
4. Ils n'avaient pas obtenu d'augmentation. Les ouvriers ont fait la grève.

6 Complétez les phrases. Utilisez le participe présent.

1. (Être) à la retraite, j'ai enfin du temps libre.
2. Cet homme (travailler) pendant 45 ans, il peut prendre sa retraite.
3. Parmi les étudiants (se trouver) dans la classe, trois parlent japonais.
4. (Ne pas trouver) mes clés de voiture, j'ai dû appeler un taxi.

Communication

7 Êtes-vous capable de faire les actions suivantes ? Justifiez votre choix en utilisant un participe présent.

Exemple : *Conduire*
→ *Ayant un peu trop bu, je ne suis pas en état de conduire.*

– faire un gâteau
– rester 30 secondes sous l'eau
– courir un marathon
– jongler avec trois balles
– comprendre Einstein

8 Vous discutez avec un ami d'un de vos loisirs. Expliquez-lui pourquoi vous trouvez ce loisir passionnant.

9 Commencez une conversation avec votre voisin sur un sujet d'actualité de votre choix. Pensez à articuler votre discours.

Le participe présent

On utilise le participe présent pour :

• **exprimer une cause :**
N'ayant pas d'expérience, elle n'a pas été embauchée.

• **caractériser** (il remplace une relative avec *qui*) :
Je cherche quelqu'un sachant utiliser ce logiciel.

Exprimer sa capacité

• *Je peux…*
• *Je sais…*
• *Je suis capable de…*
• *Je suis en mesure de…*
• *J'ai la capacité de…*

Exprimer son intérêt

• *Je suis passionné, fasciné par…*
• *Je m'intéresse à…*
• *J'ai un faible pour…*
• *Je suis sensible à…*
• *Je suis un fou de…*

Pour prendre la parole dans une conversation

Pour commencer :
• *Je voudrais te parler de…*
• *Tu as quelques minutes pour parler de… ?*
• *Il faut que je te parle de…*
• *J'ai quelque chose à te dire…*

Pour prendre la parole :
• *Moi, je pense que…*
• *Je précise que…*
• *Écoutez, je ne suis pas d'accord…*

TÂCHE

LES MÉTIERS DE DEMAIN

▶ **Et si vous participiez au Salon international des métiers de demain ?
Concevez un site qui regroupera des informations sur les métiers,
les formations et proposez votre projet aux organisateurs du salon.**

Étape 1 **Découverte**

Atouts **MÉTIERS**

Métier
Diététicien

➡ Interview ⎮ ➡ Infos métier ⎮ ➡ Métiers proches

✒ Biographie

Serge Laurent

Diététicien

• Quel est votre métier et en quoi consiste-t-il ?

• Pourquoi l'avoir choisi et comment y êtes-vous arrivé ?

• Quel est votre rôle à l'hôpital ?

• Travaillez-vous sur le goût ? Comment ?

• Qu'aimez-vous le plus dans votre métier ?

• Quelles qualités attend-on de vous ?

Rencontre avec...

Serge Laurent
Diététicien

1 Observez le document. Répondez.

1. De quoi s'agit-il ?

2. Qui présente-t-on ? Pourquoi ?

3. À votre avis, quelles informations peut-on trouver dans la partie « biographie » ?
Donnez un exemple.

4. Selon vous, quelles informations sont données dans les onglets « Infos métier » et « Métiers proches » ? Donnez un ou plusieurs exemples.

5. Quel intérêt cette page offre-t-elle ?

6. Pour résumer, quels sont les éléments constitutifs d'une page de présentation d'un métier ?

Étape 2 Réflexion

Par groupes, réfléchissez au contenu de votre site.

Pour vous aider, répondez à ces questions :
1. Quels métiers souhaitez-vous présenter ?
2. Quelles informations pouvez-vous donner sur ces métiers ? (formation exigée, activités…)
3. Quelles compétences sont nécessaires pour ces métiers ? (qualités professionnelles, personnelles…)
4. Quels sont les avantages et les inconvénients de ces métiers ?
5. Quels onglets souhaitez-vous avoir sur votre site ? (infos métier, métiers proches…)
6. Souhaitez-vous intégrer dans votre site quelques entretiens de personnes présentant leur métier ?

Étape 3 Écriture

Individuellement, réalisez une fiche-métier que vous mettrez en ligne sur le site.

Pour réaliser cette fiche, pensez à :
– être clair et précis,
– aller à l'essentiel,
– donner envie de lire la fiche.

Étape 4 Échange

a) Par groupes, présentez votre site au Salon international des métiers de demain.

Pour vous aider, pensez à :
– montrer l'intérêt que vous portez à ce projet,
– articuler votre discours,
– présenter un ou plusieurs métiers,
– être dynamique et convaincant.

b) Échangez vos opinions sur les projets de chaque groupe.
Mettez en avant ce qui vous a intéressé dans les projets présentés, et proposez des améliorations.

« JE NE VEUX PAS TRAVAILLER… »

Doc 1 Ils ont choisi de ne plus travailler

Décider de ne plus travailler, alors que règnent le chômage, la peur de perdre son poste, la course à la recherche d'emploi ? Pour nombre d'entre nous, ce serait impensable. Certains, pourtant, ont fait ce choix. Ils n'ont pas pris cette décision sur un coup de tête ni par dégoût de leur métier, mais pour adopter un autre mode de vie, se consacrer à d'autres activités parfois plus prenantes : élever des enfants, pratiquer un art, construire une maison, vivre autrement, hors du système… Combien sont-ils ? Allez savoir ! Ils se retrouvent classés, dans les statistiques françaises, parmi les quatre millions six cent mille « inactifs en âge de travailler » – femmes au foyer en grande majorité. Ni étudiants, ni retraités, ni chômeurs, ils sont définis comme « ne travaillant pas et ne cherchant pas de travail » (in *De moins en moins d'inactifs entre la fin des études et l'âge de la retraite*, Insee première, décembre 2002). Tous n'étant pas rentiers ni gagnants du Loto, ils ont réduit leurs dépenses, vivent généralement avec un salaire pour deux, ou bien d'allocations diverses, ou encore en communauté, et disent s'en satisfaire. Parfois même y avoir gagné… en qualité de vie, en cohérence avec eux-mêmes.

Changer de priorités

Pourtant, aujourd'hui, travailler, c'est exister. Ainsi, « Qu'est-ce que tu fais dans la vie ? » est « la » question qui revient rituellement lors d'une première rencontre. Ces quelques mots – et le fait que chacun comprenne aussitôt qu'ils concernent le travail ! – montrent à quel point nous avons intégré l'idée que l'emploi est la source de notre identité, et la clé d'une vie autonome et épanouie. […]

Ainsi, bon gré mal gré, le travail reste le terrain privilégié de l'accomplissement des potentialités et de la réalisation de soi. Selon les sondages, il constitue plus que jamais, pour les Français, la deuxième valeur après la famille (sondage ISL, *Le Monde* du 24 avril 2009). Rompre avec la vie « productive » n'est pas seulement une question de moyens matériels : sur ce point, la réponse est simple (on pourra ou on ne pourra pas) – certains, comme Françoise (lire ci-contre), nouvelle adepte de la décroissance, sont prêts à de grands sacrifices. La question porte avant tout sur la capacité à se construire une nouvelle identité, un nouveau moi, hors du travail. […]

Sylvain Michelet
www.psychologies.com

Doc 2

Témoignage

Françoise, 42 ans, célibataire : « J'arrête, mais par étapes »

« Je n'avais aucune vocation pour l'informatique et je n'ai jamais cru que ce travail m'épanouirait. Pourtant, la plupart des gens que je rencontre s'étonnent de ma décision : lâcher un bon salaire, voyager à vélo, vouloir écrire et vivre de peu, quelle idée ! Beaucoup voient ça comme une aventure, avec parfois un peu d'envie – ce qui me renvoie une image valorisante de moi-même. Du côté de mes proches, le son de cloche est bien différent : certains espèrent que cette lubie passera, ils ne voient pas que, après des années de thérapie, je ne suis plus une adolescente qui a du mal à s'intégrer. Chez d'autres, mon projet d'une vie plus simple a réveillé de vieilles jalousies, voire un sentiment de culpabilité pour s'être laissé piéger par le confort dans un travail qu'ils n'aiment pas. Moi, je sens que j'ai déjà changé.

Son conseil : « Écoutez les conseils de vos amis, ne suivez pas ceux qui vous brident. »

Ce premier décrochage a renforcé mes réticences envers le salariat. Je suis plus confiante – merci le vélo –, plus calme – merci la campagne –, plus tolérante – merci les rencontres –, et plus décidée : mes textes ont plu à ceux qui les ont lus, et si d'ici trois mois je n'ai pas trouvé "mon" lieu, je ne reprendrai mon travail qu'à temps partiel, et sans doute pas pour longtemps ! »

www.psychologies.com

Doc 3 ## Ce que veulent les jeunes

La nouvelle génération montre de nouvelles aspirations. Selon une enquête du cabinet Quatre Vents[1], plus de la moitié des jeunes diplômés interrogés considèrent les missions confiées et les opportunités de carrière internationale comme les principaux arguments pour choisir une entreprise. Viennent ensuite la flexibilité des horaires de travail (49 %), l'ambiance de travail (43,8 %) et la localisation géographique (39,7 %). Le salaire obtient 37 % des suffrages. En revanche, la possibilité de recevoir des stock-options ne semble intéresser que 7 % des sondés. En résumé, ils aspirent surtout à un équilibre entre vie professionnelle et vie personnelle. « Les carrières où l'on travaille comme un forcené le week-end et le soir ne font plus recette... La génération Y[2] est idéaliste, elle croit aux valeurs », synthétise Rose-Marie Ponsot, directrice générale du cabinet Mercuri-Urval. [...]

Virginie Bertereau
www.letudiant.fr

1. Enquête Quatre Vents « Recrutement 2008 » sur les attentes des jeunes menée auprès de 20 000 étudiants et jeunes diplômés issus des 120 « meilleures écoles de commerce et d'ingénieurs françaises ».
2. Génération qui a 20 ans en 2010.

---

1 Prenez connaissance des documents. Répondez.

1. Dans la société actuelle, que représente le mot « travail » ?
2. Pour quelles raisons certains choisissent-ils de ne plus travailler ?
3. Qu'est-ce que la décroissance ?
4. Quelles sont les aspirations des jeunes diplômés des écoles de commerce ?

2 Échangez.

1. Pensez-vous que « l'emploi soit la clé d'une vie autonome et épanouie » ?
2. Selon vous, quels sont les éléments importants dans le choix d'un travail ?
3. Comment envisagez-vous de trouver un équilibre entre votre vie professionnelle et votre vie personnelle ?

Autoévaluation

Je peux exprimer ma capacité à faire quelque chose

1 Reformulez. Utilisez les mots ou expressions entre parenthèses.

1. Il est trop fatigué. Il ne peut pas travailler. (être en état de)
2. Nous pouvons vous aider à réaliser votre projet. (avoir les moyens de)
3. Elle n'a pas assez d'expérience. Elle ne peut pas répondre à la question. (être à même de)
4. Vous pensez qu'il peut diriger une équipe ? (être capable de)
5. Julien ne peut pas faire une présentation devant 200 personnes. (avoir la capacité de)

①
Comptez 1 point par réponse correcte. Vous avez...
- 5 points : félicitations !
- moins de 5 points : revoyez les pages 90, 91 et 97 de votre livre et les exercices de votre cahier.

Je peux parler du travail

2 Complétez le témoignage. Utilisez les mots : *muter, un boulot, licencier, un congé, un salaire, le chômage*.

Frédéric, 40 ans, commercial
L'entreprise dans laquelle je travaillais à Lyon a fait faillite l'année dernière. J'ai donc été .... Comme ma femme venait d'être .... à Paris, ça tombait plutôt bien. Je pensais que ce serait facile de trouver du .... dans la capitale. J'avais tort. Je me suis retrouvé au .... et ça a duré plus de six mois.
À la naissance de notre bébé, j'ai retrouvé du travail. Je touchais un bon .... et ma femme a pu prendre un .... parental. Aujourd'hui, tout va bien pour nous !

②
Comptez 1 point par réponse correcte. Vous avez...
- 6 points : félicitations !
- moins de 6 points : revoyez les pages 90 et 96 de votre livre et les exercices de votre cahier.

Je peux exprimer mon intérêt pour quelque chose

3 Complétez le texte. Utilisez les mots : *attiré, passionné, inconditionnel, sensible, attaché*.

J'ai rencontré Damien il y a quelques années. J'ai tout de suite été .... à son charme. Il faut dire que je suis généralement .... par les hommes barbus. Damien est un .... du travail. Depuis que je le connais, il travaille tous les jours. C'est un archéologue .... par les civilisations du Pacifique qui est très .... aux valeurs traditionnelles tels que les rites, les croyances et les signes des tribus anciennes.

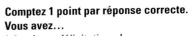

③
Comptez 1 point par réponse correcte. Vous avez...
- 5 points : félicitations !
- moins de 5 points : revoyez les pages 90, 91 et 97 de votre livre et les exercices de votre cahier.

Je peux articuler mon discours

4 Choisissez le mot qui convient.

1. Il a beaucoup d'idées. (En revanche – D'ailleurs), il n'est pas très actif.
2. Elle ne répond pas au téléphone. (Au contraire – Donc), je lui ai laissé un message.
3. Elle hésite entre le vert et le rouge. (Également – Par ailleurs), elle ne sait pas encore si elle doit prendre la jupe ou le pantalon.

B1

4. (Au contraire – Bien que) tu sois en retard, je t'ai attendu pour dîner.
5. Il prend de la vitamine C au début du mois de novembre.
(De plus – Ainsi), il ne tombe jamais malade.
6. Les enfants sont au lit. (Par conséquent – Cependant), ils ne dorment pas vraiment.

4
Comptez 1 point par réponse correcte. Vous avez…
▶ 6 points : félicitations !
▶ moins de 6 points : revoyez les pages 92, 93 et 96 de votre livre et les exercices de votre cahier.

Je peux commencer une conversation

5 Associez.

1. Je voudrais te parler
2. Dis-moi
3. Tu as quelques minutes
4. Voilà,
5. J'ai quelque chose

a. à te dire, tu as deux secondes ?
b. pour parler du dossier en cours ?
c. de Paul. Je le trouve distant.
d. je viens d'arriver. Tu peux m'aider ?
e. ce que tu en penses.

5
Comptez 1 point par réponse correcte. Vous avez…
▶ 5 points : félicitations !
▶ moins de 5 points : revoyez les pages 92, 93 et 97 de votre livre et les exercices de votre cahier.

Je peux prendre la parole au cours d'une conversation

6 Complétez cette conversation. Utilisez : *écoutez, je pense que, à mon avis, je voudrais juste préciser.*

– Les retraités devraient exercer une petite activité.
– ………, ils devraient plutôt en profiter pour voyager, se reposer…
– Moi, ……… les entreprises devraient leur proposer de continuer à travailler jusqu'à ce qu'ils souhaitent arrêter.
– ……… ce dernier point : ça existe déjà dans certaines entreprises, mais ce n'est pas très rentable.
– ………, je propose que nous continuions ce débat demain.

6
Comptez 1 point par réponse correcte. Vous avez…
▶ 4 points : félicitations !
▶ moins de 4 points : revoyez les pages 92, 93 et 97 de votre livre et les exercices de votre cahier.

Je peux utiliser le participe présent

7 Écrivez le verbe au participe présent.

1. ……… (savoir) qu'il allait pleuvoir demain, les pêcheurs sont restés au port.
2. Ils l'ont licenciée ……… (croire) qu'elle avait commis une faute professionnelle.
3. ……… (partir) ce soir en vacances, je ne pourrai pas être présent à la réunion.
4. Cet étudiant ……… (être) absent à plusieurs reprises a été renvoyé de l'école.
5. Les chômeurs ……… (ne pas recevoir encore) d'indemnités doivent le signaler.
6. ……… (souffrir) de maux de tête, Vincent ne viendra pas ce matin.

7
Comptez 1,5 point par réponse correcte. Vous avez…
▶ 9 points : félicitations !
▶ moins de 9 points : revoyez les pages 92, 93 et 97 de votre livre et les exercices de votre cahier.

Résultats : [ ] **points sur 40 points**

unité **7**

BESOIN D'AIDE ?

Contrat d'apprentissage

| **Objectif** | ▶ Exposer ses motivations |

| **Tâche** | ▶ Créer une plaquette de présentation |

Vous mettez en place des services à la personne dans votre quartier. Créez un document de présentation de votre projet.

Outils

- l'expression de la cause
- l'expression de la conséquence
- l'expression du but
- le lexique de la solidarité

DÉCOUVRIR

L'aide à la personne

L'été arrive et vous êtes en quête d'un petit boulot ? Que ce soit à temps plein ou à temps partiel, les services à la personne sont la solution qu'il vous faut ! Avec 6 millions de ménages français qui seraient aujourd'hui demandeurs de services à la personne, pourquoi ne pas sauter sur l'occasion ?

Comme tous les ans, vous êtes en quête du job d'été de vos rêves ou du moins de celui qui vous permettra de gagner un peu d'argent ? Le secteur des services à la personne est idéal pour vous et vous offre la possibilité de faire ce que vous aimez tout en conservant une grande liberté. En effet, ce secteur comprenant bon nombre de métiers comme jardinier, baby-sitter, professeur particulier, aide au ménage ou au repassage, petit bricolage, livraison de courses mais aussi, promenades des animaux de compagnie, coach sportif, assistance informatique, etc., vous avez la possibilité d'exercer un job en relation avec vos études ou vos passions et vous décidez vous-même de vos tarifs horaires et de vos disponibilités. De plus, vous êtes plus détendu concernant vos revenus que vous pouvez à présent compléter grâce, par exemple, à la réalisation de petits travaux ou à la garde d'enfant.

Comme en témoigne Sophie, 19 ans : « J'ai d'abord proposé mes services en tant que baby-sitter durant les vacances scolaires et, grâce au bouche-à-oreille, j'ai vite été appelée par plusieurs familles. Je suis maintenant baby-sitter occasionnelle dans quatre familles durant toute l'année, mais je m'occupe aussi de leur maison lorsqu'ils partent en vacances ! J'arrose les fleurs, je m'occupe de leurs animaux et il m'arrive aussi parfois de faire quelques heures de ménage. Les services à la personne sont supers pour les jeunes car ils permettent d'avoir une entrée d'argent complémentaire. En plus, je dois dire que ce sont généralement des jobs agréables à faire et l'on noue des liens affectifs avec les familles, ce qui me change des autres jobs que j'ai eus avant ! »

Alors avis aux étudiants, faites comme Sophie, proposez vos services sur Keekoa et le bouche-à-oreille se chargera du reste !

Colette Friedrich
http://blog-services-a-la-personne.com

qui fait quoi pour moi
Keekoa

Lisa Charrier

C'est clair ?

1 Écoutez l'interview et lisez l'article. Présentez :

– Lisa Charrier,
– le site internet qu'elle a créé,
– les raisons qui l'ont poussée à le créer,
– les motivations pour travailler dans ce secteur,
– les différents services proposés,
– l'expérience de Sophie.

Parlons-en !

Que pensez-vous de cette initiative ? Aimeriez-vous consulter ce site pour y laisser une annonce ou pour chercher un service ? Expliquez.

Comment exprimer la cause ?

6 **2 Dans les deux documents, relevez des manières d'exprimer la cause.
Complétez ensuite les phrases avec les expressions trouvées.**

1. Les services à la personne sont utiles aux jeunes … ils leur font gagner de l'argent.
2. Rendre service est un acte généreux. … cela signifie donner de son temps.
3. … services à la personne, il y a moins de chômeurs aujourd'hui en France.

3 Relevez les expressions de cause et justifiez leur utilisation.

1. En raison des difficultés financières actuelles, le gouvernement offre des aides.
2. Puisque le chômage est si important en France, on devrait travailler
le dimanche.
3. Il a démissionné étant donné que son patron ne voulait pas lui
donner une augmentation.
4. La femme de ménage n'a pas pu finir son travail faute de temps.

> ▶ **S'entraîner**
> Exercices 1 à 5, pp. 112-113

 Comment demander ou proposer de l'aide ?

7 **4 Écoutez ces petites annonces et répondez.**

1. Dites si les personnes demandent ou proposent de l'aide.
2. Relevez les expressions pour demander de l'aide et celles pour proposer ses services.

5 Reformulez les phrases en remplaçant les mots en gras.

1. J'ai d'abord **proposé mes services** en tant que baby-sitter.
2. Je vais **faire appel à** un chef à domicile.

**6 Observez ces petites annonces.
À votre tour, écrivez une annonce pour proposer vos services.**

Petites annonces

• Emploi

Ancienne ambulancière propose ses services. Disponible trois jours par semaine, je peux vous emmener faire vos courses, les décharger, les ranger et vous aider à préparer vos repas. Je possède un véhicule récent, confortable et bien assuré. N'hésitez pas à me contacter, je prends le temps d'étudier chaque demande afin de personnaliser mes prestations.

• Divers

Vous cherchez une animation pour votre mariage ? Vous pouvez compter sur moi. Disc-jockey depuis vingt ans, je vous propose d'animer votre soirée. Il vous suffit simplement de me contacter au 06.40.96.18.21.

> ▶ **S'entraîner**
> Exercice 8, p. 113

 Production écrite

**7 Imaginez que, comme Sophie, vous avez vécu une expérience
dans le domaine des services à la personne. Racontez-la sur Keekoa.com
et expliquez pourquoi vous avez apprécié ce travail.**

DÉCOUVRIR

Les voisins, une deuxième famille

Les créateurs de la Fête des Voisins ont lancé le 25 mars, en partenariat avec le ministère du Logement, un programme visant à renforcer la solidarité de proximité au sein de la population. Une aide précieuse pour entretenir, toute l'année, de bonnes relations de voisinage...

Josseline, 82 ans, est retraitée et, depuis qu'elle a perdu son mari, elle doit se débrouiller seule dans la vie. Enfin presque... Car elle a trouvé du soutien auprès de ses voisins. Elle raconte qu'ils l'aident à porter ses courses, qu'ils l'accompagnent au parc, qu'ils l'invitent à manger. Bref, ils sont pour elle comme « une deuxième famille ». L'exemple de Josseline prouve que les bonnes relations de voisinage existent, mais sont encore trop rares.

Voilà pourquoi, après avoir créé en 2000 la Fête des Voisins, Atanase Périfan, fervent défenseur de la solidarité de proximité, vient de lancer Voisins Solidaires, une opération dont le but est d'instaurer une dynamique d'entraide durable entre voisins : « Nous espérons apporter de nouvelles idées de voisinage utile et surtout montrer tous les bons côtés qu'il y a d'être à côté », commente-t-il. Un projet aux objectifs ambitieux qui a été développé en partenariat avec le ministère du Logement. Lors de son lancement officiel, le 25 mars dernier, Christine Boutin n'a d'ailleurs pas caché son enthousiasme : « Il s'agit de passer un cap, a-t-elle expliqué, d'aller au-delà de la convivialité d'un soir et de faire de nos immeubles et de nos quartiers, des cellules de solidarité complémentaires des solidarités institutionnelles et familiales. » [...]

Pour en savoir plus, allez sur www.voisinssolidaires.fr

Céline Chahi,
www.maisonapart.com,
26/03/2009

C'est clair ?

1 Observez l'illustration. Réagissez !

2 Lisez l'article et répondez.

1. En 2000, quelle opération Atanase Périfan a-t-il lancée ?

2. Quelle nouvelle opération propose-t-il ?

3. Quels sont les objectifs de cette action ?

4. Que pensez-vous de ce que dit Christine Boutin ?

3 Échangez.

1. Décrivez les gestes de solidarité mentionnés dans l'article.

2. Quels gestes de solidarité avez-vous avec vos voisins ?

Comment exprimer la conséquence ?

4 Observez la phrase et répondez.

« *L'exemple de Josseline prouve que les bonnes relations de voisinage existent, mais sont encore trop rares. Voilà pourquoi, après avoir créé en 2000 la Fête des Voisins, Atanase Périfan, fervent défenseur de la solidarité de proximité, vient de lancer Voisins Solidaires.* »

1. Dans la phrase, identifiez la cause. Puis, relevez sa conséquence.
2. Quel mot permet d'introduire cette conséquence ?
3. Reformulez la phrase.

5 a) Indiquez comment est construite la relation de cause à conséquence dans la phrase de l'illustration :

« Vous faites tellement de bruit que vous m'empêchez de regarder mon feuilleton ! »

b) Utilisez la même structure pour donner un exemple de « solidarité ».

▶ **S'entraîner**
Exercices 3, 4 et 9, pp. 112-113

 Comment exprimer le but ?

6 Relevez les expressions qui introduisent le but.

1. …un programme visant à renforcer la solidarité de proximité au sein de la population.
2. Une aide précieuse pour entretenir toute l'année de bonnes relations de voisinage.
3. Une opération dont le but est d'instaurer une dynamique d'entraide durable entre voisins.

7 Associez les éléments pour créer des phrases.

Nous luttons tous pour que • • son prochain examen.
Elle l'aide en vue de • • obtenir plus de droits.
Je lui ai donné de l'argent afin de • • le punir.
Ils l'ont privé de sortie dans le but de • • l'égalité soit respectée.
Ils ont fait grève avec l'intention de • • le sortir de la misère.

▶ **S'entraîner**
Exercices 6 et 7, p. 113

Point culture

Les Français : individualistes ou solidaires ?

Intéressante question récemment posée lors d'une conférence sur la crise : finalement, cette crise rendra-t-elle les Français plus individualistes ou plus solidaires ?
Individualistes, bien évidemment… D'ailleurs, il n'en a jamais été autrement : *charité bien ordonnée commence par soi-même*, et ça ne date pas d'hier, on se perd dans les origines médiévales du proverbe ! [...]
Solidaires, bien évidemment… N'est-ce pas au plus fort de la crise des années 1980 que sont nés les Restos du Cœur ? [...]

François Laurent,
emarketing.fr

Échangez.

1. Qu'auriez-vous répondu à cette question ?
2. Une expression équivalente à « charité bien ordonnée commence par soi-même » existe-t-elle dans votre pays ?
3. Les habitants de votre pays sont-ils plutôt solidaires ou individualistes ? Donnez des exemples.

PRODUIRE

ÉCRIRE une lettre de demande

▶ **Vous êtes responsable d'une association et vous avez besoin d'une subvention pour mener à bien votre projet.**
Écrivez au maire de votre ville une lettre de demande de subvention dans laquelle vous présentez votre association, exposez vos motivations et vos objectifs.

MODE D'EMPLOI

Pour écrire une lettre de demande, je pense à :	Quelles questions dois-je me poser ?
Mettre en forme la lettre.	**Quels éléments constituent une lettre ?** **Conseils :** en haut de la lettre, indiquez l'adresse de l'expéditeur, l'adresse du destinataire, le lieu, la date et l'objet. Pensez à sauter des lignes entre les paragraphes. Signez à la fin de votre lettre.
Utiliser la civilité adaptée.	**Comment commencer ?** **Conseil :** réfléchissez à la civilité adaptée. Exemple : *Monsieur le Maire, ...*
Introduire l'objet de la demande.	**Quoi ? Dans quel but ?** **Conseils :** présentez l'association, donnez son nom, sa date de création et ses objectifs. Exemple : *Notre association, « Eco citoyens », créée en juin 2009, a pour objectif de protéger l'environnement.*
Développer l'objet de la demande.	**Quels sont mes projets ? Quel est leur intérêt ?** **Conseil :** justifiez les choix de vos projets. Exemple : *À cause des embouteillages fréquents à la sortie de l'école, nous aimerions investir dans un bus écologique.*
Conclure votre demande.	**Pourquoi ai-je besoin d'une subvention ? Dans quel but ?** **Conseils :** exprimez votre demande de subvention. Expliquez les conséquences positives qu'elle aurait. Exemple : *C'est pourquoi nous sollicitons...* *C'est la raison pour laquelle nous faisons appel à...*
Utiliser la formule de politesse adaptée.	**Comment terminer une lettre ?** *Je vous prie de croire, Madame, à l'expression de mes cordiales salutations.* *Je vous prie d'agréer, Monsieur, mes salutations distinguées.*

PARLER d'un projet

 1 Écoutez et répondez.

1. Qui est Maria Labrecque Duchesneau ?
2. Qui sont les personnes que rencontre Maria ?
3. Pourquoi les rencontre-t-elle ?
4. Que leur apporte Maria ? Citez 3 éléments.
5. D'où viennent les journalistes, à votre avis ?

L'accent québécois

A Réécoutez le document et notez les mots que vous trouvez très accentués.

B Écoutez les phrases en français de France et en français du Québec.
Que remarquez-vous :
– à propos de la prononciation des voyelles et des consonnes ?
– à propos de l'accentuation des mots ?

À l'oral, le français du Québec se caractérise par un relâchement de certaines voyelles.

– La prononciation de la lettre « a » se rapproche du « o » de « pomme », les sons [i] et [y] se prononcent avec la langue plus en arrière qu'en français de France.

– Les voyelles longues et les nasales sont parfois diphtonguées et les Québécois font davantage de contractions (ex. : *Je pense que c'est le cas.* = [ʒpãsksɛlka]).

▶ **Vous souhaitez venir en aide aux autres.**
À deux, réfléchissez à un projet que vous exposerez clairement à un élu local.

MODE D'EMPLOI	Pour expliquer mon projet, je pense à :	Quelles questions dois-je me poser ?
	Définir l'objectif de mon projet.	**Qui ? Pourquoi ? Dans quel objectif ?** **Conseils :** Déterminez le public concerné (personnes âgées, étudiants…). Expliquez les problèmes rencontrés par ces personnes (manque d'argent, solitude…). Expliquez ce que vous souhaitez apporter à ces personnes (du divertissement, du soutien moral, une aide matérielle…).
	Susciter l'intérêt.	**Quoi ? Quand ? Où?** **Conseils :** Décrivez les actions que vous souhaitez mettre en place pour atteindre votre objectif (ouvrir un centre d'hébergement, proposer du soutien scolaire…). Précisez la régularité de ces actions (tous les jours, le week-end…). Précisez le lieu de vos actions (dans la rue, dans un local, à domicile…).

S'ENTRAÎNER

Lexique

1 Choisissez le mot qui convient : *le soutien, le service, le secours, la solidarité.*

1. Hier, une équipe médicale a porté ...... à un enfant qui s'étouffait avec du pain.
2. Depuis la crise économique, les réseaux de ...... se sont beaucoup développés.
3. Cela fait longtemps que ce voisin lui rend de petits ....
4. En vue des prochaines élections, elle lui a apporté son ....

La solidarité

• **l'entraide** : *rendre service à quelqu'un, apporter son aide*
• **le soutien** : *soutenir, encourager, réconforter, épauler quelqu'un*
• **le secours** : *porter secours à, sauver quelqu'un*

COMME TU N'ES PAS ALLÉ CHERCHER À MANGER, J'AI DÛ CROQUER LA POMME.

MERCI POUR TON AIDE !

Soulcié

Grammaire

2 Trouvez un début ou une fin à ces phrases.
1. ...... en raison d'un accident sur la route.
2. Grâce à une émission de télévision ....
3. ...... faute d'argent.
4. ...... à cause de la crise financière.

3 Choisissez l'expression de cause qui convient.
1. J'ai décidé de créer une association (car – en raison de) je voulais aider les autres mais (faute de – comme) je n'avais pas assez d'argent, j'ai fait appel à des dons.
2. (À cause de – Étant donné que) la vie est courte, j'ai choisi de rendre service. Je ne le regrette pas (vu que – grâce à) les gens me donnent beaucoup.
3. Petit, je voulais sauver le monde mais (puisque – faute de) c'est impossible, j'ai décidé d'aider les pauvres de mon quartier. (En effet – Car), ils sont très nombreux.

4 Imaginez un lien logique entre les deux éléments et écrivez une phrase.
Exemple : *Gâteau brûlé + enfants déçus.* → *Le gâteau au chocolat que j'avais fait a brûlé. Donc, mes enfants étaient déçus.*
1. le bruit de la tondeuse + problèmes de voisinage
2. la perte du chat + une rencontre amoureuse
3. le concierge + une chaussette retrouvée
4. les plantes vertes + un nouvel ami

Pour exprimer la cause

On utilise :
• *parce que, comme, puisque, étant donné que, car, vu que* + **verbe**
• *grâce à, à cause de, en raison de, faute de* + **nom**
• *en effet, ...* dans une phrase.

Pour exprimer la conséquence

On utilise :
• *donc, d'où, c'est pourquoi, par conséquent, alors...*

Pour exprimer la conséquence avec une notion d'intensité, on utilise :
• *tellement / si* + adj./adv. + *que*
Il est tellement riche qu'il peut tout acheter.
• *tellement de / tant de* + **nom** + *que*
Il a tant de soucis qu'il ne sait plus quoi faire.
• **verbe** + *tellement* + *que*
Il mange tellement qu'il va grossir.

5 Observez les exemples et reliez les propositions en supprimant les mots en gras.

Exemple : *Mon voisin était **très** bruyant. J'ai déménagé.*
→ *Mon voisin était **si** bruyant **que** j'ai déménagé.*

1. Elle m'a **beaucoup** aidée. Je l'ai invitée à dîner.
2. Ses parents lui ont rendu **beaucoup** de services. Il leur a offert un voyage.
3. Mon voisin était **très** malade. J'ai dû appeler les urgences.
4. Le concierge est **très** généreux. Il est toujours prêt à donner un coup de main.

6 Complétez ces phrases avec des expressions de but.

1. Ce site de services à la personne ...... répondre aux demandes des clients et des prestataires.
2. Il vous suffit de cliquer sur « recherche » ...... trouver le service dont vous avez besoin.
3. ...... remplir la fiche correctement, consultez le modèle en ligne.
4. N'oubliez pas de laisser vos coordonnées ...... le prestataire puisse vous contacter.

7 Complétez ces phrases en utilisant une expression de but différente à chaque fois.

1. Il l'a invitée ....
2. Sa voisine lui a téléphoné ....
3. Le concierge a arrosé les plantes ....
4. Il lui a prêté de l'argent ....

Communication

8 Votre meilleur ami vous demande un service que vous ne pouvez pas lui rendre. Vous lui expliquez pourquoi.

9 Discutez avec votre voisin des objectifs et des conséquences de la création de l'association *Voisins Solidaires* dans votre immeuble.

Pour exprimer le but
On utilise : • **des verbes :** *chercher à* *avoir pour objectif de* } **+ infinitif** *avoir pour vocation de* • **des conjonctions :** *pour que* *afin que* } **+ subjonctif** *de sorte que* *de manière à ce que*

TU AS BESOIN D'UN COUP DE MAIN ?

UN COUP DE POUCE SUFFIRA !

Soulal

Demander de l'aide

• *Tu peux m'aider ?*
• *Tu peux me donner / me filer un coup de main ?*
• *Je cherche quelqu'un qui pourrait...*
• *J'ai besoin de quelqu'un qui...*
• *J'aimerais faire appel aux services de...*

Proposer de l'aide

• *Est-ce que je peux faire quelque chose pour toi ?*
• *Je peux t'aider ?*
• *As-tu besoin d'aide ?*
• *Si ça peut te rendre service...*
• *Puis-je faire quelque chose ?*
• *Puis-je vous être utile ?*

QUARTIERS SOLIDAIRES

▶ **Vous mettez en place des services à la personne dans votre quartier.
Par groupes, créez une plaquette de présentation de votre projet.**

Étape 1 Découverte

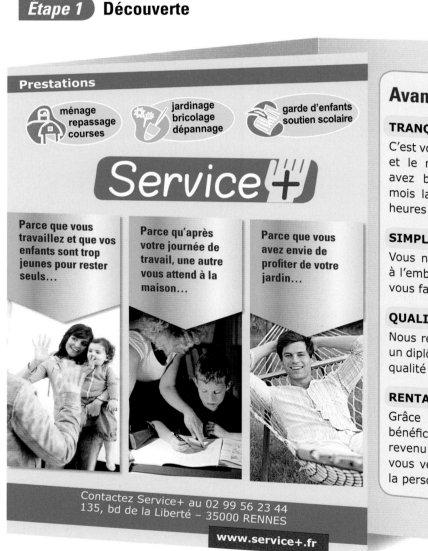

1 Lisez la plaquette et répondez.

1. De quel type de document s'agit-il ?

2. Que représentent les photos ?

3. Que représente le logo au centre du document ?

4. Quels sont les avantages proposés par cette société de service ?

5. Quels sont les différents éléments à prendre en compte
dans une plaquette de présentation de services à la personne ?

Étape 2 Réflexion

Par groupes, identifiez les besoins de votre quartier. Réfléchissez aux services que vous pourriez proposer.

Pour vous aider, répondez à ces questions :
1. À qui pourriez-vous rendre service dans votre quartier ? (enfants, mères de famille, personnes âgées…)
2. Que manque-t-il dans votre quartier ? (une salle de sports, une bibliothèque, un cinéma…)
3. Que savez-vous faire ? Quelles sont vos compétences ? (la cuisine, parler une langue étrangère, le bricolage…)
4. Quelles structures souhaitez-vous mettre en place ? (atelier, association, cours, échange…)
5. Comment comptez-vous financer votre activité ? (subventions de la mairie, cotisations payantes, dons…)
6. Qui peut vous aider à réaliser votre projet ? (votre famille, des commerçants, des élus…)
7. En plus de la plaquette, comment pensez-vous communiquer sur vos services ? (site internet, articles de presse…)

Étape 3 Écriture

Formez des sous-groupes.
Prenez en compte les résultats de votre réflexion de groupe, et réalisez une plaquette de présentation des services que vous avez sélectionnés.

Pour vous aider, pensez à :
– définir un format,
– être clair et précis,
– indiquer les informations essentielles.

Étape 4 Échange

Vous présentez votre projet au Salon international des services à la personne. Pour obtenir une aide financière, prouvez votre motivation et justifiez vos choix.

Pour vous aider :
– dans votre salle de classe, montez un stand pour présenter votre activité.
– Mettez votre plaquette à disposition sur le stand.
– Répondez aux questions des visiteurs : expliquez précisément pourquoi vous avez choisi de créer ces services à la personne.
– Imaginez les conséquences de votre projet sur la vie de votre quartier.

FRANCOPHONIES

VOISINS SOLIDAIRES

Suisse

Doc 1

Des échanges alternatifs
pour faire respirer l'économie

NEUCHÂTEL – En parfaite santé, le Système d'Échanges Local du Val-de-Ruz (SEL) n'arrête pas de « faire des petits ». Et fête aujourd'hui ses dix ans.

Trois lettres lancées dans le Val-de-Ruz : c'est le SEL. Ou Système d'Échange Local vaudrusien, qui se porte d'ailleurs à merveille depuis qu'Édith Samba s'est attachée à le mettre sur pied, voici dix ans. Sorte de « troc moderne », le SEL représente, pour ses acteurs, une bulle d'oxygène dans la toute-puissance de l'économie et de la surconsommation.

Édith Samba découvre le SEL en 1996 par le biais d'un reportage consacré à celui de l'Ariège. « Je me suis rendue sur place et j'ai ensuite organisé une séance d'information au Val-de-Ruz », se souvient-elle. « Certains m'ont alors regardée d'un air compatissant, comme si j'étais une pauvre folle utopiste : cela m'a encouragée à persévérer. » Pour cette femme entreprenante, il n'est pas aisé de dresser un bilan. Tant il s'en est passé, en dix ans d'aventure. « Notre SEL compte actuellement 83 membres qui, l'an dernier, ont échangé pour une somme estimée à 25 000 francs, hors TVA. » Comment taxer des « coups de main ? », demande Édith Samba, heureuse que de plus en plus de liens avec d'autres structures associatives locales soient en train de se tisser. Et que, suite à « l'exemple » vaudrusien, les SEL se mettent à fleurir un peu partout.

À ce titre, Lausanne a accueilli dimanche dernier la 3e « Rencontre inter-SELs » d'une Romandie qui en compte huit. « Les demandes continuent d'affluer, que cela soit du Val-de-Travers, du Jura, de Berne ou du Valais », constate Édith Samba, pour qui l'idée même du SEL reste toujours séduisante. Mme Samba rigole : « Pour sûr, en voulant redonner une dimension sociale à nos gestes quotidiens, nous allons à contre-courant ! » Selon elle, cet outil démocratique et participatif qu'est le SEL revitalise les liens de solidarité. Il réveille la conscience citoyenne dans un climat tendant à l'étouffer par le démantèlement des acquis sociaux. Et dans lequel « on essaie de nous rabattre sur la famille comme seul bien sûr, alors que cette dernière est trop souvent psychogène »... Mais un SEL, comment est-ce que cela fonctionne ? « Chacun à sa façon et le plus légèrement possible », assure Mme Samba. Un bulletin édité ponctuellement permet de savoir qui offre ou demande quoi, entre biens, services ou compétences. Contrairement au troc, l'échange n'est pas unilatéral : on peut recevoir de quelqu'un et donner à quelqu'un d'autre. Une unité virtuelle, calquée sur la monnaie ou le temps, permet de comptabiliser les échanges.

Isabelle Stucki
www.lecourrier.ch, 18/06/2007

Belgique
Doc 2

L'habitat kangourou

ou comment réactiver la solidarité entre les générations

Alternative aux maisons de repos et aux difficultés de continuer à vivre seul(e) chez soi passé un certain âge ou après une maladie, l'habitat kangourou peut prendre différentes formes. Il peut s'agir de « la cohabitation entre une famille et une personne âgée, cette dernière occupant une partie de la maison – généralement le rez-de-chaussée – tandis que le ménage occupe le reste de l'habitation. Cette formule d'habitat permet aux personnes âgées de mieux vivre chez elles grâce à un voisinage bienveillant. » [...]
L'habitat kangourou de Dar Al Amal à Molenbeek-Saint-Jean est un exemple de cette forme de cohabitation. Depuis 20 ans, deux maisons unifamiliales ont été aménagées en deux appartements, où résident une personne âgée belge et une famille de personnes immigrées avec enfants. Ces familles vivent de manière indépendante, mais chacune est prête à donner un coup de main à l'autre, la personne âgée peut garder les enfants pendant que les parents vont faire leurs

courses, mais aussi celles de leur voisine. L'isolement, la solitude et le sentiment d'insécurité sont moins pesants pour la personne seule et les problèmes d'intégration de la famille issue de l'immigration s'estompent grâce à la vie commune.

Sophie Marlet
www.plusmagazine.be

Europe
Doc 3

Le marathon de la solidarité

Le téléthon, émission télévisée « marathon », permet de récolter des fonds pour une œuvre caritative. Le concept, né aux États-Unis sous l'impulsion de l'acteur Jerry Lewis, arrive en France en 1986 par l'intermédiaire de Pierre Birambeau. Aujourd'hui, en Europe, ce marathon de la solidarité est plus que jamais un succès...

Téléthon

Fonds récoltés en 2008 grâce au Téléthon

■ En Belgique :	300 000 euros
✚ En Suisse :	3 165 000 francs suisse
■ En France :	105 millions d'euros

1 Lisez ces articles.

1. Quel est le lien entre tous ces documents ?
2. Qu'est-ce qu'un SEL ?
3. Que pensez-vous du système d'habitation kangourou ?
4. Pourquoi parle-t-on d'un « marathon » de solidarité ?

2 Échangez.

1. Dans votre pays, existe-t-il des systèmes d'échanges ou d'entraide comme les SEL ou l'habitat partagé ?
2. Connaissez-vous d'autres initiatives de solidarité ?
3. Avez-vous déjà participé à un projet de solidarité ?

Autoévaluation

Je peux exprimer la cause

1 Complétez ce témoignage avec : *grâce à, vu que, faute de, à cause de, en effet*.

Marie, 17 ans, lycéenne

……… argent, je n'ai pas pu partir en vacances l'été dernier. Alors, j'ai décidé de travailler. ……… le site internet Keekoa, j'ai trouvé plusieurs annonces. L'une proposait de donner des cours de mathématiques et l'autre, de garder des enfants. ……… je suis championne en maths, j'ai d'abord téléphoné pour donner des cours. Je n'ai pas été retenue ……… mon âge. J'ai ensuite appelé pour garder des enfants. J'ai travaillé tout l'été. Je recommence l'été prochain. ……… , tout s'est très bien passé.

❶ Comptez 1 point par réponse correcte. Vous avez…
- 5 points : félicitations !
- moins de 5 points : revoyez les pages 107 et 112 de votre livre et les exercices de votre cahier.

Je peux demander de l'aide

2 Choisissez le début de phrase qui convient.

1. – (Tu pourrais – Tu as besoin) m'aider, s'il te plaît ?
   – Oui, bien sûr, que veux-tu que je fasse ?
2. – Tu peux me filer (un coup de main – un coup de fil), s'il te plaît ?
   – J'arrive, j'arrive !
3. – Je (voudrais aider – cherche) quelqu'un qui pourrait me donner des cours de maths.
   – Je connais quelqu'un de très bien, si tu veux.
4. – J'ai (besoin de – un coup de main à) quelqu'un qui pourrait m'apprendre à jouer du piano.
   – Pourquoi pas moi ?
5. – Tu ne pourras jamais préparer cela tout seul !
   – Tu as raison, je vais (aider – faire appel) à un traiteur.

❷ Comptez 1 point par réponse correcte. Vous avez…
- 5 points : félicitations !
- moins de 5 points : revoyez les pages 107, 110 et 113 de votre livre et les exercices de votre cahier.

Je peux proposer de l'aide

3 Associez.

1. Est-ce que je peux faire   **a.** de t'aider.
2. As-tu   **b.** je peux porter ta valise.
3. Puis-je   **c.** besoin d'aide ?
4. Si tu veux,   **d.** quelque chose pour toi ?
5. Je te propose   **e.** t'aider ?

❸ Comptez 1 point par réponse correcte. Vous avez…
- 5 points : félicitations !
- moins de 5 points : revoyez les pages 107 et 113 de votre livre et les exercices de votre cahier.

Je peux exprimer la conséquence

4 Exprimez la conséquence à l'aide des mots entre parenthèses.

1. Mon frère est resté avec elle. Elle s'est cassé une jambe. (Du coup)
2. Il a beaucoup neigé. Ils vont aller faire du ski. (C'est pourquoi)
3. Ma colère. J'ai raté mon examen. (D'où)
4. Nous ne partirons pas cet été. Nous venons d'acheter une maison. (Par conséquent)

❹ Comptez 1 point par réponse correcte. Vous avez…
- 6 points : félicitations !
- moins de 6 points : revoyez les pages 109 et 112 de votre livre et les exercices de votre cahier.

5. Je ne travaille pas ce week-end. J'ai invité des amis. (Alors)
6. Il a prêté beaucoup d'argent à son frère. Il n'en a plus beaucoup.
(Si bien que)

5 Complétez les phrases. Utilisez : *tellement… que, si… que, tellement de… que, tant de… que, tellement que.*

1. Il est ……… distrait ……… il a oublié mon anniversaire.
2. Les étudiants ont ……… travail ……… ils finissent par dormir
en classe !
3. Elle roule ……… lentement ……… elle finira par avoir un accident.
4. Son chien perd ……… poils ……… elle est obligée de passer
l'aspirateur tous les jours.
5. Il neigeait ……… l'avion n'a pas pu décoller.

❺
Comptez 1 point par réponse correcte.
Vous avez…
▶ 5 points : félicitations !
▶ moins de 5 points : revoyez les pages
109 et 112 de votre livre et les exercices
de votre cahier.

Je peux exprimer le but

6 Choisissez.

1. Cette nouvelle loi (vise – aura pour vocation) à lutter pour
l'égalité des femmes.
2. Ce dispositif (cherchait – avait pour objectif) de promouvoir
l'information.
3. Je (cherche – ai pour but) à comprendre mais je n'y arrive pas.
4. Ce projet (vise – a pour but) d'améliorer la vie des personnes âgées.

❻
Comptez 1 point par réponse correcte.
Vous avez…
▶ 4 points : félicitations !
▶ moins de 4 points : revoyez les pages
109 et 113 de votre livre et les exercices
de votre cahier.

7 Associez.

a. Elle a rempli ce dossier pour   **1.** elle comprenne.
b. Il lui a expliqué de sorte que   **2.** entrer à l'université.
c. Ce lycéen révise en vue   **3.** faire valoir leurs droits.
d. Elles ont manifesté dans le but de   **4.** du baccalauréat.

❼
Comptez 1 point par réponse correcte.
Vous avez…
▶ 4 points : félicitations !
▶ moins de 4 points : revoyez les pages
109 et 113 de votre livre et les exercices
de votre cahier.

Je peux écrire une lettre de demande

8 Cette lettre est dans le désordre. Remettez-la dans le bon ordre.

a. Charles Mézière.
b. Notre association « Antifroid », créée le 10 octobre dernier a
pour objectif de permettre aux personnes sans ressources de vivre
mieux pendant l'hiver.
c. C'est pourquoi nous sollicitons de votre part une subvention
pour l'année à venir.
d. En espérant que vous serez sensible à cette demande, je
vous prie de croire, Monsieur le Maire, en l'expression de mes
sentiments distingués.
e. Monsieur le Maire,
f. Nous avons le projet de créer une action « Soupe d'hiver » afin
de donner à manger à ceux qui ont faim. Une aide financière nous
permettrait d'aller au bout de nos projets.

❽
Comptez 1 point par réponse correcte.
Vous avez…
▶ 6 points : félicitations !
▶ moins de 6 points : revoyez la page
110 de votre livre et les exercices de
votre cahier.

Résultats :   points sur 40 points

unité **8**

TOUS ÉGAUX ?

Contrat d'apprentissage

Objectif ▸ Débattre

Tâche ▸ **Préparer un débat**
Vous organisez dans votre établissement une grande journée de réflexion au sujet des discriminations. Par groupes, préparez votre débat de société.

Outils

- ▪ l'expression de la concession
- ▪ l'expression de l'opposition
- ▪ la structure de l'interaction verbale
- ▪ le lexique des discriminations

DÉCOUVRIR

•)) **STOP AUX DISCRIMINATIONS !** ❶

❷

Face aux difficultés pour faire évoluer les mentalités, faut-il s'orienter vers un système de discrimination positive au travail ?

Par ce système, les entreprises auraient l'obligation d'employer un pourcentage donné de chaque population habituellement discriminée.

Luug | 26-11-09 | 11h01 : Juger quelqu'un

La discrimination a beau être une réalité qui me dégoûte, je suis opposé à la mise en place d'un système de discrimination positive. D'une part, dans cette expression, on retrouve le mot « discrimination », qui, selon moi, ne peut jamais être un terme positif. D'autre part, il y a le risque que certains candidats soient exclus alors qu'ils avaient plus de compétences. Il faudrait peut-être se concentrer sur les causes des discriminations (l'éducation face aux préjugés et aux stéréotypes) au lieu de se préoccuper des conséquences !

📄 Répondre à Luug

Trepid | 25-11-09 | 20h21 : Les pieds dans le plat

Enfin on ose parler des inégalités. Il était temps ! Il existe une loi pour aider les handicapés à s'intégrer tandis que d'autres populations rejetées ne peuvent rien faire ! Les handicapés ont la vie dure, mais il est aussi très grave de mettre à l'écart une femme ou une personne de 55 ans. Contrairement à ce que dit notre belle devise « liberté, égalité, fraternité », il n'y a pas de réelle égalité en France. Cependant, la discrimination positive est-elle une solution ? Malgré la loi, les problèmes persistent pour les handicapés… Et même si c'est une idée pour le travail, que faire pour le logement, les loisirs...?

📄 Répondre à Trepid

C'est clair ?

🎧 10 **1 Prenez connaissance des documents et répondez.**

1. Quel est l'objectif commun de ces deux documents ?
2. Quelle est la nature de chaque document ?
3. À quelles questions les personnes répondent-elles dans le document 1 ?
4. Dans le document 2, quel est le sujet de la discussion ?
5. Quelles sont les opinions de Trepid et Luug ?

Parlons-en !

Quels types de discriminations observe-t-on dans votre pays ?
Donnez des exemples.
Pourquoi existent-elles, à votre avis ?

🎧 10 **2 Dans les documents, relevez :**

– les populations touchées par les discriminations,
– les domaines dans lesquels elles sont discriminées.

🎧 10 **3 Les discriminations évoquées dans les documents sont-elles liées :**

– aux préférences sexuelles ?
– à l'origine ethnique ou géographique ?
– à l'apparence physique ?
– au handicap ?
– à d'autres critères ?

4 Retrouvez les définitions.

1. juger
2. s'intégrer
3. mettre à l'écart
4. l'inégalité
5. la discrimination
6. un préjugé
7. le rejet

a. le fait de ne pas accepter
b. une idée que l'on se fait avant de connaître
c. refuser, éloigner
d. la différence de droits
e. se faire une opinion
f. se faire accepter
g. la différence de traitement selon un critère

▶ **S'entraîner**
Exercice 5, p. 129

3

Synopsis

Agathe Cléry est une vraie *working girl* du XXIᵉ siècle. Brillante directrice du marketing d'une ligne de cosmétiques spéciale « peaux claires », elle n'est néanmoins guère appréciée de ses collègues qui la trouvent dure, hautaine et la savent raciste. Le jour où on lui annonce qu'elle est atteinte de la maladie d'Addison, maladie rarissime qui va la faire noircir, Agathe refuse de croire à une telle malédiction. Pourtant, un beau matin, elle se retrouve aussi noire que tous ceux qu'elle détestait jusqu'à maintenant.

www.allocine.com

5 Lisez le document 3 et répondez.

1. De quel type de document s'agit-il ?
2. Qu'apprend-t-on sur Agathe Cléry ?
3. Décrivez l'affiche.

Comment exprimer la concession ?

6 Observez ces phrases et répondez.

a. *Brillante directrice, elle n'est néanmoins guère appréciée de ses collègues.*
b. *Elle refuse d'y croire. Pourtant, un matin, elle se retrouve noire.*
c. *La discrimination a beau me dégoûter, je suis contre la discrimination positive.*

1. Comment la concession est-elle exprimée dans ces phrases ?
2. Dans le forum internet, quels autres moyens sont utilisés pour exprimer la concession ?

Comment exprimer l'opposition ?

7 Observez ces phrases et répondez.

a. *Certains candidats sont refusés alors qu'ils ont plus de compétences.*
b. *Il faut se concentrer sur les causes au lieu de se préoccuper des conséquences.*
c. *Contrairement à ce que dit notre devise, il n'y a pas de réelle égalité.*

1. Comment l'opposition est-elle exprimée dans ces phrases ?
2. L'opposition est-elle une relation plus forte que la concession ?
3. Dans le forum internet, quels autres moyens sont utilisés pour exprimer l'opposition ?

▶ **S'entraîner**
Exercices 1 à 4, p. 128

Production orale

8 Par groupes de trois ou quatre, imaginez une courte situation de discrimination. Jouez-la devant les autres étudiants.

« La répartition des tâches familiales est une affaire publique »

*Dominique Méda, sociologue,
plaide pour une redistribution des rôles,
un enjeu politique.*

**L'étude de l'Ined montre qu'aujourd'hui encore,
80 % des tâches domestiques sont assumées
par les femmes. Êtes-vous surprise par ce chiffre ?**
Non. Depuis dix ans, toutes les études confirment ce
résultat. Cela dit, en un demi-siècle, les femmes vivant
en couple effectuent deux heures et demie de travail
domestique en moins par jour, et cela non pas grâce à un
investissement supplémentaire des hommes mais grâce
à la technique et à l'arrivée des appareils ménagers en
tout genre. Parallèlement, le temps de travail des femmes
a augmenté. Pour une véritable redistribution du temps
parental et domestique, il faudrait que les hommes y
consacrent 8 heures et 30 minutes de plus par semaine.

**Tout cela relève-t-il de simples aménagements
individuels, privés ?**
Non, c'est une affaire publique et c'est pour moi le nœud
des inégalités professionnelles. Je ne veux pas dire que
les femmes sont moins bien insérées dans l'emploi parce
qu'elles s'occupent trop de leurs enfants ! Ce n'est pas la
question. Mais il y a un lien évident entre insertion dans
l'emploi, temps travaillé et présence d'enfants. Sont aussi
en cause les stéréotypes qui font que de toute façon, même

si une femme n'a pas d'enfants, les employeurs et la société
dans son ensemble s'attendent à ce qu'elles « risquent »
d'en avoir et de prendre du temps pour s'en occuper. On
n'a pas de telles pensées vis-à-vis des hommes !

Que peuvent les politiques ?
Déjà, avoir un discours là-dessus. Aux Pays-Bas, par
exemple, on considère que s'occuper de ses enfants, c'est
participer au bien-être collectif. Les activités en famille
se déroulent lors des loisirs : il faut donc réfléchir à la
place du temps de travail. Et puis, il faudrait développer les
modes de garde, qui permettent aux femmes d'accéder
comme les hommes à l'ensemble des responsabilités
professionnelles. Il faut aussi revoir l'organisation dans
l'entreprise, et favoriser l'investissement des hommes
dans la vie familiale. Malheureusement, ces sujets ne sont
toujours pas considérés comme intéressants, nobles et
vraiment politiques.

Charlotte Rotman
www.liberation.fr

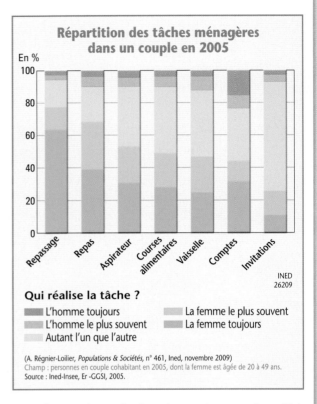

Répartition des tâches ménagères dans un couple en 2005

En %

Repassage, Repas, Aspirateur, Courses alimentaires, Vaisselle, Comptes, Invitations

INED 26209

Qui réalise la tâche ?
- L'homme toujours
- L'homme le plus souvent
- Autant l'un que l'autre
- La femme le plus souvent
- La femme toujours

(A. Régnier-Loilier, *Populations & Sociétés*, n° 461, Ined, novembre 2009)
Champ : personnes en couple cohabitant en 2005, dont la femme est âgée de 20 à 49 ans.
Source : Ined-Insee, Er -GGSI, 2005.

•))) Le féminisme est-il en crise ?

mouvement de libération des femmes

Journée internationale de la femme en 1981.

C'est clair ?

1 Lisez l'article.

1. De quelles inégalités parle-t-on ?
2. Quelles sont les causes de ces inégalités ?
3. Selon Dominique Méda, comment peut-on améliorer la situation ?

2 Écoutez l'émission de radio sur le féminisme.

1. Qui sont les trois personnes qui parlent ?
2. Quelle est l'opinion de Mathieu Vély sur les inégalités hommes-femmes ?
3. Quelle est celle de Faiza Hazaoui ?
4. Qu'est-ce qui favorise ou empêche l'égalité entre les hommes
et les femmes d'après les invités ?

Comment structurer une interaction verbale ?

3 Dans les documents, relevez des manières :

– d'annoncer une première idée, une deuxième idée, une conclusion,
– d'annoncer une explication, une reformulation,
– de prendre ou de garder la parole.

> ▶ **S'entraîner**
> Exercices 6 et 7, p. 129

4 Mettez ces phrases dans l'ordre pour créer un dialogue.

a. – Je ne peux pas vous laisser dire ça ! Ils participent de plus en plus au ménage !
b. – Laissez-moi terminer, s'il vous plaît.
c. – D'autre part, les femmes laissent rarement les hommes tout faire car elles ont un niveau
d'exigence très élevé concernant la propreté, contrairement aux hommes.
d. – Pour commencer, c'est vrai que les hommes ne font souvent rien à la maison.
e. – Ce que vous dites est vrai, néanmoins on remarque qu'ils choisissent certaines choses,
jamais le repassage, par exemple, vous savez…
f. – Si vous permettez, je voudrais…

Comment exprimer l'accord et le désaccord ?

5 Écoutez de nouveau l'émission. Ces phrases expriment-elles l'accord ou le désaccord ?

a. C'est ça !
b. Effectivement.
c. Je ne suis pas du tout d'accord avec vous.
d. Tout à fait.
e. C'est un peu fort.

f. Vous voulez rire !
g. Ne racontez pas n'importe quoi.
h. Vous avez raison.
i. On ne peut qu'être d'accord sur ce sujet.

> ▶ **S'entraîner**
> Exercice 7, p. 129

Point culturel

Les inégalités de salaires hommes-femmes : du temps de travail aux discriminations
En France, les femmes gagnent 27 % de moins que les hommes. L'écart est de 19 % pour des temps complets et de 10 % à poste et expérience équivalents.

La représentation des femmes parmi les élus
Il y a 18,5 % de femmes à l'Assemblée. Un net progrès par rapport à 2002 [à l'époque, elles étaient 12,5 % – ndle –], mais l'égalité est encore loin.

www.inegalites.fr

Échangez.

1. Que pensez-vous de ces chiffres ?
2. Y a-t-il des lois qui favorisent les femmes dans votre pays ? Dans quels domaines ?
3. Comment trouvez-vous la situation dans votre famille ?

PRODUIRE

ÉCRIRE un essai argumentatif

▶ « Quand un enfant naît, la meilleure chose pour tout le monde est que sa mère arrête de travailler. »
Que pensez-vous de cette proposition ?
Répondez sous forme d'un essai argumenté. (200 à 250 mots)

	Pour écrire un essai, je pense à :	Quelles questions dois-je me poser ?
MODE D'EMPLOI	Préparer mes idées.	**À quoi me fait penser ce sujet ? Quel plan suivre ?** **Conseils :** sur un brouillon, notez toutes vos idées sans chercher à les organiser. Observez-les, puis regroupez-les en deux parties principales. Organisez ensuite votre plan selon ces deux parties. Dans chaque partie, proposez des arguments et des exemples.
	Préparer ma conclusion.	**Quelle va être ma réponse ?** **Conseils :** votre opinion ne doit pas apparaître avant la conclusion, cependant, vous devez avoir une idée claire de ce que vous y écrirez avant de commencer à rédiger.
	Respecter les proportions.	**Quelle place les éléments de mon essai doivent-ils occuper ?** **Conseils :** vérifiez les proportions ; les deux parties doivent occuper le même espace. L'introduction et la conclusion doivent être plus courtes.
	Écrire une introduction.	**Comment présenter le sujet et le plan ?** **Conseils :** présentez le thème, puis le sujet, avant d'annoncer votre plan.
	Structurer les arguments.	**Comment annoncer mes arguments ? Comment les expliquer ?** **Conseils :** utilisez une structure du type : *mot de liaison – argument – explication – exemple*. Utilisez les articulateurs selon la logique de votre texte. Changez de ligne après chaque argument. Laissez une ligne blanche avant et après chaque partie.
	Écrire la conclusion.	**Comment répondre ?** **Conseils :** rappelez la question, le plan, donnez votre réponse puis proposez une ouverture sur une autre question. Commencez la conclusion par un mot de liaison (*Pour conclure,... En conclusion...*)

PARLER de ses convictions

🎧 12 **1 Écoutez le témoignage.**

1. D'après vous, quel est le métier de cette femme ?
2. Qu'est-ce qui pousse les volontaires à partir en mission dans l'humanitaire ?
3. Quelle est la différence entre une « médecine futile » et une « médecine utile » pour cette jeune femme ?
4. Quels changements l'équipe de Médecins sans frontières a-t-elle apportés à La Maca ?

🎵 **Les interjections**

🎧 13 **A Réécoutez les phrases et repérez les interjections. Indiquent-elles que la personne hésite, cherche ses mots, insiste ou récapitule ce qu'elle vient de dire ?**

🎧 14 **B Écoutez les phrases et dites si les mots « donc », « bon », « alors », « quoi », « enfin », « voilà » sont utilisés comme des interjections.**

🎧 15 **C Les expressions suivantes expriment-elles le soulagement, la joie, le mécontentement ou la surprise ?**

> **À l'oral**, quand on parle de manière spontanée, on a tendance à ajouter des interjections. Ces petits mots (*euh, hein, bon, donc, quoi*, etc.) n'ont pas de fonction grammaticale dans la phrase. Ils peuvent apporter de l'émotion (*ah !, hein ?, oh !, ouf*, etc.), permettre de ne pas interrompre le discours (*euh, bah*, etc.) ou de fluidifier la parole (*donc, bon, alors*, etc.).

▶ **Vous croyez à l'utilité du travail associatif pour résoudre certaines inégalités (accès aux soins, à l'éducation, etc.). Faites un exposé. Soyez convaincant et faites réagir le public à vos propos à la fin de votre présentation.**

MODE D'EMPLOI	Pour faire un exposé oral, je pense à :	Quelques conseils...
	Structurer mon discours.	**Conseils :** introduisez le sujet et présentez-le sous la forme d'une question. *Quel est le rôle des associations contre les inégalités ? Les citoyens doivent-ils se substituer aux pouvoirs publics ?* Présentez le plan : *Dans un premier temps, je vais vous parler de mes convictions. Ensuite, je vous donnerai quelques exemples pour illustrer mon point de vue...* Énumérez vos idées (*tout d'abord, ensuite*, etc.). Donnez des exemples pour illustrer vos propos : *L'année dernière, j'ai participé au soutien scolaire dans mon quartier...* Concluez : *Voilà les raisons qui me poussent à penser que...*
	Rythmer mon discours.	**Conseils :** utilisez des interjections pour rythmer vos propos : *Bon, voilà ce qui est important...* Utilisez des mots de transition pour structurer votre discours : *tout à fait, cependant, malgré*, etc.
	Proposer la parole à ceux qui m'écoutent.	**Conseils :** à la fin de votre exposé, donnez la parole à ceux qui ont des questions ou des remarques. Relancez l'échange et demandez aux intervenants de réagir aux différents points de vue exposés : *Êtes-vous d'accord avec ces arguments ?*

Grammaire

1 Choisissez l'articulateur qui convient.

(Même si – Pourtant) les hommes en font plus qu'avant, les inégalités entre hommes et femmes existent encore. (Au lieu de – À l'inverse de) préparer le repas, certains préfèrent jouer avec les enfants. (Par contre – Pourtant), les femmes ont besoin d'aide partout !
(Contrairement à – Malgré) les efforts de certains maris, les femmes trouvent encore qu'elles passent trop de temps aux tâches ménagères. L'insatisfaction des femmes augmente (quand même – alors que) les hommes pensent être parfaits. (Tout de même – Même si), leurs efforts sont de plus en plus visibles.

2 Imaginez un début de phrase avec « avoir beau ».

1. …, certains sont rejetés à cause de leur différence.
2. …, il doit aussi s'occuper du ménage.
3. …, il ne change pas d'avis.
4. …, je continuerai à t'aimer.
5. …, je ne comprends pas.

3 Associez un début et une fin de phrase.

1. Tu n'arrêtes pas de t'excuser,
2. Contrairement à Thomas,
3. Je sais que tu n'aimes pas repasser,
4. Nous ne pouvons pas débattre de cela,

a. Cécile consacre beaucoup de temps aux autres.
b. malgré tout, tu as fait ce que tu as fait et je t'en veux !
c. néanmoins, abordons la première question.
d. mais il faut quand même que tu m'aides à le faire.

4 Écrivez la suite ou complétez les phrases avec l'expression proposée.

1. Il existe des lois pour aider les handicapés à trouver du travail. (au contraire)
2. Je n'ai pas beaucoup de temps libre. (quand même)
3. Je refuse de manifester pour le féminisme. (malgré)

Pour exprimer l'opposition

On utilise :

• *au contraire* (+ *de*), *à l'opposé* (+ *de*), *en revanche, par contre* :
Il aime le travail, moi, au contraire, je déteste ça !

• *alors que* et *tandis que* indiquent la simultanéité et l'opposition :
Il dort alors qu'elle travaille.

• *contrairement à, au lieu de* :
Contrairement à elle, il aime cuisiner.
Il parle au lieu d'écouter.

Pour exprimer la concession

On utilise :

• *pourtant, cependant, néanmoins, toutefois* :
Les gens se disent ouverts pourtant les inégalités persistent.

• *quand même* se place en milieu ou en fin de phrase :
Les gens se disent ouverts et les inégalités persistent quand même.

• *malgré* + nom :
Malgré les critiques, Jean a arrêté de travailler pour ses enfants.

• *même si* :
Même si c'est difficile, nous y arriverons.

On utilise aussi des expressions comme *avoir beau* :
Le gouvernement a beau changer des lois, les discriminations persistent.

DOCTEUR, J'AI BEAU ME RAISONNER, JE CROIS QUE JE SUIS UN ÉLÉPHANT.

Hiiiiiii !

Lexique

5 Complétez le texte par l'un des mot suivants : *le rejet – la discrimination – juger – mettre à l'écart – un préjugé – une différence – une inégalité – s'intégrer.*

Une soirée contre toutes les formes de ...... !
À cause des ...... et des stéréotypes, certaines personnes ne réussissent pas à ...... dans notre société : dès le premier regard, pour une simple ......, on les ...... comme étant moins capables que d'autres. Certains les .... Pour lutter contre le ...... des populations, pour dire non aux ......, rendez-vous samedi 12 février pour un grand concert de fraternité, salle Brassens à Roubaix (20 h).

Communication

6 Écrivez un petit texte structuré sur l'emploi des handicapés. Suivez ce plan :

1. Les chiffres : les handicapés sont 2 fois plus touchés par le chômage.
2. La loi : 6 % d'employés handicapés obligatoires dans les entreprises.
3. Les difficultés : beaucoup d'entreprises ne respectent pas la loi.

7 Imaginez un dialogue avec, au minimum, les éléments suivants dans l'ordre :

je voudrais commencer par – c'est une erreur de penser que – ce n'est pas à vous de parler – je m'explique – je partage ce point de vue – vous voulez rire !

Les discriminations

• *rejeter, exclure, juger*
• *lutter contre le racisme, favoriser les mélanges, (s')intégrer*
• *un stéréotype, un préjugé, le racisme, le sexisme...*
• *la différence de couleur, de sexe, le handicap*
• *l'inégalité à l'embauche*

Structurer une interaction verbale

■ **Énumérer des idées :**
• *Premièrement,*
• *Par ailleurs,*
• *Enfin,*
• *Voyons tout de suite...*
• *Tout ça pour dire...*

■ **Expliquer, donner un exemple :**
• *En clair,*
• *C'est-à-dire,*
• *En effet,*
• *Notamment,*
• *C'est le cas de...*

■ **Prendre ou garder la parole :**
• *Je demande la parole.*
• *Je voudrais dire que...*
• *Un instant, vous m'avez interrompu.*

Exprimer l'accord et le désaccord

■ **L'accord :**
• *Effectivement,*
• *Tout à fait,*
• *C'est vrai que...*
• *C'est ça.**
• *Je suis de ton avis.**

■ **Le désaccord :**
• *C'est faux !*
• *C'est une erreur de penser que...*
• *Il ne faut pas croire que...*
• *Tu te trompes.**
• *Comment ça ?**

* formes plus adaptées à l'oral

TOI, MOI : QUELLE DIFFÉRENCE ?

▶ **Vous organisez dans votre établissement une grande journée de réflexion au sujet des discriminations. Par groupes, préparez votre débat de société.**

Étape 1 Découverte

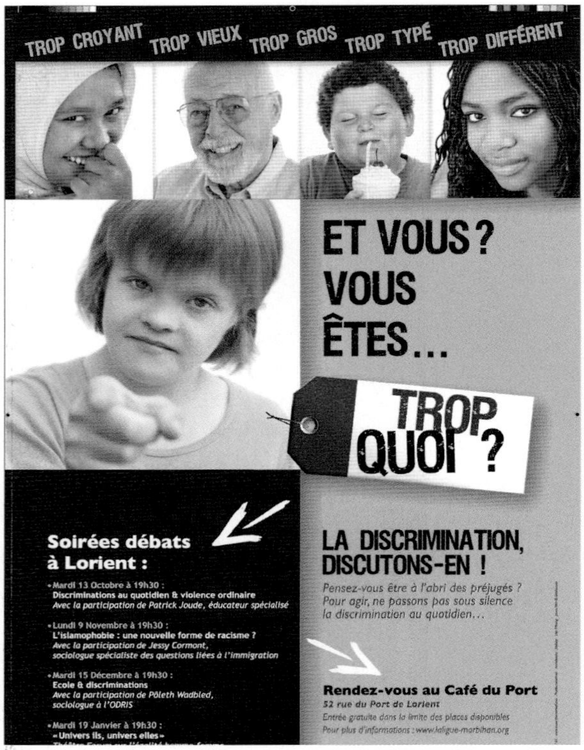

SOIRÉES DÉBATS

octobre 2009 à janvier 2010 - Saint-Brieuc

Pour plus d'informations :
www.fol22.com

Mardi 27 octobre – 20h :
Discriminations au quotidien et violence ordinaire
avec la participation de Patrick Joude, éducateur spécialisé

Jeudi 28 janvier – 18h :
« Univers ils, Univers elles »
théâtre-forum sur l'égalité homme-femme

Discriminations au quotidien et violence ordinaire
À travers ce café-débat, c'est une mise en lumière de tous ces « petits actes » du quotidien qui nous échappent et qui, à la réflexion, peuvent apparaître comme discriminants : serrer son sac devant les étrangers, blaguer sur les blondes, accélérer le pas devant un groupe de jeunes, etc. Répétés inconsciemment, mis bout à bout, ces actes peuvent être vécus comme violents, d'une violence ordinaire. Pourquoi ces actes ? Comment se nourrit notre inconscient collectif ? Comment nos préjugés transforment-ils nos comportements, les entachant ainsi de signes discriminants ?

« Univers ils, Univers elles »
Des bénévoles d'un atelier d'écriture, accompagnés du metteur en scène Martine Geffrault, se sont lancés dans un collectage de paroles sur les relations hommes-femmes. À l'école, au travail, au marché, ils ont pris sur le vif les anecdotes, les petites et grandes confidences de cet inépuisable sujet sur nos relations à l'autre sexe. De ce matériau brut et foisonnant est née une pièce de théâtre écrite et mise en scène collectivement. C'est cette pièce remaniée en 4 tableaux que nous vous proposons pour illustrer notre débat animé par la Ligue de l'Enseignement et le planning familial.

Ligue de l'enseignement de Bretagne, www.essentiel-conseil.net

1 Lisez le document et répondez.

1. Quelles discriminations sont représentées sur l'affiche ?
2. Quels sujets de débat sont proposés ?
3. Comment sont-ils organisés ?
4. Qui organise ou anime ces rencontres ?

Étape 2 **Réflexion**

Par groupes, déterminez le sujet de votre débat.
Réfléchissez aux polémiques qui existent autour des discriminations.

Pour vous aider, répondez à ces questions :
1. Autour de vous, qui est discriminé ? Dans quels domaines ?
2. Qu'est-ce qui est fait pour lutter contre ces inégalités ?
3. Selon vous, quels moyens ou quelles lois manque-t-il
pour combattre les inégalités ?

Choisissez ensuite un sujet de débat qui vous paraît intéressant.
Donnez-lui un titre. Préparez le débat. Pensez aux personnes à inviter,
aux arguments de chacun, aux thèmes à aborder.
Répartissez les rôles au sein du groupe.

Étape 3 **Écriture**

Préparez une affiche pour inciter le public à venir assister au débat.

Pensez à :
– indiquer le sujet, la date,
l'heure, le lieu,
– présenter brièvement les
invités,
– présenter l'animateur
du débat,
– donner des coordonnées
de contact.

Étape 4 **Échange**

**Chaque groupe va réaliser son débat. Laissez le public intervenir
et poser des questions.**

Pour vous aider :
– utilisez une table centrale pour l'animateur, et des tables opposées
pour les intervenants en fonction de leur opinion sur le sujet ;
– l'animateur présente les invités, annonce les thèmes successifs,
distribue la parole et fait intervenir le public ;
– les invités doivent penser à donner de la force à leurs arguments
en les structurant.

FRANCOPHONIES

REGARDE-MOI, JE TE DIRAI QUI JE SUIS...

Doc 1

Visions de l'autre

L a vision de l'autre... Quelles visions avons-nous de « l'autre » qu'il soit résident ou vivant à l'étranger ? Quelles visions pensons-nous qu'il a de nous ?

Les stéréotypes et les clichés... La plupart ne sont pas fondés et il est grand temps de leur « couper la gorge » en rétablissant la vérité. Vous en avez tous, vous en avez tous entendu parler.

Malgré toute l'ouverture d'esprit de chacun d'entre nous, tout le monde a quelques préjugés sur nos partenaires étrangers, sur leurs traditions, l'état de leur économie, leurs régimes politiques, leur psychologie, leurs coutumes et leurs petites manies...

Stéréotypes et voyages
Bettina Lehrhaupt

Sur le thème du voyage et en reprenant la belle citation de Nicolas Bouvier extraite de L'usage du monde [...] : « On croit qu'on va faire un voyage, mais bientôt c'est le voyage qui vous fait, ou vous défait », je vous propose de nous interroger sur les stéréotypes qui nous accompagnent ou que nous nous construisons avant de partir.

Nous avons l'habitude (en Europe par exemple) d'acheter ou de consulter avant de partir toutes sortes de guides ou livres de voyages qui fourmillent de conseils donnés aux voyageurs (Routard, Lonely Planet, etc.) et d'une vision parfois stéréotypée du pays et de ses habitants. Exemples : « un train italien n'arrive jamais à l'heure » ; « les Asiatiques ne montrent pas leurs émotions », etc.

Croyez-vous que ces guides sont malgré tout utiles et nous donnent des informations sur les différences culturelles ? Ou ne font-ils que perpétuer certains stéréotypes ? Et vous ? Comment préparez-vous un voyage vers l'inconnu ? Préférez-vous arriver muni(e) d'informations glanées dans un guide de voyage, lire le roman d'un écrivain originaire de ce pays ou d'un auteur racontant ses expériences ? Peut-être préférez-vous partir l'esprit libre et sans rien lire avant ? Pouvez-vous nous raconter une expérience de voyage qui vous a fait reconsidérer les stéréotypes qui vous accompagnaient en arrivant dans un pays ? Pour finir, qu'avez-vous appris sur vous-même ou sur votre culture au terme de ce voyage ?

Commentaires de Richard Delmas

Dans la ligne de Bettina, en effet, les représentations que nous avons des pays et des usages nous entraînent souvent à considérer de l'extérieur les sociétés que nous visitons. [...] C'est pourquoi, pour ma part, j'ai délaissé la lecture des guides pour simplement me munir de plans et de cartes des pays où je me rends et j'y recherche les ressources locales qui existent, souvent d'ailleurs en français, notamment en Afrique et en Asie.

http://interculturel.correspondants.org

Doc 2 # Questions de point de vue

Extraits de la visio-conférence FlashMeeting

Participants : Anabelle et Pierre (Île Maurice), Koffi (Ouagadougou, Burkina Faso) [...]

L'Europe vue de l'Île Maurice

Annabelle, l'épouse de Pierre, est Mauricienne et vit avec son mari à l'Île Maurice. Elle n'a jamais été en Europe et part le mois prochain en France pour un mois. Nous lui demandons quelle est sa vision de l'Europe ?

« L'Europe est pour la plupart des Mauriciens un Eldorado. De nouveaux paysages, de nouveaux personnages, nouvelle culture. Tout y est cher mais la vie y est facile. » Cependant elle ne souhaiterait pas y vivre car, chez elle, il y a son environnement, sa famille, ses amis. [...]

Comment voit-elle les Français en général ?

90 % des touristes de l'île sont français (ou du moins francophones), c'est donc à partir de cette expérience qu'elle nous répond : « amical, aimable, facile de lier amitié avec eux (car ils partagent la même langue). [...] »

Koffi parlant des Français dans l'administration

Koffi nous dit qu'au Burkina Faso, la vision est différente car le Français est d'abord un ancien colon et que, dans son pays, il ressent plutôt une dictature de la France et du français. Au Burkina Faso, le Français est perçu comme quelqu'un qui parle beaucoup, qui joue au patron avec son beau costume et sa belle cravate, qui (contrairement à l'Allemand) n'est pas capable d'aller sur le terrain « les deux pieds dans la boue », qui sait juste donner des ordres mais est incapable d'écouter !

Il semble y avoir un certain amalgame entre l'individu français et l'État français ! Un regret commun est que le continent africain soit en général, vu du Nord, perçu comme un continent pauvre et en guerre incessante.

Visio-Conférence FlashMeeting : Visions de l'autre – 20/11/2008
http://interculturel.correspondants.org

Doc 3 16

« MON AFRIQUE N'EST PAS CE QU'ON TE FAIT CROIRE. »

Extrait de la chanson « Viens voir » de Tiken Jah Fakoly, album *L'Africain*, 2007

Tiken Jah Fakoly

1 Prenez connaissance des documents et répondez.

1. De quels stéréotypes et préjugés parle-t-on ?
2. Quels aspects réels sont présentés face à ces stéréotypes et préjugés ?
3. À votre avis, pourquoi les stéréotypes et les préjugés existent-ils ?
4. D'après les textes, qu'est-ce qui peut aider à réduire les stéréotypes ?

2 Échangez.

Quels stéréotypes avez-vous de vos pays voisins ? Et de la France ?
Connaissez-vous les stéréotypes qui portent sur votre pays ?
Selon vous, y a-t-il des caractéristiques réelles qui expliquent l'existence de ces stéréotypes ?

Autoévaluation

Je peux exprimer la concession

1 Modifiez les phrases en utilisant l'expression donnée.

1. Je t'aime, mais je te quitte. (quand même)
2. On lui a annoncé le rejet de sa candidature. Il a gardé courage. (malgré)
3. Votre exposé était court. Vous avez été dynamique. (néanmoins)
4. Je n'ai pas été très gentil. Je veux un cadeau. (même si)
5. Je suis plutôt d'accord. Je voudrais ajouter quelque chose. (toutefois)

2 Écrivez une phrase équivalente en utilisant « avoir beau ».

1. Il s'est entraîné tous les jours. Pourtant, il n'a pas battu son record.
2. Même si j'ai une très bonne mémoire, je ne me souviens pas de ce courriel.
3. Nous discutons, mais nous ne trouvons pas de solution.

Je peux exprimer l'opposition

3 Associez.

a. Tu devrais sortir un peu au lieu de
b. Tu as étudié samedi soir alors que
c. Tu aimes trop rester à la maison. Par contre,
d. Contrairement à
e. Il est susceptible, en revanche

1. toi, elle a une vie sociale.
2. il est honnête.
3. regarder la télé.
4. il y avait une fête !
5. ta sœur sort trop souvent.

4 Choisissez l'articulateur qui convient.

1. La planète se réchauffe. (Pourtant – Au contraire), il fait plus froid l'hiver qu'avant.
2. Les chiens sont très fidèles (même si – alors que) les chats changent facilement de maître.
3. (Contrairement à – Malgré) ses difficultés économiques, cette entreprise a pu embaucher.
4. Il n'avait pas été très sympa, mais je l'ai (quand même – par contre) aidé.
5. Vous n'avez pas de devoirs ce week-end. (Quand même – En revanche), vous en aurez beaucoup la semaine prochaine.

Je peux parler des discriminations

5 Complétez les phrases par l'un des mots suivants : *juger, s'intégrer, exclure, lutter, un préjugé, le sexisme, l'inégalité.*

1. Cette association ……… contre les ……… entre les hommes et les femmes. Malgré tous les progrès, le ……… existe encore en France.

❶ Comptez 1 point par réponse correcte. Vous avez…
▸ 5 points : félicitations !
▸ moins de 5 points : revoyez les pages 122, 123 et 128 de votre livre et les exercices de votre cahier.

❷ Comptez 1 point par réponse correcte. Vous avez…
▸ 3 points : félicitations !
▸ moins de 3 points : revoyez les pages 122, 123 et 128 de votre livre et les exercices de votre cahier.

❸ Comptez 1 point par réponse correcte. Vous avez…
▸ 5 points : félicitations !
▸ moins de 5 points : revoyez les pages 122, 123 et 128 de votre livre et les exercices de votre cahier.

❹ Comptez 1 point par réponse correcte. Vous avez…
▸ 5 points : félicitations !
▸ moins de 5 points : revoyez les pages 122, 123 et 128 de votre livre et les exercices de votre cahier.

2. Certaines personnes ont beau tout faire pour ……… dans la société, on les ……… moins capables que d'autres parce qu'ils ont une différence.

3. Toute personne que l'on ……… d'une liste d'attente pour un logement peut saisir le tribunal.

4. Les ……… viennent souvent de l'enfance, on ne les contrôle pas.

Comptez 1 point par réponse correcte. Vous avez…
▶ 7 points : félicitations !
▶ moins de 7 points : revoyez les pages 123 et 129 de votre livre et les exercices de votre cahier.

Je peux structurer une interaction verbale

6 Complétez les phrases avec les expressions suivantes :
pour terminer – dans un premier temps – voyons tout de suite – ensuite – je vais vous parler de.

Bonjour, ……… les stéréotypes sur les Français. ………, nous verrons ce qu'est un stéréotype. ………, je vous montrerai quelques exemples de Français caricaturés. ………, je vous présenterai les origines historiques de ces images. ……… ce que veut dire le mot « stéréotype ».

Comptez 1 point par réponse correcte. Vous avez…
▶ 5 points : félicitations !
▶ moins de 5 points : revoyez les pages 124, 125 et 129 de votre livre et les exercices de votre cahier.

7 Choisissez la proposition qui convient.

Aujourd'hui, nous allons parler des discriminations, (par ailleurs – notamment) celles qui touchent les femmes. (Pour commencer – Pour terminer), le professeur Lévy nous présentera le résultat de son étude. (Tout d'abord – Ensuite), vous pourrez poser vos questions. (Je demande la parole – Je voudrais commencer par vous présenter) le professeur Lévy. Il est l'auteur de nombreux ouvrages sur l'évolution des différences sociologiques, (en d'autres termes – c'est le cas de), c'est un grand spécialiste de notre sujet.

Comptez 1 point par réponse correcte. Vous avez…
▶ 5 points : félicitations !
▶ moins de 5 points : revoyez les pages 124, 125 et 129 de votre livre et les exercices de votre cahier.

Je peux exprimer l'accord et le désaccord

8 Dites si la personne qui répond est d'accord avec la première.

1. – On ne peut pas dire que tout le monde est égal.
   – C'est un peu fort.

2. – Vous avez beaucoup étudié l'évolution des comportements des jeunes.
   – Effectivement.

3. – L'humour est bénéfique, et avec l'humour, on peut tout dire.
   – Vous voulez rire !

4. – Vous avez commencé à vous intéresser à ce sujet juste après vos études.
   – Pas tout à fait.

5. – Femmes et hommes devraient pouvoir accéder à l'éducation.
   – On ne peut qu'être d'accord sur ce sujet.

Comptez 1 point par réponse correcte. Vous avez…
▶ 5 points : félicitations !
▶ moins de 5 points : revoyez les pages 124, 125 et 129 de votre livre et les exercices de votre cahier.

Résultats : ☐ **points sur 40 points**

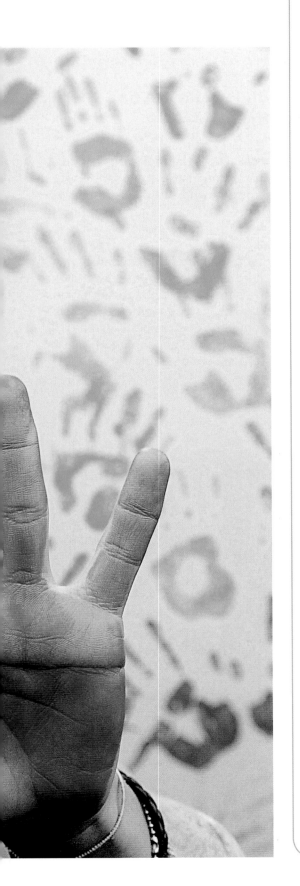

unité **9**

EN VERT ET CONTRE TOUT !

Contrat d'apprentissage

Objectif ▶ Critiquer et proposer

Tâche ▶ Créer un projet écologique

Participez à un concours sur le développement durable.

Outils
- indicatif ou subjonctif ?
- le futur antérieur
- le lexique de l'environnement

Autoévaluation
B1

DÉCOUVRIR

MONDE | POLITIQUE | SOCIÉTÉ | ÉCONOMIE | PLANÈTE | SCIENCES | SPORT | CULTURE | MÉTÉO

À LA UNE

Climat : un accord de Copenhague insuffisant

Conclu dans la soirée de vendredi, le texte ne fixe aucun objectif chiffré.

COP15 COPENHAGEN

UNITED NATIONS CLIMATE CHANGE CONFERENCE 20

COP15 COPENHAGEN

UNITED NATIONS CLIMATE CHANGE CONFERENCE 2009

Les dirigeants politiques du monde, réunis à Copenhague pendant douze jours, semblent être d'accord sur la nécessité de limiter l'augmentation de la température mondiale à moins de 2°C pour éviter un changement climatique dangereux. Toutefois, l'accord de Copenhague, dont l'ONU a « pris note », présente des ambitions réduites, sans engagements formels. Les objectifs chiffrés pour les pays industrialisés à l'horizon de 2020 restent encore à définir.

> lire l'article

Écoutez les réactions des spécialistes

René Ngongo
Responsable de Greenpeace en République démocratique du Congo

🔊 Écouter

Yves Cochet
Député, membre du parti politique des Verts en France

🔊 Écouter

C'est clair ?

**1 Observez les images et lisez le texte.
Quelle relation pouvez-vous établir entre ces documents ?**

17 **2 Écoutez l'avis de René Ngongo et répondez.**

1. Quels sont les deux éléments de l'accord de Copenhague donnés par le journaliste ?
2. Quelle comparaison René Ngongo fait-il pour parler du résultat du Sommet de Copenhague ?
3. Selon René Ngongo, quelle est la cause de l'échec du Sommet de Copenhague ?

Parlons-en !

Quelles décisions les dirigeants politiques auraient-ils dû prendre pendant le Sommet de Copenhague ? En raison de l'échec des négociations de Copenhague, comment voyez-vous les dix prochaines années en terme d'écologie ?

(18) **3 Écoutez l'avis d'Yves Cochet et répondez.**

1. Selon Yves Cochet, pourquoi l'accord de Copenhague ne pourra-t-il
pas être utilisé pour lutter contre les changements climatiques ?
2. Quelles seront les conséquences de l'échec du Sommet de Copenhague ?
3. Sur quelle citation littéraire s'appuie-t-il pour résumer l'échec de Copenhague ?

(17) **4 Écoutez de nouveau René Ngongo et expliquez les phénomènes suivants :**

– la hausse des températures,
– la déforestation,
– la réduction des émissions des gaz à effet de serre.

5 Quels sont les verbes qui correspondent aux noms suivants ?

l'augmentation – la réaction – la déception – la réduction – les émissions

▶ **S'entraîner**
Exercice 1, p. 144

Comment exprimer la colère ?

(18) **6 Écoutez de nouveau Yves Cochet et relevez
de quelle manière il exprime sa colère à propos :**

– du travail des dirigeants politiques,
– du texte produit par ces dirigeants politiques,
– du résultat des négociations,
– de l'échec du Sommet de Copenhague.

(19) **7 Écoutez ces dialogues et relevez les
expressions utilisées pour exprimer la colère.**

▶ **S'entraîner**
Exercices 5 et 7, p. 145

Comment exprimer la déception ?

8 Relevez les expressions utilisées pour exprimer la déception.

1. C'est vraiment dommage que, malgré les cris d'alarme non seulement
de la société civile mais aussi des scientifiques, on soit encore à tergiverser,
c'est vraiment la grande déception.
2. Voilà, c'est fini. Quand je pense que ça fait deux ans qu'on travaille
pour ces rencontres !
3. Bien sûr, on est déçu qu'il n'y ait pas eu de véritable décision prise.
Mais qu'est-ce que vous voulez faire ?
4. La réunion est annulée ? Et dire que j'ai fait 150 kilomètres pour venir !

9 Associez les éléments.

1. C'est dommage de   **a.** je lui avais tout donné.
2. Elle est déçue que   **b.** nous déçoit beaucoup.
3. Cet échec   **c.** partir si tôt !
4. Quand je pense que   **d.** tu ne lui aies rien offert.

▶ **S'entraîner**
Exercices 2 et 6, pp. 144-145

Production écrite

**10 Comme Yves Cochet, vous êtes scandalisé par le manque de
décisions politiques en faveur de la protection de l'environnement.
Présentez ce qui vous révolte dans un message que vous enverrez au
forum du parti politique des Verts. (50 à 80 mots)**

la roue tourne

Troisième épisode de notre série d'été sur la crise. Aujourd'hui le secteur automobile, meilleure illustration de la récession actuelle. En Europe, ce sont une voiture sur quatre de moins qui sortent des usines. S'en suivent : plans sociaux, grèves, radicalisations, aides de l'État... Mais, cette crise est juste un long tunnel dont la sortie ne peut qu'être écologique. [...]

Oui, cette crise jette à la rue, sans emploi, des pères et des mères de famille. C'est encore plus cruel quand on connaît la difficulté pour se réinsérer. Mais, pour ne pas tomber dans le sentimentalisme niais, espérons. Espérons que cette crise fera comprendre aux pingouins en costume des quartiers financiers que l'avenir est vert. Espérons qu'ils osent sortir les portefeuilles pour investir dans les énergies vertes. [...]

Espérons aussi que cette crise va obliger les citoyens et les autorités publiques à revoir leur rapport à l'automobile. Investir plus dans les transports en

commun, favoriser leur souplesse, mettre en valeur leurs bénéfices écologiques (désolé de constater que prendre le métro n'est pas considéré comme un acte écologique). Espérons que le trou de la couche d'ozone en sortira rapetissé. [...]

Robin Carel
http://unregardsurlactu.blog.lemonde.fr, 26/09/2009

Économie - 16 septembre 2009

L'ÉTAT MET LE PAQUET SUR LE FRET

Sept milliards d'euros. C'est le montant du plan annoncé mercredi par le gouvernement en faveur du développement du trafic de fret ferroviaire. « Il est vital de développer le fret », a déclaré le ministre de l'Écologie, mercredi lors d'une conférence de presse, en annonçant un plan de 7 milliards d'euros en faveur du fret ferroviaire. L'effort d'investissement sera réparti entre l'État, le Réseau ferré de France et la SNCF. [...]

Europe 1

▸ Réactions à l'article

JEUDI 16 SEPTEMBRE 2009 - 16H05 PAR ROSEL

▸ On nous dit depuis des années qu'on va mettre les camions sur des trains, mais moi je constate qu'il y a toujours de plus en plus de camions entre Paris et l'Espagne, et que rien ne change... Je doute qu'on arrive un jour à un système efficace.

Répondre à ce message

JEUDI 16 SEPTEMBRE 2009 – 18H17 PAR ÉMELINE

▸ Le transport de marchandises par le train, ça marchera vraiment quand la SNCF et RFF auront remis en service toutes les petites lignes qui ont été fermées depuis 40 ans dans nos campagnes. J'ai du mal à croire que la SNCF et RFF vont accepter de mettre de l'argent dans ce projet qui ne leur rapportera pas grand-chose, au contraire des grandes lignes TGV.

Répondre à ce message

 C'est clair ?

1 Prenez connaissance des documents et répondez.

1. Quels sont les différents moyens de transport évoqués ?
2. Que reproche-t-on aux voitures et aux trains ?
3. Quels sont les avantages des transports en commun ?
4. Quelle évolution est envisagée pour les transports en France dans les prochaines années ?
5. Quelles sont les limites de cette évolution ?

Comment exprimer l'espoir ?

2 Relevez les expressions utilisées pour exprimer l'espoir.

1. Espérons que nos dirigeants sauront préférer le long terme à une reprise immédiate sans avenir.
2. Il reste encore beaucoup à faire mais je compte bien avoir tout terminé vendredi.
3. Oh là là, on ne va pas arriver à la gare à temps. Pourvu que le train ait un peu de retard.
4. Je serai à Osaka la semaine prochaine. J'espère avoir le temps d'aller voir Mariko.

3 Associez les éléments.

le verbe *espérer* est suivi •   • d'un verbe à l'infinitif
le verbe *compter* est suivi •   • d'un verbe à l'indicatif
l'expression *pourvu que* est suivie •   • d'un verbe au subjonctif

▶ **S'entraîner**
Exercice 8, p. 145

Comment exprimer le doute ?

4 Relevez les expressions utilisées pour exprimer le doute et expliquez leur construction.

1. Je doute qu'on arrive un jour à un système efficace.
2. J'ai du mal à croire que la SNCF et RFF vont accepter de mettre de l'argent dans ce projet.
3. Nous avons des doutes sur ses capacités à diriger une équipe.
4. Ça m'étonnerait que les travaux soient finis au mois de mai.

▶ **S'entraîner**
Exercices 3 et 9, pp. 144-145

Comment utiliser le futur antérieur ?

5 Observez et répondez.

a. *Ça marchera vraiment quand la SNCF et RFF <u>auront remis</u> en service toutes les petites lignes.*
b. *Mesdames, Messieurs ! Nous commencerons dès que tout le monde <u>se sera assis</u>.*
c. *Je vous reverrai après que la banque vous <u>aura donné</u> son accord.*

1. Quelle est la relation entre le verbe souligné et le verbe principal ?
2. Quels sont les indicateurs de temps que l'on trouve devant les verbes soulignés ?
3. Comment les verbes soulignés sont-ils construits ?

▶ **S'entraîner**
Exercice 4, p. 144

Point culture

La nouvelle vie du rail
Les transports collectifs ont cédé une grande place à l'automobile entre 1945 et 1980 en France. Toutefois, l'inauguration, en 1981, de la première ligne de TGV a été le début d'une nouvelle ère du transport par le train et la création, en 1985, du tramway de Nantes a été le début d'une nouvelle introduction des tramways dans les villes françaises (une vingtaine de villes en possèdent un à ce jour).

Échangez.

1. Que pensez-vous du développement des transports collectifs ?
2. Utilisez-vous les transports collectifs ou préférez-vous les transports individuels ?

PRODUIRE

ÉCRIRE un article de presse

▶ Des écologistes de votre ville ont réussi à apporter des améliorations importantes à l'environnement local. Écrivez un article de presse qui présentera leurs actions et exprimera l'espoir que cela vous inspire.

MODE D'EMPLOI	Pour écrire un article de presse, je pense à :	Quelles questions dois-je me poser ?
	Introduire l'article.	**Comment donner au lecteur l'envie de lire tout l'article ?** **Conseil :** en trois à cinq lignes, résumez ce qui va être présenté dans l'article.
	Présenter la situation de départ.	**Qu'est-ce qui a provoqué l'intervention des écologistes ?** **Conseils :** expliquez ce qui existait avant que des actions soient mises en œuvre. Expliquez ce que les gens pensaient de cette situation : *Tout le monde trouvait scandaleux...* *Beaucoup doutaient que...*
	Développer les actions menées.	**Qui a fait quoi ?** **Conseils :** expliquez quelles personnes sont intervenues. Expliquez ce qu'elles ont fait : comment se sont-elles organisées, qui ont-elles contacté, quelles actions ont-elles menées, etc. ?
	Conclure.	**Que faut-il retenir de cet article ?** **Conseil :** résumez l'idée principale de l'article et exprimez l'espoir que cela vous inspire pour le futur. *Si ces actions servaient de modèle à tous les habitants de la ville, nous pourrions espérer...*

PARLER de ses idées

20 **1 Écoutez cet entretien et répondez.**

1. Qui est la personne interviewée ? De quelle région est-elle ?
2. Quelle est la particularité du village du Séquestre ?
3. En quoi consiste la construction du quartier environnemental ?
4. Quels sont les éléments mis en place pour l'école de ce village ?

Les accents régionaux : l'accent du Sud-Ouest

21 **A Écoutez et comptez le nombre de syllabes. Que remarquez-vous par rapport au français « standard » ?**

22 **B Écoutez et retrouvez les expressions prononcées avec l'accent du Sud-Ouest. Quels sons sont prononcés différemment ?**

> Il existe de nombreux accents régionaux en France. L'accent du sud-ouest de la France se caractérise par des intonations plus « chantantes ».
> La syllabe accentuée est souvent allongée.
> Le son [ɛ] se rapproche du son [e] du français standard, le « e » muet est souvent prononcé.
> Les consonnes qui suivent les voyelles nasales sont prononcées (exemple : cantine [kãtin]).

▶ **Vous intervenez publiquement dans votre ville pour dénoncer les problèmes d'environnement.**

MODE D'EMPLOI	Pour dénoncer des problèmes, je pense à :	Quelles questions dois-je me poser ?
	Exposer ce qui ne va pas.	**Quoi ? Comment ?** **Conseils :** abordez différents aspects (pollution, consommation d'énergie, matériaux dangereux). Faites une liste des problèmes en donnant des exemples concrets : *Il y trop de pollution liée aux voitures.* *Regardez les embouteillages tous les soirs en centre-ville*, etc.
	Faire part de mon mécontentement.	**Comment ?** **Conseils :** interpellez les pouvoirs publics. *Monsieur le Maire, comme vous le savez…* Critiquez la politique actuelle : *Vous aviez promis le tri sélectif il y a deux ans*, etc.
	Faire des propositions pour remédier à ces problèmes.	**Quoi ? Comment ?** **Conseils :** faites part de vos idées. *Je pense que nous devrions équiper la ville de bus électriques, je suggère de mettre en place le tri sélectif, de créer une déchetterie*, etc. Insistez sur les aspects positifs de ces changements : *L'installation de pistes cyclables améliorera la qualité de vie des habitants…*

S'ENTRAÎNER

Lexique

1 **Transformez ces titres de journaux en remplaçant le mot souligné par un verbe.**

Exemple : *Déception des écologistes à Copenhague.*
→ *Les écologistes sont déçus à Copenhague.*

1. Disparition de l'ours dans les Alpes françaises.
2. Plantation de milliers d'arbres au Sénégal.
3. Manifestation des écologistes à Cherbourg.
4. Réunion des chefs d'État européens à Bruxelles.

Grammaire

2 **Mettez les verbes entre parenthèses à la forme qui convient.**

1. C'est un scandale qu'on (pouvoir) ...... construire une usine dans cette zone.
2. Je trouve inadmissible que le directeur (ne pas tenir) ...... ses promesses.
3. C'est vraiment dommage que les gens (ne pas faire) ...... attention à ce qu'ils consomment.
4. Non, là, franchement, tu me (décevoir) ...... beaucoup !
5. C'est pour moi une grande déception de (ne pas pouvoir) ...... vous accueillir à Lyon.
6. Je suis déçu que la réunion d'hier (se terminer) ...... de cette manière.

3 **Mettez les verbes entre parenthèses à la forme qui convient.**

1. Oh là là, pourvu qu'elle (réussir) ...... ses examens !
2. Je compte bien (retourner) ...... très bientôt au Maroc.
3. J'espère qu'il (venir) ...... avec toi, demain.
4. On verra demain, mais espérons que tout (se terminer) ...... bien.
5. Je doute qu'il (savoir) ...... réellement ce qu'il veut.
6. Vraiment, j'ai du mal à croire qu'elle (dire) ...... ça à la réunion, hier.
7. Ça m'étonnerait qu'il (parvenir) ...... à faire mieux.

4 **Écrivez les verbes entre parenthèses au futur simple ou au futur antérieur.**

1. Vous (vouloir) ...... bien nous contacter dès que vous (déménager) ....
2. Je (s'occuper) ...... de toi quand je (faire) ...... la vaisselle.
3. Après que tu (classer) ...... tout ça, tu (venir) ...... me voir, je te (donner) ...... autre chose à faire.
4. Nous vous (payer) ...... aussitôt que vos services nous (envoyer) ...... la facture.
5. Tu (pouvoir) ...... te reposer quand tu (terminer) ....
6. Je te (raconter) ...... tout dès qu'elle (partir) ....
7. J'ai acheté le dernier livre de Gavalda. Je te le (passer) ...... quand je le (lire) ....

COPENHAGUE 2009

NOUS FERONS UN EFFORT...

... QUAND LES POULES AURONT DES DENTS !

NOUS SORTIRONS DÈS QUE LE SOMMET DE COPENHAGUE SERA TERMINÉ.

Soulcié

Le futur antérieur

Il sert à indiquer qu'une action future est terminée avant une autre action future.
Le verbe au futur antérieur est précédé d'un indicateur de temps : *quand, après que, dès que, aussitôt que.*

■ **Formation**

avoir ou *être* + participe passé :
*Je t'appellerai quand je **serai arrivée**.*

Communication

5 Par deux, jouez les situations.

1. Vous avez dîné au restaurant mais la soirée s'est mal passée. Exprimez votre mécontentement auprès du serveur. Expliquez-lui tous les problèmes que vous avez rencontrés.

2. Vous aviez rendez-vous avec un ami qui devait vous apporter un document très important. Il arrive en retard (comme toujours) et il a oublié d'apporter le document. Montrez-lui que vous êtes furieux.

23 6 Écoutez et répondez en exprimant votre déception.

7 Vous deviez passer une semaine en Espagne pour votre travail. Votre directeur vous apprend qu'une de vos collègues ira à votre place. Vous êtes en colère. À deux, jouez la scène.

8 Associez.

1. Marion a un entretien demain matin. Pourvu que

2. Alice était très nerveuse ce matin, espérons que

3. Pauline n'a pas répondu, mais je compte bien

4. Nous comprenons votre situation, Madame, et nous espérons

a. la voir demain.

b. elle obtienne cet emploi.

c. pouvoir vous apporter notre aide.

d. elle parviendra à convaincre l'employeur.

24 9 Écoutez et répondez en exprimant votre doute.

Exprimer la colère

- *C'est un scandale ! Je suis scandalisé !*
- *Tu exagères ! Tu m'énerves !*
- *Sa lettre est lamentable ! C'est lamentable !*
- *Ça ne va pas, non !*
- *Sa réaction est pitoyable ! C'est pitoyable !*
- *J'en ai ras le bol de*...*
- *Ce n'est pas vrai !*
- *J'en ai marre de...*
- *C'est inadmissible !*
- *Je suis furieux !*
- *Ça commence à bien faire !*
- *Il ne faut pas vous gêner !*

Exprimer la déception

- *C'est dommage que...*
- *C'est une grande déception !*
- *Quelle déception !*
- *On est déçu que...*
- *C'est très décevant.*
- *Son attitude me déçoit beaucoup.*
- *Quand je pense que...*

Exprimer l'espoir

- *J'espère...*
- *J'espère que...*
- *Espérons que...*
- *Pourvu que...*
- *Je compte bien...*

Exprimer le doute

- *Je doute que...*
- *J'ai des doutes sur...*
- *J'ai du mal à croire que...*
- *Ça m'étonnerait que...*

*familier

TÂCHE

AGIR POUR L'ENVIRONNEMENT

▶ **Participez à un concours sur le développement durable.**

Étape 1 **Découverte**

Concours *Réagir et agir !*

L'objectif

Agir pour votre environnement lance la première édition du concours *Réagir et agir !* qui a pour objectif, d'une part, de susciter une réflexion à propos de votre environnement proche et, d'autre part, de vous faire créer des projets de développement durable concrets ou futuristes.

Les projets doivent viser à améliorer de manière observable et quantifiable les conditions environnementales. Le projet peut prendre la forme d'un produit, d'une organisation ou d'un service innovant.

Les participants

Ce concours s'adresse aux étudiants, quelle que soit leur formation.

Les modalités

❶ **Inscrivez-vous** dès maintenant sur le site du concours *Réagir et agir !* en remplissant un formulaire d'inscription qui vous permettra d'avoir un identifiant et un mot de passe. Une fois inscrit et identifié, vous pourrez revenir à tout moment pour compléter votre dossier et ajouter des pièces jointes.

❷ **Déterminez la catégorie** de votre participation :
• **Catégorie « opérationnelle »**
Vous présenterez un projet tenant compte des contraintes techniques et budgétaires. Le projet pourra être réalisable localement (dans votre établissement ou votre quartier).

• **Catégorie « prospective »**
Vous présenterez un projet sans contraintes de réalité socio-économique.

❸ **Déterminez le thème** de votre projet.
Vous avez le choix entre les thèmes suivants :
• Agir pour les transports
• Agir pour les espaces de vie
• Agir avec les équipements techniques
• Agir pour des pratiques solidaires
• Agir pour une consommation réfléchie

❹ **Envoyez votre projet** avant la date indiquée sur notre site.

La sélection

Les meilleurs projets seront présentés devant un jury. Les trois meilleurs projets de la catégorie opérationnelle recevront une aide à la mise en place du projet.
Les trois meilleurs projets de la catégorie prospective seront diffusés dans des revues régionales et nationales.

1 Lisez le document puis répondez.

1. Pourquoi l'association *Agir pour votre environnement* organise-t-elle
ce concours ?
2. À quoi servent l'identifiant et le mot de passe qu'on obtient
quand on s'inscrit au concours ?
3. Quelle différence existe-t-il entre les deux catégories de projet ?
4. Que recevront les gagnants du concours ?

Étape 2 Réflexion

**Par petits groupes, recherchez des exemples
de comportements liés à votre environnement
proche.**

Pour vous aider, répondez à ces questions :
1. Quelles sont vos habitudes de transport ?
2. Quelles sont les caractéristiques écologiques
des espaces verts, des bâtiments, des rues et des
lieux de passage ?
3. Comment utilisez-vous les sources d'énergie,
l'électricité, le chauffage ou la climatisation ?
4. Comment utilisez-vous les ressources
naturelles : l'eau, le bois, le papier, etc. ?
5. Quelles sont vos habitudes d'alimentation ?
6. Quels sont les gestes écologiques que vous
avez déjà adoptés ?

Pour chacune des réponses données, imaginez
quelles améliorations il vous serait possible
d'apporter et quelle action il vous serait possible
de proposer.
Pensez à bien expliquer l'objectif de l'action
et donnez des exemples précis directement
applicables dans votre environnement proche.
Sélectionnez les actions les plus riches puis
choisissez la catégorie du concours et le thème
de votre projet.

Soulcié

Étape 3 Écriture

**Écrivez un projet d'actions détaillé. Justifiez le choix de vos actions en précisant comment
elles amélioreront les comportements d'un point de vue écologique et en indiquant vos espoirs
de changement.**

Étape 4 Échange

**Par groupes, présentez votre projet à la classe. Comparez ensuite les différents programmes,
faites une liste des points positifs et négatifs, sélectionnez les actions qui vous semblent les
meilleures pour établir un projet « officiel » de votre participation au concours *Réagir et agir !***

ÉCOLOGIES D'OUTRE-MER

Doc 1

Guadeloupe

Le Parc national vole au secours des zones fragiles

Mardi dernier, le Parc national, en partenariat avec les offices de tourisme de Guadeloupe et les associations de la société civile, a développé l'intérêt et l'urgence de défendre le patrimoine écologique de l'archipel, allant également dans le sens du développement durable. Plus d'une centaine de personnes liées au Parc par une charte s'étaient rassemblées le matin sur la plage de Malendure autour d'un petit en-cas servi par l'office de tourisme de Bouillante. Niel Colin, directeur adjoint du Parc, a expliqué avec passion aux invités que le Parc national contribue à la défense de cet immense patrimoine, qui comprend notamment le Cœur de Parc, constitué des forêts du massif montagneux, mais aussi les îlets Pigeon, pour un territoire de 1 000 hectares, et qui serait, à en croire certains, beaucoup trop visité. Ce seraient environ 100 000 plongeurs qui, chaque année, visiteraient les fonds de Malendure. Une dizaine de clubs fréquentent le domaine. Ces fonds sont riches en diversité marine, des plantes marines aux coraux en passant par les poissons de beaucoup d'espèces tropicales.

100 000 plongeurs visitent chaque année les fonds marins du Parc national de Guadeloupe.

Un patrimoine menacé

Ces fonds sont malheureusement menacés par les activités humaines. D'où ces quelques conseils des animateurs du Parc : ne pas toucher les fonds avec les mains ou les palmes ; ne pas cueillir de plantes ou de coraux ; respecter l'environnement sous-marin. [...]
Les problèmes de la pêche ont également été abordés. On s'est notamment arrêté sur les ancres qui arrachent les fonds et détruisent les plantes et la faune marine. Des discussions ont eu lieu avec les pêcheurs et les bateaux de loisirs en ce sens, en vue d'aboutir à la pose de nombreuses bouées de mouillage autour des îlets et sur la zone de protection des gardes maritimes.
Pour mieux comprendre l'importance de la zone protégée par le Parc national, une balade de deux heures a été proposée sur le bateau à fond de verre.

Jean-Jacques Coudière,
France-Antilles Guadeloupe
www.guadeloupe.franceantilles.fr,
30/11/2009

Doc 2

Les Antilles ont la banane... durable

Le plan « banane durable Caraïbes » fête son premier anniversaire : l'occasion pour *Durable.com* de revenir sur un plan agricole et social ambitieux.

C'est l'hiver ? Parlons de bananes ! La neige est tombée, la pluie l'a remplacée et le froid nous gèle les doigts depuis des jours. Alors, parler du plan « banane durable » aux Antilles, voilà une info qui pourrait bien nous réchauffer ! Mis en place il y a tout juste un an, le plan « banane durable 2008-2013 » est un enjeu majeur de l'économie d'outre-mer et vise à protéger les récoltes et les travailleurs. [...]

Des bananes durables pour l'environnement

Le plan « banane durable » tend avant tout à limiter l'impact de la production de bananes sur l'environnement. La cercosporiose noire est la peste[1] de la banane et l'ITban (Institut technique de la banane) a été créé pour produire un fruit résistant à la maladie, et doté pour cela d'un budget de 6,2 millions d'euros. La réduction des pesticides[2] est également l'un des points forts de ce plan. Depuis une dizaine d'années déjà les produits phytosanitaires sont passés de 10 kilos par hectare à 4,3 kilos, soit une chute de 60 %. [...] Le plan « banane durable » a fixé une nouvelle réduction de 50 % des pesticides d'ici 2013 ; un vrai défi. Enfin, le problème de l'épandage aérien[3] reste entier puisqu'il devrait disparaître à terme mais pas avant plusieurs années.

Des bananes durables pour les hommes

[...] Plus de 700 planteurs travaillent sur les deux îles françaises et emploient en tout près de 10 000 personnes, sur un total de 800 000 habitants. [...] Acheter la banane antillaise, c'est acheter un produit de qualité et récolté par des hommes et des femmes dans des conditions soumises à la réglementation française (soit la meilleure protection sociale dans la filière mondiale des producteurs de bananes).

Florian Martin, *Consommation responsable*, www.durable.com, 23/12/2009

1. La peste est une maladie mortelle pour l'homme, transmise essentiellement par les rats et les puces.
2. Un pesticide est un produit pour lutter contre les maladies, les plantes ou les animaux qui détruisent les productions.
3. L'utilisation d'un avion pour mettre des pesticides sur les plantes.

Doc 3 🎧 25 **L'or en Guyane**

---

1 Lisez les textes et écoutez le reportage, puis répondez.

1. Quels sont les problèmes écologiques présentés dans chaque document ?
2. Quelles sont les conséquences économiques et humaines de ces problèmes ?
3. Quelles sont les actions entreprises pour lutter contre ces problèmes ?

2 Échangez.

Quels sont les différents environnements à protéger dans votre pays ? Quelles sont les actions qui sont déjà menées pour protéger ces environnements ? Quelles mesures faudrait-il que votre pays prenne encore pour les protéger ?

149

Autoévaluation

Je peux exprimer mes sentiments

1 Indiquez pour chaque phrase le sentiment exprimé : *colère, doute, espoir, déception.*

1. Pourvu qu'il réussisse à la contacter !
2. Et dire que nous lui avions offert le poste de directeur !
3. J'ai du mal à croire que tout soit aussi simple.
4. Non, mais, regardez ce que vous avez écrit, ça commence à bien faire !

❶ Comptez 1 point par réponse correcte. Vous avez…
▶ 4 points : félicitations !
▶ moins de 4 points : revoyez les pages 139, 141, 144 et 145 de votre livre et les exercices de votre cahier.

Je peux exprimer la colère

2 Choisissez le mot qui exprime la colère.

1. Tu as vu l'article (chaleureux – scandaleux) qui est paru dans le journal ?
2. Vous avez encore fait une erreur ! C'est (susceptible – inadmissible) !
3. Tu as vu l'heure ? Vraiment, tu (exagères – avoues) !
4. Toute cette pollution, c'est (lamentable – admirable).
5. Il a refusé ma proposition. Je suis (courageux – furieux) !
6. Il m'a envoyé une lettre vraiment (indispensable – pitoyable).

❷ Comptez 1 point par réponse correcte. Vous avez…
▶ 6 points : félicitations !
▶ moins de 6 points : revoyez les pages 139 et 145 de votre livre et les exercices de votre cahier.

Je peux exprimer la déception

3 Complétez avec un mot de la famille du verbe *décevoir.*

1. Votre réponse nous ……… beaucoup.
2. Je suis très ……… par son travail.
3. C'est une grande ……… pour moi de constater que rien n'a été fait.
4. Oui, bien sûr, si peu de résultats, c'est ……… !

❸ Comptez 1 point par réponse correcte. Vous avez…
▶ 4 points : félicitations !
▶ moins de 4 points : revoyez les pages 139 et 145 de votre livre et les exercices de votre cahier.

4 Écrivez le verbe à la forme qui convient.

1. Je trouve dommage que le directeur (ne pas vouloir) ……… modifier l'organisation.
2. Ça me déçoit beaucoup qu'il n'y (avoir) ……… que dix personnes sur la liste.
3. Et dire qu'elle (ne jamais m'écrire) ……… après tout ce que j'ai fait !
4. Quand je pense que, la semaine dernière, il (refuser) ……… un excellent travail !
5. Je suis déçue qu'elle (faire) ……… si peu d'efforts pour me comprendre.

❹ Comptez 1 point par réponse correcte. Vous avez…
▶ 5 points : félicitations !
▶ moins de 5 points : revoyez les pages 139 et 145 de votre livre et les exercices de votre cahier.

Je peux exprimer l'espoir

5 Associez.

1. Je compte bien
2. Pourvu que
3. J'espère que

a. il ait tout préparé !
b. on aura du beau temps.
c. arriver dès huit heures.

5
Comptez 1 point par réponse correcte.
Vous avez…
▶ 3 points : félicitations !
▶ moins de 3 points : revoyez les pages 141 et 145 de votre livre et les exercices de votre cahier.

Je peux exprimer le doute

6 Complétez les phrases pour exprimer un doute.

1. On a des ……… sur son intérêt à participer à ce projet.
2. Ça ……… que ta mère t'ait dit ça.
3. Je ……… que les gens acceptent de moins utiliser leur voiture.
4. J'ai du ……… que vous puissiez y arriver seul.

6
Comptez 1 point par réponse correcte.
Vous avez…
▶ 4 points : félicitations !
▶ moins de 4 points : revoyez les pages 141 et 145 de votre livre et les exercices de votre cahier.

Je peux remplacer un nom par un verbe

7 Récrivez les phrases en remplaçant le nom souligné par un verbe.

1. Présentation, hier, d'un nouveau programme écologique par le ministère.
2. Pollution des plages normandes par un bateau transportant du pétrole.
3. Création, par la mairie, d'un métro aérien en 2020.
4. Réunion, la semaine prochaine, des chefs d'État européens.

7
Comptez 1 point par réponse correcte.
Vous avez…
▶ 4 points : félicitations !
▶ moins de 4 points : revoyez les pages 139 et 144 de votre livre et les exercices de votre cahier.

Je peux utiliser le futur antérieur

8 Écrivez les verbes entre parenthèses au futur simple ou au futur antérieur.

1. Je (t'appeler) ……… dès que je (recevoir) ……… les documents.
2. On (se revoir) ……… après que vous (passer) ……… votre entretien dans l'entreprise.
3. Vous (revenir) ……… nous voir quand vous (obtenir) ……… votre diplôme.
4. Je (aller) ……… acheter la dernière BD de Bourgeon aussitôt qu'elle (sortir) ……… en librairie.
5. Vous (avoir) ……… notre réponse après que le jury (se réunir) ……… .

8
Comptez 1 point par réponse correcte.
Vous avez…
▶ 10 points : félicitations !
▶ moins de 10 points : revoyez les pages 141 et 144 de votre livre et les exercices de votre cahier.

Résultats : ____ **points sur 40 points**

OUTILS

Grille pour l'autoévaluation

(Niveaux communs de compétences, *CECR*, p. 26)

Comprendre

➡ Écouter

- Je peux comprendre les points essentiels quand un langage clair et standard est utilisé et s'il s'agit de sujets familiers concernant le travail, l'école, les loisirs, etc.
- Je peux comprendre l'essentiel de nombreuses émissions de radio ou de télévision sur l'actualité ou sur des sujets qui m'intéressent à titre personnel ou professionnel si l'on parle d'une façon relativement lente et distincte.

➡ Lire

- Je peux comprendre des textes rédigés essentiellement dans une langue courante ou relative à mon travail.
- Je peux comprendre la description d'événements, l'expression de sentiments et de souhaits dans des lettres personnelles.

Parler

➡ Prendre part à une conversation

- Je peux faire face à la majorité des situations que l'on peut rencontrer au cours d'un voyage dans une région où la langue est parlée.
- Je peux prendre part sans préparation à une conversation sur des sujets familiers ou d'intérêt personnel ou qui concernent la vie quotidienne (par exemple famille, loisirs, travail, voyage et actualités).

➡ S'exprimer oralement en continu

- Je peux m'exprimer de manière simple afin de raconter des expériences et des événements, mes rêves, mes espoirs ou mes buts.
- Je peux brièvement donner les raisons et explications de mes opinions ou projets.
- Je peux raconter une histoire ou l'intrigue d'un livre ou d'un film et exprimer mes réactions.

Écrire

➡ Écrire

- Je peux écrire un texte simple et cohérent sur des sujets familiers ou qui m'intéressent personnellement.
- Je peux écrire des lettres personnelles pour décrire expériences et impressions.

🎧 26   EXERCICE 1

Écoutez et répondez.

1. Quel est l'événement principal de ce récit ?
☐ une rencontre amoureuse
☐ une naissance
☐ un mariage

2. Où cet événement a-t-il eu lieu ?
☐ chez ses parents
☐ à Creusoloir
☐ au bal de Châlons

3. Où se voyaient-ils au début ?

4. En quelle année se sont-ils mariés ?

5. Quelles étaient leurs conditions de logement au départ ? Et ensuite ?

6. Pourquoi a-t-elle arrêté de travailler ?

🎧 27   EXERCICE 2

Écoutez et répondez.

1. Olivier Carpentier travaille :
☐ pour un magazine
☐ pour un magasin de bricolage
☐ comme architecte

2. Quelle était la pièce importante dans les années 1960-70 ?

3. Quelles pièces de la maison montre-t-on aujourd'hui ?

4. Qu'est-ce que « la ruche » ?

5. Qu'est-ce qu'on veut pouvoir faire dans son jardin ? Quelles sont les conséquences ?

6. Qu'est-ce qui est important maintenant pour les personnes de 35-49 ans ?

7. Où peut-on trouver des idées de décoration ?

Génial touche-à-tout

Né à Talence, « Gascon » grandi entre Bordeaux, le Pays basque et le Béarn, raconteur d'histoires à succès pour la télévision, le cinéma et la littérature, Frédéric Lepage puise désormais son inspiration en Thaïlande.

Il raconte qu'il a découvert et pris goût à la télévision au moment où il donnait des interviews pour ses premiers livres, il y a des années. Depuis, l'histoire d'amour entre Frédéric Lepage et le petit écran ne s'est jamais démentie. Producteur à succès d'émissions comme « Ex Libris » sur TF1 ou le jeu « Dessinez, c'est gagné ! » sur France 2, il a surtout percé à l'international avec de grands documentaires comme les « Chroniques de la terre sauvage », une série de douze heures diffusée dans plus de cent pays, autant que l'épopée Cousteau ! « Je suis quelqu'un qui aime raconter des histoires qui concernent un public très large, explique Frédéric, ça a toujours été mon critère, que ces récits intéressent aussi bien une gardienne d'immeuble à Tokyo qu'un instituteur de Buenos Aires... ou ma nièce à Bordeaux ! » […]

Inspiration tropicale

À Bangkok, Frédéric Lepage vit depuis 10 ans dans le quartier patchwork de « Sathorn ». « Vous passez d'un gratte-ciel à un temple, à un funérarium à l'abandon, puis à un marché et un restaurant. C'est vraiment un mélange fascinant par ses contrastes. » C'est donc naturellement là-bas qu'il a trouvé l'inspiration de son

EXERCICE

Lisez et répondez.

1. D'où vient Frédéric Lepage ?
2. Quel âge a-t-il environ ?
3. Où habite-t-il ?
4. Qu'est-ce qui lui plaît dans cette ville ?
5. Pourquoi dit-on qu'il est un « touche-à-tout » ?
☐ Il a plusieurs métiers.
☐ Il voyage beaucoup.
☐ Il a beaucoup d'amis.

à Bangkok

premier roman pour la jeunesse, *Le Camp des éléphants* (sorti aux éditions MSK). [...] En plus de l'Asie, le récit se nourrit de ses souvenirs. L'aventure commence à Bordeaux, où Micah, jeune Thaïlandais adopté en France, reçoit un jour un bout de jungle en héritage. Toute la famille décide alors de retourner sur les terres de ses ancêtres. « En plus de l'intrigue, il y a un propos sur la nature et sur l'environnement, sur ces éléphants qui disparaissent peu à peu. »

Globetrotteur insatiable

L'histoire a aussi inspiré à Frédéric Lepage son premier film, *Sunny et l'éléphant*, tourné dans les forêts du nord de la Thaïlande, aux confins de la Birmanie. Sorti en salles en France et aux États-Unis à Noël dernier, son long-métrage sera disponible en DVD à la rentrée. Insatiable touche-à-tout, l'homme approche de la cinquantaine et n'est pas prêt de raccrocher. « Je me retrouve sans arrêt au bout du monde, confesse Frédéric. D'après mes calculs, je passe plus de temps dans les avions que les commandants de bord eux-mêmes ! »

Emmanuel Langlois, 01/11/2009,
www.france-info.com

6. Qui est Micah ?
☐ Son fils adoptif. ☐ Un ami.
☐ Un personnage de roman.

7. Quelles affirmations sont vraies ?
☐ Il a commencé par être écrivain.
☐ Il cherche à toucher des gens très différents.
☐ Le Vietnam lui a donné l'inspiration pour un roman et un film.
☐ Il a été adopté en France.
☐ Il voyage beaucoup.
☐ Il fait des films.

PARTIE 3 PRODUCTION ÉCRITE

COURRIEL

Vous avez été témoin d'un vol. Vous avez été interrogé par la police. Vous envoyez un courriel à votre meilleur ami français pour lui raconter la discussion. (180 mots environ)

PARTIE 4 PRODUCTION ORALE

ENTRETIEN DIRIGÉ

Répondez aux questions de votre professeur.

EXERCICE EN INTERACTION

**Un journaliste vous interroge pour que vous racontiez votre plus beau souvenir de voyage. Vous décrivez les circonstances de votre séjour et les lieux que vous avez préférés.
Le professeur joue le rôle du journaliste.**

POINT DE VUE

Présentez ce document sous forme d'un exposé de trois minutes environ, imaginez les raisons qui poussent les gens à utiliser ce type de site, les avantages et inconvénients d'une recherche par le physique ou le caractère. Votre professeur pourra poser quelques questions.

e•amoureux .fr

C'est simple et rapide :

Je suis un(e) :
○ femme ○ homme

Je cherche un(e) :
○ femme ○ homme

Ses qualités : [   ]

Son physique : [   ]

adresse mail : [   ]

mot de passe : [   ]

☐ J'accepte les CGU & la Déclaration de protection des données

1. Décrivez-vous : votre physique, vos qualités, vos défauts.

2. Décrivez la personne idéale : son physique, ses qualités, ses défauts.

3. Nous trouvons la personne qui vous correspond ! Nous vous enverrons une liste de profils avec des pourcentages de compatibilité. À vous de faire connaissance, et pour la suite…

[Consulter les profils]

Préparation au DELF B1 2

PARTIE 1 COMPRÉHENSION DE L'ORAL

🎧 28 EXERCICE 1

Écoutez et répondez.

1. Qu'est-ce que le « Louvre-Lens » ?

2. Le président du Louvre pense que le Louvre-Lens est :
☐ une antenne du Louvre
☐ une aile du Louvre
☐ un mini Louvre

3. Combien d'œuvres seront exposées ?

4. Quelles sont les deux originalités du Louvre-Lens ?

Le Louvre-Lens

🎧 29 EXERCICE 2

Écoutez et répondez.

1. Quel poste Sonia occupe-t-elle ?

2. En quoi consiste-t-il ?

3. Quelle est la formation de Sonia ?

4. Donnez trois qualités nécessaires pour faire ce travail.

5. Quel est le projet de Sonia ?

PARTIE 2 COMPRÉHENSION DES ÉCRITS

Le coffret cadeau **Smart**box **Aqua Vitalité** vous propose 190 forfaits vitalité au choix pour 1 homme ou 1 femme en France.

1 Abelys Institut

Animée par une éthique écologique et biologique, une équipe de professionnels vous convie à la découverte de soins utilisant les produits naturels labellisés biologiques. (...) Profitez de cette escale pour vous promener au bord de l'eau et admirer les trois tours, vestiges du Vieux-Port fortifié. Le chèque cadeau donne droit pour une personne à :

→ un forfait Détente
• une séance privée de hammam (30 min)
• un modelage du dos (30 min)

EXERCICE

Lisez le texte et indiquez le numéro de l'institut qui convient à chaque situation. Parfois, plusieurs instituts sont possibles.

a. Vous habitez Paris et vous n'avez pas envie de faire beaucoup de kilomètres.

b. Vous avez envie d'un soin qui vous permette de vous évader, de voyager.

c. Vous êtes favorable à la protection de l'environnement.

2 Lounge Paradise

Bienvenue dans une atmosphère irréelle et capitonnée où le rose est roi. En plein cœur de Paris, dans le quartier de la Bastille, un lounge d'un autre temps vous attend et vous reçoit dans une ambiance décontractée et chaleureuse. Sous l'influence d'une musique douce, les prestations qui vous seront proposées vous inviteront à la relaxation. Vous commencerez par la cabine hammam et, pour une détente totale, vous profiterez d'un soin du visage ou d'un gommage du corps. (...) Le chèque cadeau donne droit pour une personne à :

→ un forfait Visage (50 min)
• une séance de hammam
• un soin du visage

3 Alhambra Hammam

Alhambra Hammam est un de ces endroits magiques où la beauté et le bien-être sont au rendez-vous. (...) Vous vous laisserez alors bercer par une musique relaxante et, en un instant, vous quitterez la région parisienne pour un voyage au cœur du Maghreb, aux portes du désert. Le chèque cadeau donne droit pour une personne à :

→ un forfait Parfums d'Orient (1h40)
• une séance de hammam
• un gommage du corps et du visage
• un modelage du corps aux huiles parfumées

www.smartbox.com
Tous droits réservés

d. Vous avez envie de profiter de ce temps de détente pour visiter la région.

e. Le plus important, pour vous, est de soigner votre dos.

f. Vous avez envie d'offrir un soin à votre visage.

ARTICLE

Dans le cadre de vos études, vous venez de faire un stage en entreprise. Écrivez un article (160 à 180 mots) pour le site internet de votre école. Présentez le stage, les tâches réalisées, ce qui vous a passionné. En conclusion, exprimez vos sentiments sur cette expérience professionnelle.

ENTRETIEN DIRIGÉ

Répondez aux questions de votre professeur.

EXERCICE EN INTERACTION

Vous téléphonez à un très bon ami français pour l'inviter à votre anniversaire. Il ne peut pas venir. Vous lui exprimez vos regrets et lui faites des reproches.
Le professeur joue le rôle de votre ami français.

POINT DE VUE

Présentez ce document. Sous forme d'un exposé de trois minutes environ, imaginez les raisons qui ont poussé Jean-Gabriel Carasso à écrire ce manifeste et répondez à la question posée dans le titre. Évoquez votre rapport à l'art et à la culture pendant votre enfance. Votre professeur pourra poser quelques questions.

Jean-Gabriel Carasso
Nos enfants ont-ils droit à l'art et à la culture ?, éditions de l'Attribut, 2005

Préparation au DELF B1 3

🎧 30 EXERCICE 1

Écoutez et répondez.

1. Combien d'emplois d'officier de police étaient proposés au concours du 27 septembre 2007 ?

2. Pour quelle raison Abdeljalel El Haddioui a-t-il souffert de discrimination ?

3. Quels sont les trois sujets abordés par le jury pendant l'entretien d'Abdeljalel El Haddioui ?

4. Pourquoi le ministère de l'Intérieur est-il embarrassé par la décision du Conseil d'État ?

☐ parce que c'est la première fois qu'un concours est annulé

☐ parce qu'Abdeljalel El Haddioui va être nommé officier de police sans passer le concours

☐ parce que le Conseil d'État a demandé que tous les officiers de police passent à nouveau le concours

5. Quelle recommandation le Conseil d'État a-t-il donnée pour les prochains concours de recrutement ?

🎧 31 EXERCICE 2

Écoutez et répondez.

1. Pourquoi Sabrina Chaoui et Jean-Frédéric Montreuil Moreau sont-ils allés à Copenhague ?

2. Qui Sabrina et Jean-Frédéric ont-ils rencontré à Copenhague ?

3. Quelle était la préoccupation de la jeune fille du Kenya ?

4. Pour quelle raison Sabrina s'est-elle sentie coupable ?

5. Quel problème les îles Maldives vont-elles connaître ?

☐ L'augmentation des vents violents et des ouragans va provoquer la destruction des immeubles.

☐ La hausse des températures va obliger les usines à fermer et il n'y aura plus d'emplois.

☐ L'augmentation du niveau de l'eau va provoquer l'inondation de toute l'île.

EMPLOI : l'âge, première discrimination

Les discriminations liées à l'âge ont été au cœur des débats organisés, hier matin, à l'Hôtel de Rennes métropole. Juniors et seniors participaient ensuite à un *job dating*.

Théâtre-forum puis débats en matinée, *job dating* (rencontres d'une vingtaine de minutes entre divers employeurs et candidats) l'après-midi : hier mardi, les animations tournaient autour du thème « Juniors, seniors, l'âge ne fait rien à l'affaire, quand on est bon, on est bon ! » à l'Hôtel de Rennes métropole. Une journée organisée par la Meif (Maison de l'emploi, de l'insertion et de la formation), en collaboration avec l'association *50 ans et compétents*, et la Mission locale.

Pour Jacques Garancher, directeur d'un cabinet de recrutement, « la discrimination est liée à toutes sortes de préjugés : dès qu'un employé peut parler de ses compétences, les préjugés tombent. Trop vieux, qu'est-ce que cela veut dire ? Des quinquagénaires courent des marathons quand des trentenaires n'y arriveraient pas... »

« Juniors et seniors, même discrimination »

Quant à la tentation de mettre en concurrence juniors et seniors, « ça ne marche pas comme ça ! intervient Jean-Paul Legendre, de l'entreprise éponyme. Quand on débute, sans expérience et sans méthode, on est forcément moins performant. Mais l'entreprise a un devoir de formation. L'âge ne pose aucun problème. Il faut de la concertation et des échanges entre les gens. » [...]

Cyril a 23 ans, et participe au *job dating* sur les conseils de la Mission locale : « J'ai envoyé énormément de candidatures

Lisez le texte et répondez.

1. Quelles étaient les trois types d'animations organisées lors de la journée de rencontre à l'Hôtel de Rennes métropole ?

2. Expliquez la phrase : « dès qu'un employé peut parler de ses compétences, les préjugés tombent ».

3. Selon le texte, pourquoi une personne jeune a-t-elle des difficultés à trouver un emploi ?

4. Pourquoi les entreprises doivent-elles employer des personnes jeunes ?

spontanées, je reçois rarement de réponses, et toujours négatives. Là, il y a un contact direct avec l'employeur, c'est bien ! »

Titulaire d'un BTS commerce international, il sort d'un entretien avec un recruteur du secteur bancaire : « Je postule à un poste d'agent commercial, et ça s'est très bien passé. Je me rends compte qu'il y a aussi beaucoup de seniors qui cherchent un emploi ! »

Ainsi Antoine Gouvot, 55 ans, qui cumule des expériences dans le management, la direction commerciale, et a un temps dirigé une entreprise de transport : « On a besoin d'être écouté, le demandeur d'emploi n'a ni reconnaissance ni statut social, et souffre souvent de solitude. Je ressens très vivement la discrimination liée à l'âge ! J'ai trouvé l'association *50 ans et compétents* sur Internet. Et grâce à eux, aujourd'hui, je vais bénéficier de trois entretiens. La rencontre est primordiale lors de la recherche d'emploi. »

Côté recruteurs, le bilan est positif : « Il y avait de bons candidats, très intéressants ! » témoigne Fabienne Thibault, de la Banque populaire.

Onze entreprises ont participé au *job dating*. 73 candidats se sont présentés aux différents employeurs (42 seniors, 31 juniors). À la fin de la journée, 46 personnes (28 seniors et 18 juniors) ont obtenu rendez-vous.

Brigitte Saverat-Guillard, *Ouest-France*, 25/11/2009

5. Pourquoi la Mission locale a-t-elle conseillé à Cyril de participer à la journée de rencontre ?
6. Pourquoi Antoine Gouvot dit-il que « la rencontre est primordiale lors de la recherche d'emploi » ?
7. Quels sont les avantages des rencontres de *job dating* ?

ESSAI

Dans certains pays, un système social est organisé et permet à l'État d'aider toutes les personnes qui en ont besoin pour leur santé, leur logement, leur alimentation, leur éducation, etc. Dans d'autres pays, chacun doit trouver lui-même des solutions à ses problèmes personnels. Qu'en pensez-vous ?
Vous écrirez un texte construit et cohérent sur ce sujet. (160 à 180 mots)

ENTRETIEN DIRIGÉ

Répondez aux questions de votre professeur.

EXERCICE EN INTERACTION

Vous avez réservé une petite voiture dans une agence de location. Quand vous vous présentez à l'agence pour retirer votre voiture, l'employé ne retrouve pas votre réservation et il n'a plus de petite voiture à louer. Vous protestez.
Le professeur joue le rôle de l'employé.

POINT DE VUE

Vous dégagerez le thème soulevé par le document ci-dessous, puis vous présenterez votre opinion sous la forme d'un petit exposé de 3 minutes environ. Votre professeur pourra poser quelques questions.

Climat déboussolé
Le Grand Nord se réchauffe

Corrigés des autoévaluations

① 1c – 2a – 3b – 4d.

② **1.** Désolé(e), je ne m'en souviens plus. – **2.** Non, ça ne me revient pas. – **3.** Je ne me rappelle plus son nom. – **4.** J'ai un trou de mémoire ! – **5.** Je n'ai pas le moindre souvenir de ça.

③ ☒ Tu penseras à fermer à clé ? – ☒ Rappelle-toi, elle était grande et mince !

④ est né – a grandi – traînait – a finalement commencé – était – a créé – est devenu – n'est jamais retourné – avait passé.

⑤ *La semaine dernière*, les Leblanc m'**ont proposé** de venir dans leur nouvelle maison de campagne près de Rouen. Comme ils m'**avaient déjà invité**, je **me suis senti obligé** d'accepter. Au départ, l'idée ne m'**enchantait** pas vraiment mais comme je ne **connaissais** ni la région ni leurs amis, je **me suis dis** que c'**était** l'occasion d'y aller. Quand je **suis arrivé** chez eux, il y **avait** déjà beaucoup de monde. Régine **a ouvert** le cadeau que j'**avais acheté** avant de partir. Quand elle **a posé** la bouteille sur la table, **j'ai vu**, en même temps que les autres invités, une étiquette sur la bouteille...

⑥ **1.** se sont rencontrées – **2.** depuis qu'ils se sont disputés. – **3.** Elle s'est formée... – **4.** Les enfants se sont raconté... – **5.** Ils se sont dit...

① a5 – b4 – c1 – d2 – e6 – f3.

② **1.** charmante – **2.** minuscule – **3.** magnifique – **4.** même – **5.** internationales – **6.** autre.

③ **1.** Paul est une **curieuse** personne = une personne qui est bizarre / Simon est une personne **curieuse** = une personne qui s'intéresse à beaucoup de choses. – **2.** Valérie est une fille très **chic** = une fille élégante / Simone est une **chic** fille = une fille sympathique. – **3.** avec ma **propre** serviette = avec la serviette qui m'appartient / une serviette **propre** = une serviette qui n'est pas sale. – **4.** un immeuble **ancien** = un immeuble qui est vieux / son **ancien** immeuble = l'immeuble qu'il avait avant.

④ **1.** L'appartement dont elle rêve coûte très cher. – **2.** Rappelle-moi la question dont nous avons discuté. – **3.** L'hôtel avait une belle piscine dont je n'ai pas eu le temps de profiter. – **4.** J'ai visité une maison dont j'ai oublié l'adresse. – **5.** Cette ville dont je me souviendrai toujours a une atmosphère particulière.

⑤ La maison 1 coûte **moins** cher que la maison 2. Elle est à un **meilleur** prix. Pourtant, il y a **plus de** pièces que dans la maison 2. Les frais de notaire sont **les mêmes**.

⑥ **1.** la même – **2.** comme – **3.** le même – **4.** autant d'argent

⑦ **1.** toutes – **2.** tous – **3.** tout – **4.** tous – **5.** toute.

⑧ certains – d'autres – Personne – Quelques – chacun – plusieurs.

① cheveux – épaules – lèvres – bouche – nez.

② **1.** semblez – **2.** a – **3.** donne l'impression – **4.** avaient l'air – **5.** paraissent.

③ 1b – 2d – 3a – 4c.

④ **a.** tolérant – **b.** têtu – **c.** susceptible – **d.** chaleureux.

⑤ **1.** J'habite dans un village près duquel Napoléon est né. – **2.** Comment s'appelle le directeur pour qui vous travaillez ? – **3.** J'ai perdu la boîte dans laquelle j'avais mis mes bijoux.

⑥ *La sœur* – Papa demande à maman ce qu'elle fait. Elle répond qu'elle travaille. Il lui demande s'ils peuvent parler. Elle veut savoir de quoi il veut qu'ils discutent. Il lui demande quand elle pense nous annoncer la nouvelle. Elle lui dit de nous expliquer ce soir que nous allons avoir un petit frère, qu'elle est trop fatiguée.

⑦ **1.** je l'aimais ; je l'aimerais – **2.** j'avais attendu ; avait longtemps cherché.

⑧ trois mois avant (ou *trois mois plus tôt*) – le lendemain – trois semaines après (ou *trois semaines plus tard*) – à ce moment-là – Aujourd'hui.

⑨ **1.** avouer – **2.** ajouter – **3.** a promis – **4.** préciser.

① **1.** mal – **2.** soigner – **3.** souffert – **4.** douloureux – **5.** soulager – **6.** masser – **7.** un mal – **8.** traiter.

② **1.** soins – **2.** traitement – **3.** pressions – **4.** massage.

③ **1.** depuis – **2.** depuis – **3.** au bout d'un an – **4.** dès – **5.** il y a – **6.** jusqu'au mois de mai – **7.** jusqu'à.

④ **1.** dès que – **2.** jusqu'à ce qu'elle – **3.** dès qu'elle – **4.** depuis qu'elle.

⑤ 1f – 2a – 3d – 4e – 5b – 6c.

⑥ **1.** puisses – **2.** ai – **3.** aies – **4.** soyez.

⑦ **1.** Vous comprendrez mieux en le voyant. – **2.** Il a dit ça en plaisantant. – **3.** Tu apprendrais plus vite en prenant des cours. – **4.** Elle est arrivée en pleurant. – **5.** Vous ne pouvez pas téléphoner en conduisant. – **6.** J'ai appris à cuisiner en regardant ma mère. – **7.** Vous nous aideriez beaucoup en nous donnant cinq euros.

▓▓ Autoévaluation 5 – page 86 ▓▓

1 1. regret – 2. étonnement – 3. indifférence –
4. satisfaction – 5. peur – 6. déception.

2 1. n'ait pas voulu – 2. soient – 3. ait quitté – 4. revienne
– 5. ne veuille – 6. ait fait.

3 1. Dommage que vous n'ayez pas suffisamment
travaillé pour l'examen ! – 2. Nous regrettons de
ne pas vous avoir vus à l'exposition de peinture
contemporaine. – 3. Je regrette que vous n'ayez pas
eu assez d'argent pour acheter votre album préféré. –
4. Il aurait mieux valu que je reste à la maison.

4 ☒ Tu aurais dû le prévenir que tu allais être en retard !
☒ Vous auriez pu faire attention quand même !
☒ Ce que je te reproche, c'est de ne jamais écouter !
☒ Tu n'as rien rangé dans la cuisine. Tu exagères à la fin !

5 1. avions – 2. serai – 3. ne serait pas fermé – 4. avait accepté
– 5. étions venus – 6. dites-lui – 7. répondra – 8. aimeriez.

6 d – k – b – g – h – f – l – c – i – a – j – e.

▓▓ Autoévaluation 6 – page 102 ▓▓

1 1. Il est trop fatigué. Il n'est pas en état de travailler.
– 2. Nous avons les moyens de vous aider à réaliser
votre projet. – 3. Elle n'a pas assez d'expérience. Elle
n'est pas à même de répondre à la question. – 4. Vous
pensez qu'il est capable de diriger une équipe ? –
5. Julien n'a pas la capacité de faire une présentation
devant 200 personnes.

2 licencié – mutée – boulot – chômage – salaire – congé.

3 sensible – attirée – inconditionnel – passionné – attaché.

4 1. En revanche – 2. Donc – 3. Par ailleurs – 4. Bien
que – 5. Ainsi – 6. Cependant.

5 1c – 2e – 3b – 4d – 5a.

6 À mon avis – je pense que – Je voudrais juste préciser –
Écoutez.

7 1. Sachant – 2. croyant – 3. Partant – 4. ayant été –
5. n'ayant pas encore reçu – 6. Souffrant.

▓▓ Autoévaluation 7 – page 118 ▓▓

1 Faute d'argent – Grâce au site – Vu que je suis – à
cause de mon âge – En effet.

2 1. Tu pourrais – 2. un coup de main – 3. cherche –
4. besoin de – 5. faire appel.

3 1d – 2c – 3e – 4b – 5a.

4 1. Elle s'est cassé une jambe. Du coup, mon frère est
resté avec lui. – 2. Il a beaucoup neigé. C'est pourquoi,
ils vont aller faire du ski. – 3. J'ai raté mon examen.
D'où, ma colère. – 4. Nous venons d'acheter une
maison. Par conséquent, nous ne partirons pas cet été.
– 5. Je ne travaille pas ce week-end. Alors, j'ai invité

des amis. – 6. Il a prêté beaucoup d'argent à son frère
si bien qu'il n'en a plus beaucoup.

5 1. Il est **si** distrait **qu'**il a oublié… – 2. Les étudiants
ont **tellement de** travail **qu'**ils finissent… – 3. Elle
roule **tellement** lentement **qu'**elle finira par… – 4. Son
chien perd **tant de** poils **qu'**elle est obligée de… – 5. Il
neigeait **tellement que** l'avion…

6 1. vise – 2. avait pour objectif – 3. cherche – 4. a pour but.

7 a2 – b1 – c4 – d3.

8 e – b – f – c – d – a.

▓▓ Autoévaluation 8 – page 134 ▓▓

1 1. Je t'aime, mais je te quitte quand même. – 2. Malgré
le rejet de sa candidature, il a gardé courage. – 3. Votre
exposé était très court, néanmoins vous avez été très
dynamique. – 4. Même si je n'ai pas été très gentil, je
veux un cadeau. – 5. Je suis plutôt d'accord. Toutefois,
je voudrais ajouter quelque chose.

2 1. Il a eu beau s'entraîner tous les jours, il n'a pas battu
son record. – 2. J'ai beau avoir une très bonne mémoire,
je ne me souviens pas de ce courriel. – 3. Nous avons
beau discuter, nous ne trouvons pas de solution.

3 a3 – b4 – c5 – d1 – e2.

4 1. Pourtant – 2. alors que – 3. Malgré – 4. quand
même – 5. En revanche.

5 1. lutte ; inégalités ; sexisme – 2. s'intégrer ; juge –
3. exclut – 4. préjugés.

6 je vais vous parler de – Dans un premier temps –
Ensuite – Pour terminer – Voyons tout de suite.

7 notamment – Pour commencer – Ensuite – Je voudrais
commencer par vous présenter – en d'autres termes.

8 1. non – 2. oui – 3. non – 4. non – 5. oui.

▓▓ Autoévaluation 9 – page 150 ▓▓

1 1. espoir – 2. déception – 3. doute – 4. colère.

2 1. scandaleux – 2. inadmissible – 3. exagères –
4. lamentable – 5. furieux – 6. pitoyable.

3 1. déçoit – 2. déçu – 3. déception – 4. décevant.

4 1. ne veuille pas – 2. ait – 3. ne m'a jamais écrit –
4. a refusé – 5. fasse *ou* ait fait.

5 1c – 2a – 3b.

6 1. doutes – 2. m'étonnerait – 3. doute – 4. mal à croire.

7 1. Le ministère a présenté, hier, un nouveau
programme écologique. – 2. Un bateau transportant
du pétrole a pollué des plages normandes. – 3. La
mairie va créer (*créera*) un métro aérien en 2020. –
4. Les chefs d'État européens vont se réunir (*se
réuniront*) la semaine prochaine.

8 1. t'appellerai ; j'aurai reçu – 2. se reverra ; aurez
passé – 3. reviendrez ; aurez obtenu – 4. irai ; sera
sortie – 5. aurez ; se sera réuni.

Précis grammatical

LES PRONOMS RELATIFS

1 Rappel

Les pronoms relatifs permettent de relier deux phrases en supprimant la répétition d'un nom.

qui	sujet	*J'ai acheté un livre **qui** me semble très intéressant.*
que	complément d'objet direct	*Le reportage **que** j'ai vu hier traitait de l'écologie.*
où	complément de lieu complément de temps	*Je n'aime pas beaucoup le quartier **où** elle habite.* *Je suis entré au moment **où** le téléphone sonnait.*

2 *Dont*

> pages 27, 33

Le pronom relatif *dont* remplace un complément construit avec *de*.

Il peut s'agir :
– d'un complément du verbe (ex : *parler de quelque chose, se souvenir de quelque chose…*),
– d'un complément du nom (ex : *la nationalité de ces étudiants*),
– d'un complément de l'adjectif (ex : *je suis triste de son départ*).

> *Je t'ai parlé <u>d'un article</u>, tu as lu cet article ?*
> *Tu as lu l'article **dont** je t'ai parlé ?*

> *Ce monument date du XIIᵉ siècle. La restauration <u>de ce monument</u> a commencé l'année dernière.*
> *Ce monument, **dont** la restauration a commencé l'année dernière, date du XIIᵉ siècle.*

3 Les pronoms relatifs composés

> pages 43, 49

Un pronom relatif composé remplace un complément construit avec une préposition autre que *de*.
Il s'accorde en genre et en nombre avec le nom qu'il remplace.

pour, par, sans, pendant, derrière…	(préposition) + *lequel, laquelle, lesquels, lesquelles*
à, grâce à	*auquel, à laquelle, auxquels, auxquelles*
à cause de, à côté de, près de…	*près duquel, près de laquelle, près desquels, près desquelles*

> *Voici <u>la voiture</u>. Sébastien Loeb a été champion du monde de rallye en 2009 <u>avec cette voiture</u>.*
> *Voici la voiture **avec laquelle** Sébastien Loeb a été champion du monde de rallye en 2009.*
> *<u>Le cours</u> traitait de l'Union européenne. J'ai assisté <u>à ce cours</u> hier.*
> *Le cours **auquel** j'ai assisté hier traitait de l'Union européenne.*

Quand le nom remplacé désigne une personne, on préfère utiliser la forme (préposition) + *qui* :

> *<u>Les personnes</u> sont étrangères. Je préfère travailler <u>avec ces personnes</u>.*
> *Les personnes **avec qui** je préfère travailler sont étrangères.*

LES INDÉFINIS

1 Les adjectifs indéfinis

> pages 29, 32

Ils servent à qualifier une quantité qui n'est pas clairement définie.
Ils se placent avant un nom.

- ***aucun(e)*** : est toujours singulier, s'accorde en genre, est toujours négatif (le verbe est accompagné de *ne*).
  *Je n'ai besoin **d'aucune** aide.*
  ***Aucun** train ne circulait ce matin à cause de la neige.*

- ***autre, autres*** : est précédé d'un article, s'accorde.
  *Vous ferez les **autres** exercices pour demain.*

- ***beaucoup de, peu de, la plupart de, plus de, moins de***… : ne s'accordent pas, sont suivis d'un singulier ou d'un pluriel si le nom est quantifiable ou non.
  *J'apprécie **beaucoup de** types de livres, mais j'achète **moins de** pièces de théâtre car il n'y a pas **autant de** choix.*

- ***certain(e)s*** : est toujours pluriel, s'accorde en genre.
  ***Certains** articles indéfinis s'accordent.*
  *Je voudrais vous parler de **certaines** choses.*

- ***chaque*** : est toujours singulier, est invariable au féminin.
  ***Chaque** participant a reçu une invitation.*
  *Nous allons répondre à **chaque** question en détail.*

- ***plusieurs*** : est toujours pluriel, est invariable au féminin.
  *J'ai visité **plusieurs** capitales européennes l'année dernière.*

- ***quelques*** : est pluriel, est invariable au féminin.
  *Je passe un entretien, tu pourrais me donner **quelques** conseils ?*

- ***tout, toute, tous, toutes*** : s'accorde en genre et en nombre, précède un article et un nom.
  ***Toute** ma vie, j'ai rêvé de voyager dans **tous** les pays du monde.*
  *J'y pense **tout** le temps, j'en rêve **toutes** les nuits !*

2 Les pronoms indéfinis

> pages 29, 32

Ils servent à qualifier une quantité qui n'est pas clairement définie.
Ils remplacent un nom qui est précisé antérieurement. Ils correspondent souvent à des adjectifs indéfinis et s'accordent de la même façon.

- ***aucun(e)*** :
  *J'ai invité tous mes voisins, mais **aucun n'**est venu !*

- ***un(e) autre, d'autres, l'autre, les autres*** :
  *Les athlètes qui ont eu une médaille ont été reçus par le Président, les **autres** n'ont pas pu aller à l'Élysée.*

- ***certain(e)s*** :
  *Parmi toutes ces fleurs, **certaines** sentent plus fort que d'autres.*

- *chacun(e)* :

  *À la fin du débat, vous poserez vos questions aux participants et **chacun** répondra.*

- *plusieurs* :

  *Parmi tous ces films, **plusieurs** m'intéressent.*

- *quelqu'un, quelque chose ; personne, rien* : *quelqu'un* s'utilise pour désigner une personne, *quelque chose* s'utilise pour un objet. *Personne* et *rien* en sont les négations. Le verbe est alors accompagné de la négation *ne*.

  *Je voulais parler à **quelqu'un**, mais **personne n'**est là.*
  *Je cherchais **quelque chose** à leur offrir, mais je **n'ai rien** trouvé.*

- *quelques-un(e)s* : est toujours pluriel, désigne une chose ou une personne.

  *Les spectateurs n'ont pas aimé la pièce, **quelques-uns** sont même partis avant la fin.*

- *tout, toute, tous, toutes* : est généralement accompagné d'un autre pronom ;

– un pronom sujet :

  *Vos idées sont intéressantes, mais **elles** ont **toutes** le même problème : elles sont irréalistes !*

– un pronom complément :

  *Je **les** ai **toutes** gardées.*
  *Je **leur** ai donné un cadeau à **tous**.*

⚠ **Attention !**

> Pour désigner une partie d'un groupe, certains pronoms peuvent être utilisés avec « *de* + nom » : *aucun(e) de, certain(e)s de, chacun(e) de, plusieurs de, quelques-un(e)s de.*
>
> *Je suis d'accord avec **certaines de** vos idées mais **quelques-uns de** vos arguments sont faux.*

LES MODES ET LES TEMPS

1 Les temps composés : rappel de formation

Les temps composés (passé composé, subjonctif passé, conditionnel passé, futur antérieur…) sont formés de l'auxiliaire *être* ou *avoir* + participe passé. On choisit l'auxiliaire suivant les règles suivantes :

- *être* + **participe passé***

– Ces verbes et leurs dérivés : *aller, venir, retourner, arriver, partir, descendre, monter, entrer, sortir, mourir, naître, passer, rester, tomber, apparaître…*

  Nous ne sommes jamais retournés dans cette ville.

– Les verbes pronominaux : *se lever, se parler…*

  Tout le monde s'est souvenu de mon anniversaire !

- *avoir* + **participe passé***

– Tous les autres verbes.

  Le spécialiste a donné des précisions lors du débat.

– Les verbes *descendre, monter, passer, rentrer, retourner, sortir* quand ils sont construits avec un complément d'objet direct.

  Tu as sorti les poubelles hier soir ?

---

*Voir l'accord du participe passé p. 169.

2 Le passé composé, l'imparfait, le plus-que-parfait

> pages 13, 16

a) Le passé composé

• présente des actions ou des états terminés à un moment précis :
Je lui ai téléphoné à 10h30.

• présente les événements d'un récit :
L'année dernière, nous avons déménagé.

Formation : *être* ou *avoir* au présent + participe passé*.
Elle est arrivée ; il a plu.

b) L'imparfait

• présente des actions ou des états sans limites de temps précises :
Quand j'étais petit, j'espérais devenir pompier.

• présente le contexte, le décor dans un récit :
Je pensais justement à toi quand tu m'as téléphoné.

• évoque une habitude passée :
Avant, j'allais au cinéma au moins une fois par mois.

Formation : radical de *nous* au présent + *ais, ais, ait, ions, iez, aient*
prendre → nous prenons → prenons → je prenais

⚠ **Attention !**
être → ***j'étais***

c) Le plus-que-parfait

• permet de parler d'une action qui a eu lieu avant une autre dans le passé :
J'ai fait des courses, mais j'avais oublié la liste à la maison.

Formation : *être* ou *avoir* à l'imparfait + participe passé*.
Ils étaient nés. J'avais grandi.

3 Le passé simple

Le passé simple est un temps essentiellement utilisé à l'écrit (dans les romans, contes, journaux, récits historiques, etc.).

Formation :
• pour les verbes en *-er* (*parler, aller...*) : ***-ai, -as, -a, -âmes, -âtes, -èrent***
• pour beaucoup de verbe en *-ir*, en *-re*, et les verbes *voir, prévoir, asseoir* : ***-is, -is, -it, -îmes, -îtes, -irent***
• pour les verbes en *-oir*, pour *courir, mourir* et quelques verbes en *-re* (*connaître, lire, boire*) : ***-us, -us, -ut, -ûmes, -ûtes, -urent***
• pour les verbes *venir* et *tenir*, et leurs dérivés : ***-ins, -ins, -int, -înmes, -întes, -inrent***
• pour *être* : ***fus, fus, fut, fûmes, fûtes, furent***
• pour *avoir* : ***eus, eus, eut, eûmes, eûtes, eurent***
Ils se rencontrèrent le jeudi matin. Ce fut le plus beau jour de leur voyage.

*Voir l'accord du participe passé p. 169.

4 Le subjonctif

> pages 65, 75, 77, 80, 109, 112, 139, 141, 144

a) Utilisation générale

Le subjonctif est un mode qui exprime une action qui n'est pas encore réalisée ou qui est subjective.
On l'utilise :

	exemples
pour exprimer des sentiments	le doute : *Je ne crois pas que* ; *Il est possible que* ; *Je doute que* la crainte : *J'ai peur que* ; *Je crains que* le souhait : *Je souhaite que* ; *Je voudrais que* le regret : *C'est dommage que* ; *Je regrette que* l'ordre : *Je veux que* ; *J'interdis que* le jugement impersonnel ou moral : *C'est inadmissible que* ; *C'est important que* ; *Il faut que* des sentiments personnels : *Je suis furieux que* ; *Je suis content que* } *ma sœur vienne.*
après certaines conjonctions	de temps : *Faites ces exercices **jusqu'à ce que**, **avant que**, **en attendant que** je sois là.* de but : *Je vais expliquer **pour que**, **afin que**, **de sorte que** ce soit clair.* d'opposition : *Je l'aime **bien qu'**il ait des défauts.*

après un superlatif ou une expression comme *seul*, *unique*, *premier*	– s'il s'agit d'une opinion subjective, on utilise le subjonctif :
	  *C'est le **meilleur** acteur que je connaisse.*
	– s'il s'agit d'un constat objectif, on utilise l'indicatif :
	  *C'est le **seul** acteur qui a obtenu trois récompenses cette année.*

b) Infinitif ou subjonctif ?

Dans l'expression d'un sentiment, si le sujet est identique dans les deux phrases, on utilise l'infinitif.
  Je suis contente. Je viens. → *Je suis contente de venir.*
  Je deviendrai actrice, je le souhaite. → *Je souhaite devenir actrice.*

c) Présent ou passé ?

Le fait exprimé par le verbe au subjonctif passé est antérieur à celui exprimé par le verbe introducteur.
  C'est un scandale que le directeur ne soit pas venu au spectacle vendredi dernier !

Formation :
• **Le subjonctif présent :**
– pour *je, tu, il, elle, on, ils, elles* : radical de *ils* au présent + *e, es, e, ent*
– pour *nous, vous* : radical de *nous* au présent + *ions, iez*

⚠ **Attention !** _____

être : je sois, tu sois, il soit, nous soyons, vous soyez, ils soient.

avoir : j'aie, tu aies, il ait, nous ayons, vous ayez, ils aient.

aller : j'aille, tu ailles, il aille, nous allions, vous alliez, ils aillent.

Radical de :
faire : fass- (je fasse)
pouvoir : puiss- (je puisse)
savoir : sach- (je sache)
vouloir : veuill- (je veuille)

• **Le subjonctif passé :**
être ou *avoir* au subjonctif présent + participe passé*.

Je regrette qu'il soit venu et qu'il t'ait dit ça.

5 Le futur antérieur

> pages 141, 144

Il sert à indiquer qu'une action future est terminée avant une autre action future. Le verbe au futur antérieur est précédé d'un indicateur de temps : *quand, après que, dès que, aussitôt que…*

Vous pourrez sortir dès que vous aurez fini.

Formation : *être* ou *avoir* au futur simple + participe passé*.

Je t'appellerai quand je serai arrivée.

6 Le conditionnel

> pages 77, 80, 81

Le conditionnel est le mode de l'irréel, des informations conditionnelles ou imaginaires.

a) Le conditionnel présent

Il est utilisé pour :

• une demande polie :

Est-ce que vous pourriez me passer le directeur, s'il vous plaît ?

• le souhait :

Je voudrais aller à Lille pour la Grande Braderie.

• le conseil :

Tu ne devrais pas rester chez toi, il faudrait que tu sortes un peu.

• une information non confirmée :

Ce nouvel emballage serait entièrement biodégradable.

• une situation imaginaire :

Un jour, mon prince arriverait et nous partirions sur son cheval.

• une hypothèse irréelle dans le présent (voir « l'hypothèse » dans les relations logiques ») :

Si j'étais moins petite, je pourrais mieux voir le groupe sur la scène.

_____
*Voir l'accord du participe passé p. 169.

b) Le conditionnel passé

Il est utilisé pour exprimer :

• une hypothèse non réalisée dans le passé (voir « l'hypothèse » dans les relations logiques) :
   Si vous n'étiez pas arrivés, personne n'aurait pu sortir de l'ascenseur !

• le regret et le reproche :
   J'aurais mieux fait de prendre mon parapluie.
   Tu n'aurais pas dû me quitter.

• une information non confirmée :
   Le chanteur Calogero se serait marié l'été dernier à Venise.

Formation :

• **Le conditionnel présent :**
Radical du futur + terminaisons de l'imparfait *(-ais, -ais, -ait, -ions, -iez, -aient)*
   je prendrais, je verrais, nous saurions

• **Le conditionnel passé :**
être ou *avoir* au conditionnel présent + participe passé*.
   La fusée serait arrivée sur la planète Mars, elle aurait atterri il y a une heure.

7 Le participe présent

> pages 93, 97

On utilise le participe présent pour :

• exprimer une cause :
   N'ayant pas d'expérience, elle n'a pas été embauchée. (= parce qu'elle n'avait pas d'expérience)

• caractériser (il remplace une relative avec *qui*) :
   Je cherche quelqu'un sachant utiliser ce logiciel. (= qui sait utiliser ce logiciel)

Quand le sujet principal est différent de celui du participe présent, on l'exprime devant le participe présent.
   On ne peut pas habiter à Paris, les prix des logements étant trop élevés.

Formation :
Il est invariable et se forme sur le radical du verbe au présent avec *nous* :
   *Nous part~~ons~~ → part**ant***

⚠ **Exceptions**
   *être → **étant***
   *avoir → **ayant***
   *savoir → **sachant***

Il existe une forme composée du participe présent. Cette forme marque que l'action est terminée.

Formation : *être* ou *avoir* au participe présent + participe passé*.
   Ayant trouvé un travail dans le sud de la France, il doit bientôt déménager.
   Vous pourrez emménager en juin, les ouvriers ayant alors réalisé tous les travaux.

---

*Voir l'accord du participe passé p. 169.

8 Le gérondif

> pages 61, 65

On l'utilise avec deux verbes qui ont le même sujet :
• pour exprimer la manière :
  *Vous pouvez ouvrir la porte **en appuyant** sur ce bouton.*
  *Il est entré **en passant** par la fenêtre.*

• pour exprimer la condition :
  ***En faisant** du sport chaque semaine, vous pourriez être en meilleure santé.*

• pour indiquer qu'une action se déroule pendant une autre action :
  *Je n'aime pas quand certains parlent **en mangeant**.*

Formation : *en* + participe présent (voir la formation du participe présent p. 168)
en mangeant ; en venant.

9 L'accord du participe passé

> pages 13, 16

a) L'accord du participe passé avec les verbes simples

• avec *être* :
On accorde le participe passé avec le sujet.
  Ils sont arrivés hier.

• avec *avoir* :
On accorde le participe passé avec le complément d'objet direct s'il est placé avant le verbe.
  *Quand Louise a vu ces chaussures, elle **les** a acheté**es** tout de suite.*
  *Il a pris des photos dans toutes les villes **qu'**il a visité**es**.*
  *Quelles personnes avez-vous rencontré**es** ?*

b) L'accord du participe passé des verbes pronominaux

• avec les verbes toujours pronominaux (*se souvenir, s'enfuir…*) :
On accorde le participe passé avec le sujet.
  *Sans toi, ma grand-mère ne se serait pas souvenu**e** du chemin pour rentrer.*

• avec les verbes qui ne sont pas toujours pronominaux :
– si le verbe a une construction directe, on accorde le participe passé avec le sujet.
  appeler quelqu'un → *Nous nous sommes appelé**s** dimanche.*

– si le verbe a une construction indirecte, on n'accorde pas le participe passé.
  *téléphoner **à** quelqu'un* → *Nous nous sommes téléphoné dimanche.*

– s'il y a un complément d'objet direct, on accorde avec l'objet direct s'il est placé avant le verbe.
  *Ils se sont lavé **les mains** puis ils se **les** sont essuyé**es**.*

Outils

LES INDICATEURS DE TEMPS

1 Pour se situer dans le temps par rapport à *aujourd'hui* ou par rapport à *ce jour-là*

pages 45, 48, 59, 64

avant-hier	hier	**aujourd'hui**	demain	après-demain
– avant – il y a (trois ans) – autrefois		en ce moment maintenant	– après – dans (trois ans) – à l'avenir	
– la semaine, l'année dernière – le mois, l'an dernier		cette semaine ce mois-ci cette année	– la semaine, l'année prochaine – le mois, l'an prochain	

l'avant-veille	la veille le jour d'avant le jour précédent	**ce jour-là**	le lendemain le jour d'après le jour suivant	le surlendemain
– avant – (huit jours, trois ans) plus tôt		à ce moment-là alors	– après – (huit jours, trois ans) plus tard	
– la semaine, le mois, l'année d'avant – le mois précédent – la semaine, l'année précédente		cette semaine-là ce mois-là cette année-là	– la semaine, le mois, l'année d'après – le mois suivant – la semaine, l'année suivante	

2 Pour présenter une date, le début ou la fin d'une action, ou pour présenter une durée

pages 45, 48, 59, 64

- **il y a** : pour indiquer le temps qui s'est passé entre la date d'une action et le présent.
  L'usine a fermé il y a une dizaine d'années. (= en 2001)

- **il y a… que – ça fait… que** :
- pour indiquer le temps qui s'est passé entre la date d'une action et le présent :
  Il y a deux mois qu'on a déménagé.
- pour indiquer la durée d'une action qui continue encore :
  Ça fait deux mois que je travaille ici.

- **depuis – depuis que** :
- pour indiquer le début d'une action qui continue encore :
  Je vais mieux depuis son départ. Je vais mieux depuis qu'il est parti.
- pour indiquer la durée d'une action qui continue encore :
  Il habite au Canada depuis trois ans. Je ne l'ai pas vu depuis qu'il habite au Canada.

- **dès – dès que – aussitôt que** : pour une action qui vient juste après une autre action.
  Vous passez me voir dès la fin de la réunion.
  Nous pourrons vous donner votre carte dès que vous aurez payé.
  Il m'a téléphoné aussitôt qu'il a eu les résultats.

- **jusqu'à – jusqu'à ce que** : pour indiquer la date de fin d'une action.
  Il a habité chez ses parents jusqu'à son mariage. Vous m'attendez jusqu'à ce que je revienne ici.

- **au bout de** : pour indiquer la durée à la fin de laquelle a lieu une action.
  On a réussi à sortir au bout de vingt minutes.

LES RELATIONS LOGIQUES

1 La comparaison

> pages 29, 33

• Pour comparer des adjectifs ou des adverbes :

plus *moins* *aussi*	+ adjectif, adverbe (+ *que*)	*C'est **plus** cher à Paris (**qu**'à Bordeaux).*

• Pour comparer des noms :

plus de *moins de* *autant de*	+ nom (+ *que*)	*Il y a **plus de** personnes **que** de chaises.*

le, la même *les mêmes* (+ *que*)	*Oh, on a **les mêmes** fauteuils à la maison.* *C'est **le même** cadeau que l'année dernière !* *J'ai acheté **la même** bague que celle que tu as perdue.*

• Pour comparer des verbes :

verbe +	*plus que* *moins que* *autant que*	*Les gens dépensent maintenant **autant qu**'ils dépensaient avant la crise.*

• Pour comparer des faits ou des actions :

comme	*Il est né à Tunis, **comme** moi.* *Tu fais **comme** tu veux.*

2 L'intensité

> pages 109, 113

On marque l'intensité et la conséquence :

• avec un adjectif ou un adverbe :

tellement *si*	+ adjectif, adverbe + *que*	*Le temps passe **tellement** vite **qu**'on n'a pas le temps de tout faire.*

• avec un nom :

tellement de *tant de*	+ nom + *que*	*Il y avait **tellement de** vent **qu**'on a dû annuler la visite en bateau.*

• avec un verbe :

tellement *tant*	+ verbe (+ *que*)	*On s'amusait **tellement** qu'on n'a pas vu le temps passer.*

⚠ **Attention !**
Position de ***tellement*** et ***tant*** selon le temps du verbe :
– avec une forme simple :
 *Il travaille **tellement** que… Il pleut **tant** que…*
– avec une forme composée :
 *Il a **tellement** travaillé que… Il avait **tant** plu que…*

171

3 Les hypothèses avec *si*

> pages 77, 80

- **Si + présent** ⇨ **présent, impératif, futur dans la proposition principale**

L'hypothèse est située dans le présent ou le futur, et la condition est possible.

Si on se dépêche, on peut encore prendre le train de 8h54.
Si tu vois Lucie, invite-la à dîner !
On ira voir le château, si tu veux.

- **Si + imparfait** ⇨ **conditionnel présent dans la proposition principale**

L'hypothèse est située dans le présent et la condition est irréelle.

Si on avait plus d'argent, on prendrait l'avion.

- **Si + plus-que-parfait** ⇨ **conditionnel présent ou passé dans la proposition principale**

L'hypothèse est située dans le passé et la condition n'a pas été réalisée (est impossible).

Si j'avais suivi les conseils de mes parents, je serais médecin aujourd'hui.
Si vous étiez venu nous voir plus tôt, on aurait pu vous proposer une autre solution.

4 La cause

> pages 107, 112

On utilise :

- avec un verbe : *parce que…, comme…, puisque…, étant donné que…, car…, vu que…*

*Je suis content **parce qu**'elle a réussi à trouver un bon travail.*
***Puisque** vous le connaissez bien, vous pourriez le contacter ?*
***Vu que** le contrat a été signé, tu es obligé de payer.*

⚠ **Attention !**
> ***Comme*** est souvent placé en début de phrase.
> ***Puisque*** présente une cause connue ou évidente.
> ***Vu que*** est d'un emploi plutôt familier.

- avec un nom : *grâce à…, à cause de…, en raison de…, faute de…*

*On a réussi **grâce à** ma rencontre avec le directeur.*
***Faute d**'argent, le projet va être abandonné.*

- au début ou à l'intérieur d'une phrase : *en effet, …*

*Le ministère a annoncé de nouvelles mesures de santé. **En effet**, de nombreux cas de maladie ont été enregistrés cette semaine.*

5 La conséquence

> pages 93, 96, 109, 112

On utilise : *donc, d'où, c'est pourquoi, par conséquent, alors…*
*Il va faire beau ce week-end, **donc** j'aimerais bien aller faire un petit tour quelque part.*
*Votre dossier était incomplet, **par conséquent** votre demande a été refusée.*
*Il avait besoin d'argent, **alors** je lui ai donné 100 euros.*
*Je ne savais pas qu'elle allait venir, **d'où** ma surprise quand je l'ai vue.*

> **Attention !**
>
> ***C'est pourquoi*** commence généralement une phrase qui apporte une cause à la phrase qui précède.
> ***D'où*** est suivi d'un nom.

Pour exprimer la conséquence avec une notion **d'intensité**, on utilise (voir plus haut, *L'intensité*, p. 171) :

• avec un adjectif ou un adverbe : *tellement, si + que*
  *Elle était **si** contente **qu**'elle a embrassé tout le monde.*

• avec un nom : *tellement de, tant de + que*
  *On a eu **tellement de** tomates **qu**'on en a donné à tous nos voisins.*

• avec un verbe : *tellement, tant + que*
  *Il neige **tellement que** la circulation devient partout difficile.*

> **Attention !**
>
> Position de ***tellement*** et ***tant*** selon le temps du verbe :
> *Elle voyage **tellement que**… Elle a **tellement** voyagé **que**…*

6 Le but

> pages 109, 113

On utilise :

• des conjonctions : *pour que, afin que, de sorte que, de manière à ce que*… (qui sont suivies d'un verbe au subjonctif).
  *Contactez-le aujourd'hui **de manière à ce qu**'il puisse nous donner une réponse avant vendredi.*

• des verbes : *chercher à…, avoir pour objectif de…, avoir pour vocation de…* (qui sont suivis d'un verbe à l'infinitif).
  *Nous **avons pour objectif d**'exporter nos produits vers l'Amérique du Sud.*

7 L'opposition

> pages 93, 96, 123, 128

• *mais, au contraire, à l'opposé, en revanche, par contre, alors que, tandis que* sont suivis d'une proposition :
  *Non, ça ne me pose de problème, **au contraire,** je serai heureux de pouvoir vous aider.*
  *Non, vous ne pourrez pas la rencontrer. **En revanche,** vous pouvez lui envoyer un courriel.*
  *Ömür est turc, **tandis que** Mohamed est syrien.*

> **Attention !**
>
> ***Par contre*** a le même sens qu'***en revanche*** mais est d'un emploi plus familier.

• *au lieu de* est suivi d'un verbe à l'infinitif :
  *Tu ferais mieux d'écouter **au lieu de** parler tout le temps.*

• *mais, au contraire de, à l'opposé de, contrairement à, au lieu de,* sont suivis d'un nom :
  *Elle ne s'appelle pas Julie **mais** Sylvie.*
  *Les Macintosh n'ont pas souvent de virus, **contrairement aux** PC.*
  *Il m'a donné une quiche **au lieu d**'une pizza.*

Outils

8 La concession

> pages 93, 96, 123, 128

On utilise :

- *mais, pourtant, cependant, néanmoins, toutefois* :
  *Vous pouvez garder la chambre jusqu'à 18 heures. **Toutefois**, vous devrez payer un supplément.*

- *quand même* se place en milieu ou en fin de phrase :
  *Oui, c'était un peu cher. Elle l'a **quand même** acheté.*

- *malgré* + nom :
  *Les gens partent encore en vacances, **malgré** la crise économique.*

- *même si* :
  *Il faut que je trouve un travail, **même si** c'est mal payé.*

On utilise aussi des expressions comme *avoir beau* :
*J'**ai eu beau** lui parler, il n'a pas voulu changer d'avis.*

LA PHRASE

1 Le discours indirect

> pages 45, 48

Pour passer du discours direct au discours indirect :

a) On utilise des verbes introducteurs dont la construction est variable :

- équivalents de *dire de : demander de, crier de, décider de, prier de,* etc.
  « Vous sortez de mon bureau ! » → *Il m'**a prié de** sortir de son bureau.*

- équivalents de *dire que : demander que, décider que, préciser que, indiquer que, déclarer que,* etc.
  « Je n'ai rien à dire. » → *Elle **a déclaré qu'**elle n'avait rien à dire.*

- équivalents de *dire ce que : demander ce que, indiquer ce que, préciser ce que, expliquer ce que,* etc.
  « Je veux les lettres, les accords… » → *Elle m'**a indiqué ce qu'**elle voulait : les lettres…*

- équivalents de *dire si : demander si, vouloir savoir si,* etc.
  « Elle va mieux ? » → *Il **a voulu savoir si** elle allait mieux.*

b) On change les pronoms personnels :

*« **Je** ne **vous** connais pas. »* → *Elle a dit qu'**elle** ne **me** connaissait pas.*

c) On change le temps du verbe quand le verbe introducteur est au passé :

| « Elle travaille. » | Il a dit qu'elle **travaillait**. |
| « Elle va dormir. » | Il a dit qu'elle **allait** dormir. |

« *Elle est partie.* »	*Il a dit qu'elle **était** partie.*
« *Elle était fatiguée.* »	*Il a dit qu'elle **était** fatiguée.*
« *Elle avait tout cassé.* »	*Il a dit qu'elle **avait** tout **cassé**.*
« *Elle ne voudra pas.* »	*Il a dit qu'elle ne **voudrait** pas.*
« *Elle sera partie quand Julie arrivera.* »	*Il a dit qu'elle **serait** partie quand Julie **arriverait**.*
« *Elle pourrait tomber malade.* »	*Il a dit qu'elle **pourrait** tomber malade.*
« *Elle aurait pu venir.* »	*Il a dit qu'elle **aurait pu** venir.*

d) On doit parfois changer les indicateurs de temps.

Quand le verbe introducteur du discours indirect est au passé, il peut être nécessaire de modifier en conséquence les indicateurs de temps (voir p. 170 les tableaux des indicateurs de temps).

« Je l'ai vu hier ou la semaine dernière. »
→ *Ce jour-là, elle a dit qu'elle l'avait vu **la veille** ou **la semaine précédente**.*

PARTICULARITÉS

1 La place de l'adjectif

> pages 27, 32

a) Les adjectifs sont généralement placés après le nom.

Certains adjectifs, placés après le nom, ont une relation privilégiée avec le nom qu'ils qualifient ; ils servent au sens du mot : *un vin rouge, un compte bancaire, une adresse postale.* Ils ne peuvent pas être séparés du nom qu'ils accompagnent si on ajoute un autre adjectif : *un **compte bancaire** suisse.*

b) Certains adjectifs sont placés avant le nom :

• des adjectifs courts et fréquents : *petit, grand, gros, nouveau, jeune, vieux, beau, joli, bon, mauvais, autre...*
  *On a un **gros** problème.*

• les adjectifs numéraux : *premier, dernier...*
  *J'habite au **dernier** étage.*

c) Certains adjectifs sont placés avant ou après le nom :

• les adjectifs qui indiquent une appréciation : *une visite agréable* ou *une agréable visite.* Lorsque l'adjectif est avant le nom, sa valeur est plus grande.

• certains adjectifs peuvent changer de sens selon leur place, avant ou après le nom : *ancien, cher, dernier, lourd, propre, seul, certain...*
  *Le musée est un **ancien** hôpital.*
  *On a acheté une maison **ancienne**.*

Transcriptions

UNITÉ 1 : INOUBLIABLE !

Piste 2

Activités 3 et 5, page 11

JOURNALISTE. – Pour parler de votre double culture, on va voir justement combien il y en a exactement. Vous êtes venu avec votre programme musical et nous, nous sommes venus avec quelques questions. C'est parti.

VOIX OFF. – Quelle est la carte géographique de votre enfance ?

ABD AL MALIK. – La carte géographique de mon enfance… Ben, j'ai grandi justement à Strasbourg, en Alsace, dans le quartier du Neuhof. J'ai aussi passé… Je suis né à Paris dans le quatorzième, mais j'ai…

JOURNALISTE. – En 1975 ?

ABD AL MALIK. – En 1975, ouais. Mais j'ai aussi vécu quelques années au Congo, à Brazzaville. Donc, voilà, donc, ma carte d'enfance, c'est ça : c'est un peu de Paris, un peu du Congo Brazzaville et beaucoup de Strasbourg, dans le quartier du Neuhof.

JOURNALISTE. – Alors, quelles images vous gardez de Brazzaville, par exemple ? Vous aviez quel âge à ce moment-là ?

ABD AL MALIK. – J'ai entre trois et six ans, six ans et demi, par là.

JOURNALISTE. – Quelles images vous gardez…

ABD AL MALIK. – De belles images : le soleil, la famille, mes grands-parents, beaucoup de rires, beaucoup de… Vraiment que des images ensoleillées et de joie.

JOURNALISTE. – Pourquoi est-ce que vous dites : « Je suis né à trois ans » ? J'ai relevé cette phrase.

ABD AL MALIK. – Parce que, en fait, à partir de là, je me souviens de tout, en fait. Avant, c'est le trou noir. Mais à partir de là, je me souviens : ça correspond à la naissance de mon frère, justement, qui a trois ans donc de moins que moi. Et voilà. C'est, d'une certaine manière, c'est là où j'ai été peut-être confronté aux secrets de la vie, d'une certaine manière. La première fois.

JOURNALISTE. – C'est-à-dire, c'est une naissance symbolique ?

ABD AL MALIK. – C'est une naissance symbolique et en même temps une naissance réelle puisque c'est la naissance de mon petit frère. Et moi j'ai le sentiment que c'est une naissance, également, parce que, d'une certaine manière, je suis lucide, je vois ce qui se passe, je commence à comprendre.

JOURNALISTE. – C'est-à-dire, en devenant l'aîné, votre existence commence ?

ABD AL MALIK. – Nan, j'étais pas vraiment aîné puisqu'il y a mon frère aîné avant moi.

JOURNALISTE. – Ah d'accord.

ABD AL MALIK. – Eh oui. Mais… mais c'est le fait de…

JOURNALISTE. – Mais à votre tour vous étiez aîné ?

ABD AL MALIK. – Ouais. Ouais, vraiment. Mais je pense que c'est juste le fait de voir qu'il y a, d'une certaine manière, qu'il y a un autre qui a existé… d'une certaine manière.

En sol majeur, 12/02/09, RFI

Piste 3

Activité 6, page 11

1. Désolée, j'ai complètement oublié de te le signaler.
2. Ah oui ! Ça me revient maintenant, c'était à l'anniversaire de maman, n'est-ce pas ?
3. Non, franchement, je n'en ai pas le moindre souvenir. Tu es sûr que c'était moi ?
4. Euh, attends. Je me rappelle juste qu'il m'a dit qu'il passait prendre Thomas avant de venir.
5. Pourquoi tu dis ça ? Bien sûr que si, j'ai pensé à réserver une table pour quatre.
6. De mon enfance, j'ai tout gardé en mémoire : la chambre, les odeurs de cuisine, le petit salon…
7. Bah non, ça m'est complètement sorti de la tête. Je téléphonerai demain pour avoir un rendez-vous.

Piste 4

Activité 1, page 15

PRÉSENTATEUR. – Les gendarmes sont intervenus ce matin dans un cirque Zavatta à Dijon. Ils sont venus arrêter une éléphante.

JOURNALISTE. – Un pachyderme en quelque sorte sans papiers. En tout cas le cirque n'avait pas présenté les certificats nécessaires. Les associations de défense des animaux avaient déjà tenté une saisie il y a deux ans, mais sans succès, et cette fois l'opération a réussi, Pierrick Lieben.

PIERRICK LIEBEN. – Oui, mission pachyderme accomplie pour la gendarmerie. L'opération tenue secrète a mobilisé soixante-dix agents, sous l'œil de Virginie Pocq Saint-Jean, la présidente de la SPA.

VIRGINIE POCQ SAINT-JEAN. – C'est une bête qui présente de toute façon des troubles de comportement donc c'est une bête que je trouve triste, démoralisée. Ses conditions de vie font que… elle n'est pas très très équilibrée.

PIERRICK LIEBEN. – Le cœur du problème c'est que Kenya l'éléphante était en situation irrégulière. Son propriétaire n'avait pas demandé de certificat pour la détenir. Mais pour Arnold Lhomme de la Fondation Assistance aux Animaux, c'est plus qu'une question administrative.

ARNOLD LHOMME. – Il y a aussi le côté animal parce que ces animaux doivent vivre en communauté. Elle, elle vit toute seule. Et se retrouver dans un camion, en permanence, sur les routes de France, c'est pas du tout ce genre d'endroit où elle devrait être.

PIERRICK LIEBEN. – Pour sa défense, Arsène Cagniac, le propriétaire, explique qu'il s'est mis en règle depuis le jugement. Et après 20 ans de vie commune, Kenya faisait partie de la famille.

ARSÈNE CAGNIAC. – Nous, on va tout faire pour récupérer ma fille parce que, pour moi, c'est comme ma fille. Elle a été enlevée de ses parents pour moi, c'est un drame pour nous. J'ai mon fils là, depuis ce matin, il n'arrête pas de pleurer. Il a 19 ans, il a été élevé avec, hein.

PIERRICK LIEBEN. – Son avocat Maître Gilbert Collard est déterminé à faire revenir Kenya à la niche, et à déposer, s'il le faut, un recours en grâce auprès du président de la République.

10/04/09, RTL

Piste 5

Activité A, page 15

1. Les gendarmes sont intervenus ce matin dans un cirque Zavatta à Dijon. Ils sont venus arrêter une éléphante.
2. Un pachyderme en quelque sorte sans papiers.
3. Ces conditions de vie font que… elle n'est pas très très équilibrée.
4. Et se retrouver dans un camion, en permanence, sur les routes de France, c'est pas du tout ce genre d'endroit où elle devrait être.
5. J'ai mon fils là, depuis ce matin, il n'arrête pas de pleurer.

Piste 6

Activité B, page 15

1. Un éléphant… sans papiers !
2. Une rivière… de chocolat !
3. Une voiture… à pédales !
4. En arrivant dans sa salle de bains, il s'est retrouvé nez à nez avec… une petite souris !
5. L'éleveur est arrivé au tribunal avec Joséphine… une vache de quatre ans !
6. Elle a fait un excès de vitesse… à vélo !

7. La nouvelle recette de ce grand chef est le bœuf… au chocolat !

8. Cet été, les glaciers proposeront tous le nouveau sorbet… au concombre !

Piste 7

Activité C, page 15

1. J'ai pris rendez-vous avec le dentiste… à 9 heures.

2. En vacances, Jérôme a l'habitude de prendre son petit-déjeuner… à 15 heures !

3. Les enquêteurs ont retrouvé le coupable… la semaine dernière.

4. La dernière fois que j'ai vu un serpent, c'était… dans mon salon !

5. Ils ont traversé l'Afrique d'est en ouest… à vélo !

6. C'était… le maire du village qui avait cambriolé la mairie !

Piste 8

Document 2, page 20
Deyloul et ses filles

Un jour, un vieux sage qui avait des filles remarque que ces dernières portaient de plus en plus des habits transparents, légers et courts. Il les appelle, les fait asseoir toutes autour de lui. Dans sa main droite ouverte, il tient une once d'or, dans sa gauche, fermée, il y a autre chose.
Il dit à ses filles de choisir une des choses qui se trouvait dans l'une de ses mains ; toutes choisissent ce qu'il y a dans la main gauche sans savoir ce que c'est.
Le père leur dit :
– Mais vous voyez bien que dans ma main droite il y a de l'or pur alors que dans la main gauche vous ne savez pas ce qu'il y a.
Elles persistent et choisissent la gauche. Le père ouvre sa main gauche dans laquelle il n'y a qu'un vulgaire morceau de charbon.
Voyant dans quel état étaient ses filles, le père leur dit :
– Vous voyez mes enfants, l'homme préfère toujours ce qu'on lui cache.

Mamadou Sall, 2006

UNITÉ 2 :
VENEZ CHEZ MOI !

Piste 9

Activités 2, 3 et 4, pages 26 et 27

Voix off. – Cette balade audio vous est proposée par zevisit.com. Téléchargez gratuitement plus de 2 000 guides audio sur zevisit.com.

Journaliste 1. – Nous voici sur l'artère la plus monumentale de Marseille. C'est une rue unique en son genre, qui date du Second Empire et qui, déjà, devait représenter l'essor de la ville en reliant le port de commerce au Vieux-Port. Regardez les façades : elles sont stylisées et homogènes sur plus d'un kilomètre. Une vraie avenue haussmannienne.

Journaliste 2. – Qui a besoin d'un bon lifting, non ?

Journaliste 1. – Ça a déjà commencé et c'est l'un des plus vastes chantiers de France pour la rénovation en plein centre-ville : cent mille deux cents logements, dont deux mille cinq cents appartiennent à des particuliers qui peuvent bénéficier d'aides et de conseils à la réhabilitation, dans le cadre d'une opération programmée d'amélioration de l'habitat. Le reste est détenu par deux grands propriétaires : Marseille République et Euraséo, qui se sont engagés dans de vastes programmes de réhabilitation. En effet, beaucoup d'immeubles sont insalubres et nécessitent de lourds travaux de réhabilitation et une remise aux normes de confort moderne.

Journaliste 2. – Tout le monde y a droit ?

Journaliste 1. – Les particuliers, propriétaires de leur appartement, peuvent effectivement refaire leur logement avec des aides importantes et le changement est radical, comme dans cet appartement que Didier Zapata, un entrepreneur, a rénové.

Didier Zapata. – Alors, cet appartement était constitué de plusieurs pièces, de cinq ou six pièces qui étaient dans un état, on va dire, d'origine, qui n'ont jamais été refaits… refaites. Et euh bon, ben, on a tout rasé, complètement, nous avons laissé les murs maîtres, la cage d'escalier et on a complètement tout refait. On n'a fait laisser qu'un plateau.

Piste 10

Activité 5, page 27

Bienvenue dans l'émission *Ville d'un jour*. La ville dont nous allons parler aujourd'hui a une place très particulière dans la vie culturelle française, c'est une ville méditerranéenne, une ville pleine de couleurs dont les habitants sont très fiers !
Marseille, deuxième ville de France par sa population, est idéalement située au cœur de la Provence. Fondée il y a 2 600 ans, la ville se positionne comme métropole méditerranéenne grâce à l'arrivée du TGV (comptez trois heures pour faire Paris-Marseille), aux nombreux bateaux de croisière qui viennent s'amarrer et au développement du port de marchandises.
Marseille, c'est aussi un dépaysement absolu grâce au site des calanques, ces magnifiques falaises de calcaire qui se prolongent sur vingt kilomètres. Sans oublier les vingt-trois plages et les quatorze ports qui font de la ville un lieu hautement touristique.
Capitale du Sud-Est, Marseille est aussi attachée à ses traditions et à sa culture. On y trouve une vingtaine de musées, de nombreux théâtres, un magnifique opéra et un stade de football, le Vélodrome, qui accueille chaque année les fans de l'OM. Marseille est enfin célèbre pour sa langue dont l'accent constitue à lui seul l'emblème du Midi de la France.

Piste 11

Activité 1, page 29

Question logement, pour beaucoup de Français, rien ne vaut la maison indivi-duelle, pavillon de banlieue ou maison dans un nouveau lotissement. Du coup, les villes et les banlieues s'étalent à l'horizontale et deviennent d'immenses zones pavillonnaires. Mais peut-être plus pour très longtemps. On risque, en effet, de revoir des tours fleurir un peu partout, et cela pour des raisons environnemen-tales. Eh oui, quand on met plus d'habi-tants sur une même surface de terrain, cela permet d'abord de garder des espaces non-construits et cela permet aussi de limiter les pollutions, notamment à Paris.
Mais il n'est pas question de faire les mêmes erreurs que dans le passé. Il faut désormais intégrer les tours à la ville et à l'espace urbain au lieu de les isoler dans de grands espaces libres comme dans les années soixante et soixante-dix.
Pour nous séduire, les tours du futur seront plus ouvertes sur la ville, en relation directe avec la rue et elles comporteront à la fois des logements, mais aussi des bureaux, des commerces et des services pour recréer une véritable mixité sociale. Elles seront aussi plus vertes, plus écolo-giques, moins gourmandes en énergie. Et si Paris ne veut pas de tours, les villes voisines s'y mettent et l'on verra sortir de terre dans les cinq prochaines années de nouvelles tours, hautes de 80 à 300 m, à Boulogne-Billancourt, Levallois et La Défense. Alors, toujours contre le retour des tours ?

Piste 12

Activités 1 et 2, page 31

VOIX OFF. – *Si loin, si proche. Découverte,* le magazine des voyages, Ludovic Dunod, Ziad Maalouf, Olga Samssonow.

JOURNALISTE 1. – Les maisons ocre jaune, rouge ou rose de Gorée s'habillent de grands bougainvilliers et de géraniums, d'hibiscus. Elles s'abritent sous un palmier ou à l'ombre d'un baobab. Les oiseaux sont chez eux à Gorée.

JOURNALISTE 2. – Nous ne sommes qu'à vingt minutes du centre de Dakar, et pourtant on est hors du temps. Il n'y a pas de voitures dans l'île, pas d'engins motorisés. Si les enfants ne couraient pas dans les ruelles, si les femmes ne riaient pas, on se croirait dans un décor.

JOURNALISTE 1. – Un décor mille fois capturé par les grands magazines de déco et de voyage tant il invite au rêve, tant il est paisible, c'est vrai. Qu'est-ce qu'elles sont belles toutes ces maisons goréennes !

GUIDE. – Elles sont belles, certes, mais elles sont simples. Et ce qui fait leur intérêt, c'est lié aux conditions climatiques et aux conditions de fonctionnement. Je ne sais pas comment expliquer ça, mais disons que si on faisait des magasins au rez-de-chaussée avec des plafonds très bas, c'est parce qu'on n'avait pas besoin de mettre des plafonds très hauts, parce que personne n'habitait à cet endroit-là. Et si on faisait des pièces à l'étage avec des hauts plafonds, c'est justement parce que des gens habitaient. Et si on faisait des galeries, c'était parce qu'il n'y avait pas de climatiseur à l'époque, et qu'il fallait que les pièces soient bien ventilées et, etc., etc. Tout est lié à la fonction et ce qui était décoratif, finalement, c'est pas grand-chose ; ou alors la forme des escaliers comme la fameuse maison des esclaves. Mais disons que, c'est malgré tout des architectures très simples, qui ont évolué au fil du temps, on est venu coller des morceaux, rajouter des pièces mais c'est néanmoins très grossier, très rustique. C'était fait avec les moyens du bord et avec les... les matériaux locaux.

JOURNALISTE 1. – Et c'est ça qui vous touche dans Gorée ? C'est ce qui donne l'atmosphère justement intime et un peu fragile de l'île ?

GUIDE. – Certainement oui, ça me touche beaucoup. Le fait que les murs ne soient pas droits, ça m'attire énormément. Le fait qu'on n'ait absolument nulle part un angle droit, le fait que toutes les surfaces sont rugueuses. Je trouve que ce sont ces aspérités-là qui font l'intérêt de cette histoire-là.

23/01/09, RFI

Piste 13

Activité A, page 31

1. Il n'y a pas de voitures dans l'île, pas d'engins motorisés.

2. Si les enfants ne couraient pas dans les ruelles, si les femmes ne riaient pas, on se croirait dans un décor.

3. Je ne sais pas comment expliquer ça, mais disons que...

4. Si on faisait des magasins au rez-de-chaussée avec des plafonds très bas, c'est parce qu'on n'avait pas besoin de mettre des plafonds très hauts, parce que personne n'habitait à cet endroit-là.

5. Et si on faisait des galeries, c'était parce qu'il n'y avait pas de climatiseur à l'époque, et qu'il fallait que les pièces soient bien ventilées et, etc., etc.

6. Et c'est ça qui vous touche dans Gorée ? C'est ce qui donne l'atmosphère justement intime et un peu fragile de l'île ?

Piste 14

Activité B, page 31

1. Dans cette rue, il y a des magasins, des bureaux mais il n'y a pas d'habitations.

2. Des restaurants ouverts toute la nuit... c'est ce que j'aime à Paris.

3. Cette ville me plaît parce qu'elle est très animée.

4. Quand tu entends parler des futurs projets d'urbanisme, tu n'as pas envie de quitter le quartier.

5. Je n'aime pas le style néoclassique.

6. Les habitants ne sont pas toujours aussi tranquilles.

Piste 15

Document 2, page 37

JOURNALISTE. – Bonjour, est-ce que vous pensez que Montréal est bien placé géographiquement ?

HOMME 1. – Montréal est placé excellemment géographiquement. C'est une belle place à vivre. C'est contourné d'eau. Il y a plein de possibilités de récréation, de création d'énergie, de transport, de croissance de la ville. Il y a beaucoup de places. C'est un bel endroit, il fait beau. C'est un beau climat, même l'hiver.

FEMME 1. – Je trouve qu'on est quand même bien placé par rapport à toutes les grandes villes américaines. On est tout près. En même temps, par rapport à tout ce qui se passe en Europe, c'est un petit peu loin. Donc, dès qu'on veut voyager en Europe, on doit nécessairement prendre l'avion, puis, c'est mieux de rester là plus longtemps pour visiter le plus de villes qu'on peut là-bas, donc... Mais, en général, je trouve que oui, c'est bien placé.

JOURNALISTE. – Idéalement, Montréal devrait être à côté de quelle ville ?

FEMME 1. – Ben, moi, je dirais Londres parce que c'est ma ville préférée dans le monde mais on n'est pas si loin que ça, donc, c'est quand même correct, là.

JOURNALISTE. – Qu'est-ce que vous pensez de l'emplacement géographique de la ville de Montréal dans le monde ?

FEMME 2. – C'est une ville géniale. En fait, c'est une île. Il n'y a pas de grandes villes au monde qui ont l'honneur de pouvoir dire qu'ils sont une île en tant que telle. Et puis, je pense que Montréal c'est une très belle ville pour vivre, avec une situation géographique excellente.

JOURNALISTE. – Idéalement, si Montréal devait être proche d'une grande ville, ce serait laquelle ?

FEMME 2. – Euh, Montréal est une grande ville en tant que telle, c'est un déplacement en soi, donc, je pense qu'elle est bien où qu'elle est présentement.

FEMME 3. – Je trouve que c'est important d'avoir une ville comme ça au Canada... ben, au Québec, surtout là, et puis, je ne la verrais pas dans aucun autre pays, là, c'est notre ville à nous et puis, c'est multiculturel. C'est bien fun.

JOURNALISTE. – Et vous, est-ce que vous êtes satisfait de la position géographique de Montréal ?

HOMME 2. – Absolument. Ben, moi, je viens, je dirais, un petit peu plus de la campagne. J'habite à Granby. Donc, à ce moment-là, pour moi, Montréal, je trouve que c'est très bien situé parce que c'est à proximité de plusieurs autres villes du Québec. Donc, tu sais, on peut rouler. Moi, je roule quarante-cinq minutes, je rentre dans Montréal. Quarante-cinq minutes, une heure maximum, t'es rendu à disons, à Trois-Rivières, à Laval. C'est très proche, donc c'est... Ça, je trouve ça très intéressant au niveau de l'emplacement de Montréal.

HOMME 3. – Très très bien situé géographiquement. Au centre... bah, pas au centre du monde, mais au centre de... de... du Canada, quoi. Enfin, pas au centre du Canada, mais on va dire que... situé par rapport aux États-Unis, New York et Toronto, c'est très très bien situé. On peut se déplacer facilement...

JOURNALISTE. – Idéalement, où est-ce que tu aimerais que Montréal soit dans le monde ?

HOMME 3. – Idéalement... heu... plus au centre du Canada. Ce serait un peu plus simple pour les gens qui veulent aller sur la côte ouest mais c'est très bien. Montréal est très très bien placée.

FEMME 4. – C'est sûr que l'hiver est un peu long mais, heu, bon, on n'a pas les ouragans et les choses comme ça non plus, alors, oui, parce qu'on est au Nord, oui.

JOURNALISTE. – Où aimeriez-vous que Montréal se situe ?

FEMME 4. – Idéalement… ben, je crois qu'on est bien ici. Ça va ici.

P45 magazine

UNITÉ 3 :
VOUS LES CONNAISSEZ ?

Piste 16

Activités 3 et 4, page 43

Ils sont venus chercher l'amour, ce soir, ils vont se poser des questions pour se découvrir. Pour vous chers auditeurs, voici les candidats de notre jeu grâce auquel ils vont peut-être, aujourd'hui, trouver l'âme sœur.

Originaire de Martinique et ancienne Miss Picardie, la belle Vanessa, 32 ans, a les pieds sur terre et une tête bien faite. Responsable d'achat dans l'informatique, elle veut montrer sa vraie valeur. Du haut de son mètre quatre-vingt, elle est tout sauf timide et avoue un faible pour les grands blonds musclés qui la font rire, mais qui savent surtout l'écouter et se confier.

29 ans et déjà chef de son entreprise, Aurélie sait que son principal atout, c'est son sourire, mais c'est sur les terrains de football qu'elle est le plus à l'aise. Véritable garçon manqué, cette jeune femme sait se faire douce et ses collègues l'apprécient pour son humour. Si elle rencontre un homme posé qui donne une image de confiance et de sérieux, elle pourrait se laisser séduire.

Aviateur amateur, Yacine se décrit comme un garçon calme et un peu jaloux. Ce policier de 31 ans aime son confort. La tête sur les épaules, il est à la fois solide et tendre. Derrière l'uniforme se cache un artiste rêveur. Après avoir cherché dans les soirées de la capitale, il souhaite une compagne sans trop de maquillage, mais avec un beau sourire et qui le laisse sortir avec ses potes.

À 34 ans, ce garagiste toulousain est un homme de volonté, un gros travailleur. Lionel a constamment besoin de bouger. Son fort caractère et sa silhouette imposante cachent un clown au grand cœur prêt à tout pour aider ses amis. Il recherche une blonde ou une brune, peu importe, pourvu qu'elle soit généreuse et dynamique car c'est un homme pour qui l'essentiel est la beauté intérieure.

Piste 17

Activités 2 et 3, page 45

VOIX OFF. – C'est l'heure de *Première rencontre*, une émission présentée par Cécile Beaudoux.

CÉCILE BEAUDOUX. – Bonjour à tous et bienvenue dans cette édition de *Première rencontre* du 18 février. Aujourd'hui, je reçois un homme que vous connaissez tous, on dit de lui que c'est le Don Juan de notre époque. Quand il est entré dans le studio tout à l'heure, les têtes se sont retournées sur son passage – les têtes féminines surtout – au passage de ses yeux noirs au regard profond, de tout le charme qui émane de sa personne, j'ai nommé le comédien Tarik Zem.

TARIK ZEM. – Vous me flattez !

CÉCILE BEAUDOUX. – Bonjour Tarik.

TARIK ZEM. – Bonjour Cécile.

CÉCILE BEAUDOUX. – Alors, vous allez nous raconter votre première rencontre avec le réalisateur Luc Tirard, quand il vous a proposé de jouer le premier rôle dans son film *Molière*, film biographique sur ce monument de la littérature française qui sort demain dans les salles.

TARIK ZEM. – Oui, alors pour commencer, merci de m'avoir invité. Bon, ça s'est passé très simplement… Luc Tirard est venu me voir au théâtre, je jouais alors dans *Le Malade imaginaire*…

CÉCILE BEAUDOUX. – Curieuse coïncidence !

TARIK ZEM. – N'est-ce pas ? Après le spectacle, il est venu dans les coulisses et il m'a demandé si je pouvais le recevoir dans ma loge. Bien entendu, je lui ai répondu que j'étais d'accord ! Nous nous sommes assis, il m'a expliqué qu'il tournerait un film sur la vie de Molière quelques mois plus tard, qu'il avait contacté quelques acteurs connus, mais qu'il n'était pas convaincu. Et là, il a voulu savoir si j'accepterais de faire un essai le lendemain.

CÉCILE BEAUDOUX. – Quelle a été votre réaction ?

TARIK ZEM. – Je suis resté sans voix ! Avec mes origines maghrébines, je ne corresponds pas au physique de Molière comme on peut se l'imaginer ! Alors je me demandais forcément comment j'allais faire… Je lui ai donc demandé de préciser pour quel rôle il voulait me voir, et il a répliqué : « Mais le premier rôle, bien sûr ! » en souriant. J'étais quand même intimidé, je lui ai indiqué que je n'avais jamais fait de cinéma…

CÉCILE BEAUDOUX. – On a du mal à vous imaginer intimidé !

TARIK ZEM. – C'est pourtant vrai ! Quand on vous demande si vous pouvez jouer le rôle de Molière, c'est normal ! Mais il a ajouté que mon expérience au théâtre pouvait apporter une ambiance plus réaliste.

CÉCILE BEAUDOUX. – Et la suite ?

TARIK ZEM. – Ah, la suite… Vous me demandez de vous parler du tournage ? Il me faudrait des heures !

Piste 18

Activité 5, page 45

TARIK ZEM. – Je suis resté sans voix ! Avec mes origines maghrébines, je ne corresponds pas au physique de Molière comme on peut se l'imaginer ! Alors je me demandais forcément comment j'allais faire… Je lui ai donc demandé de préciser pour quel rôle il voulait me voir, et il a répliqué : « Mais le premier rôle, bien sûr ! » en souriant. J'étais quand même intimidé, je lui ai indiqué que je n'avais jamais fait de cinéma…

CÉCILE BEAUDOUX. – On a du mal à vous imaginer intimidé!

TARIK ZEM. – C'est pourtant vrai ! Quand on vous demande si vous pouvez jouer le rôle de Molière, c'est normal ! Mais il a ajouté que mon expérience au théâtre pouvait apporter une ambiance plus réaliste.

CÉCILE BEAUDOUX. – Et la suite ?

TARIK ZEM. – Ah, la suite… Vous me demandez de vous parler du tournage ? Il me faudrait des heures !

Piste 19

Activité 1, page 47

En ce moment en Suisse, la semaine prochaine au Québec, elle chante, elle chante, notre cigale. Bientôt quarante étés, dorée au soleil du Sud, parfaitement à l'aise sur une scène. C'est d'ailleurs dans des bistrots enfumés et bruyants que la Grande Sophie a appris son métier, inventant son style et sa *kitchen music*. Son premier disque, autoproduit, sort en 1997. Suivent trois autres albums, des disques d'or en pagaille, des tubes comme « Martin » ou « Du courage », une Victoire de la musique « Révélation scène » en 2005, des tournées encore et toujours sur les routes de France, de Belgique ou de Suisse. Un nouveau disque, sorti en début d'année, intitulé *Des vagues et des ruisseaux*, compose le visage d'une Grande Sophie plus mâture, plus grave, se cachant sans doute moins derrière des textes pirouettes pour mieux se dévoiler.

Culture vive, 28/07/09, RFI

Piste 20

Activité A, page 47

1. La Grande Sophie sera au Québec la semaine prochaine.

2. La Grande Sophie commencera sa tournée en Europe le mois prochain.

Piste 21

Activité B, page 47

1. C'est une drôle d'époque !

2. J'ai toujours aimé le dessin.

3. Quel musicien !

Outils

4. Cette chanteuse a toujours su garder une vie saine.
5. C'est mon patron qui me l'a demandé.
6. Tu pourrais poser une sculpture sur cette surface plane.
7. Ils viennent demain ?
8. Puisque j'en veux un, j'en prends un !

Piste 22

Activité C, page 47
1. Poissonnier.
2. Empoisonné.
3. Nationale.
4. Magasinage.
5. Planifier.
6. Parrainer.

Piste 23

Activité D, page 47
1. Il aime les activités de plein air.
2. Le concert est un bon exercice pour un musicien.
3. Il n'y a rien à faire.
4. On est d'accord avec vous.
5. C'est une maison du Moyen Âge.
6. Cette non-intervention de l'État pose des problèmes.

Piste 24

Document 3, page 53
JOURNALISTE. – Elle est toute menue, toute frêle, elle a des cheveux dont la couleur est très proche de la comédienne française, dont le groupe a pris le nom. Karolina Dyr... Dytrtova, pardon, est la chanteuse du groupe tchèque Miou Miou, et chante dans la langue de Molière. Rencontre et découverte, avec Anna Kubišta.
ANNA KUBIŠTA. – C'est vrai que quand on la voit pour la première fois, elle fait un peu penser à Miou-Miou, et quand on le lui dit, ça la fait rire, un peu gênée. Il paraît qu'on ne lui a jamais fait la réflexion : [paroles en langue tchèque] « Le nom du groupe, c'est en effet d'après cette comédienne. Bon, elle n'est pas au courant du tout, ça fait deux ans qu'on se dit qu'on va lui écrire une lettre pour lui dire, mais on ne l'a pas encore fait... Quand on cherchait un nom pour le groupe, plusieurs idées ont été suggérées. On a choisi cette variante. Un des membres du groupe était au ciné, il a vu des affiches avec marqué en grand "Miou-Miou". En plus nous avons une poétique très liée aux chats, donc Miou-Miou, c'est un peu comme *miaou, miaou*. »
Karolina Dytrtova se dit fan de Keren Ann et de Françoise Hardy pour citer ses inspirations françaises, ou encore Suzanne Vega, et elle est surtout une inconditionnelle du Grand Serge. Gainsbarre bien sûr. Un peu surprenant sans doute, car ses chansons à lui, si elles étaient ludiques également, jouaient évidemment sur un univers bien plus provoc' !
Karolina Dytrtova chante donc et compose en Français, mais elle n'a malheureusement pas voulu répondre à mes questions dans cette langue. Dommage. Et elle nous explique pourquoi : [paroles en langue tchèque] « En fait, mon français a grandi et évolué avec le groupe. Je ne me sens toujours pas très à l'aise pour parler, et ça me donne beaucoup de travail quand je dois écrire les textes en français. Et pourquoi avoir choisi le français ? Parce que c'est une langue qui nous semble très ludique. Il y a beaucoup de nuances. Ça va avec notre musique, c'est donc venu tout seul, et puis bien sûr, ça nous plaît. »

19/10/2007, Radio Prague

UNITÉ 4 : ÊTES-VOUS ZEN ?

Piste 25

Activités 4 et 5, page 59
JOURNALISTE. – Les symptômes ressemblent à ceux d'une dépression classique. On est triste, irritable, fatigué, on a envie de rien, on a du mal à se réveiller le matin, c'est ce qu'on appelle le « blues » de l'hiver, un blues qui touche presque une personne sur cinq dès l'automne et jusqu'au printemps, et qui pour certains peut s'avérer plus grave. Mais contrairement à d'autres dépressions, on sait avec certitude ce qui déclenche ce mal, c'est le manque de lumière. Et ce n'est pas une fatalité, on peut se soigner en comblant ce manque, grâce à la luminothérapie. Le principe : exposer son organisme entre vingt minutes et une heure à une lampe spécialement étudiée pour offrir un maximum de lumière, une lumière qui reproduit celle du soleil. Nadine souffrait depuis plusieurs années de cette déprime saisonnière, elle a investi dans une lampe spécialisée.
NADINE. – Je fais ça tous les matins de sept heures et demie jusqu'à huit heures. J'ai commencé mes séances il y a quinze jours et je trouve qu'au bout de quinze jours on ressent véritablement un gain d'énergie, un gain de bonne humeur, d'équilibre, je trouve que c'est... c'est très efficace.

08/11/08, RFI

Piste 26

Activité 4, page 61
1. Moi, je passe des heures, bon, non pas des heures quand même, mais, bon, j'aime bien ma salle de bains. Le matin, je me lève tôt pour prendre le temps de me faire toute belle avant de sortir – toute belle dans ma tête aussi. Ça me fait plaisir de passer du temps sous la douche ou devant mon miroir. Et ça me met en forme pour toute la journée.
2. Quand je voyage pour le bureau, je vais souvent dans de bons hôtels. Et là, le soir, quand j'ai bien bossé, c'est vraiment un bonheur pour moi de profiter d'un bon bain. Je n'ai jamais le temps chez moi, mais là, à l'hôtel, je suis tout seul, alors j'en profite.
3. Tu as été prise ? Oh, c'est génial ! Vraiment, je suis super content pour toi ! Ah, non, là bravo ! Et tu pars quand à Bamako ?
4. Hmm, mais c'est vachement bon ce truc ! C'est toi qui l'as fait ? Hmm, c'est vraiment délicieux ! Ça fait du bien de manger des bonnes choses comme ça !
5. Jee-Hae est passée me voir lundi. Tu ne peux pas savoir le plaisir que j'aie eu à la revoir. J'étais tout chamboulé. Elle est tellement formidable...

Piste 27

Activité 1, page 63
HYPNOTHÉRAPEUTE. – Vous allez vous installer le plus confortablement possible pour que vous puissiez accéder justement à un niveau qui vous permette de laisser votre corps choisir ce qu'il a envie de faire et de découvrir dans cette expérience hypnotique. Et puis lorsque vous en aurez envie vous pourrez laisser vos paupières se fermer pour commencer ce travail important qui va vous permettre de découvrir que votre corps, que votre esprit peuvent faire également autrement que du stress, de l'angoisse et de l'anxiété.
Alors dans un premier temps simplement prenez... prenez le temps justement de prendre conscience de votre corps assis dans ce fauteuil, sentir votre dos appuyer sur le fauteuil, vos pieds sur la moquette, vos bras posés sur vos cuisses. Prenez simplement le temps, de faire une petite visite de votre corps. Un peu comme quand on rend visite à un ami ou une amie. J'aimerais que vous portiez ce regard un petit peu bienveillant sur votre corps, une écoute bienveillante de ce qui se passe en vous. Voilà. Et vous pouvez déjà sentir comment votre respiration s'est ralentie, spontanément.
PATIENTE. – Je pense que c'est par, par sa voix, la voix et puis par, par ses mots qui apaisent...
HYPNOTHÉRAPEUTE. – Très bien.
PATIENTE. – La façon de nous... de dire...
HYPNOTHÉRAPEUTE. – Parfait.
PATIENTE. – « Vous fermez doucement vos yeux, vous explorez ce qui se passe à l'intérieur de vous, vous faites... vous vérifiez que tout... tout est bien détendu. »
HYPNOTHÉRAPEUTE. – Prenez votre temps.

14/01/2009, Arte Radio

Piste 28

Activité A, page 63
1. Sortez de cette pièce !
2. Prenez des vacances.
3. Arrêtez de vous plaindre tout le temps !
4. Arrête de travailler le week-end.
5. Apprenez à mieux gérer vos angoisses.
6. Apprenez à vous contrôler !
7. Tu devrais aller voir un médecin.

Piste 29

Activité B, page 63
1. Tu pourrais peut-être parler de ton problème à tes parents.
2. Si tu es fatigué, tu devrais te coucher plus tôt.
3. Et si tu essayais le yoga cette année ?
4. Tu devrais profiter du week-end pour aller faire le marché.
5. Pour être en forme, marchez régulièrement.
6. Pourquoi ne pas chercher un nouveau travail ?

Piste 30

Document 4, page 69
PRÉSENTATEUR. — Et *Mode de vie* s'intéresse aujourd'hui aux produits bio, alors que le Salon de l'agriculture vient d'ouvrir ses portes ce week-end à Paris, et l'agriculture biologique est largement mise en avant. Jean-Paul Geai, bonjour.
JEAN-PAUL GEAI. — Bonjour.
PRÉSENTATEUR. — Vous êtes en direct avec nous, rédacteur en chef du magazine *Que choisir*. Alors, pourtant, les produits bio sont plus chers à l'achat et, malgré cela, on constate que la consommation explose. Comment expliquer un tel succès, Jean-Paul Geai ?
JEAN-PAUL GEAI. — Eh bien, le succès des produits bio vient du fait que ces produits bio véhiculent une image de meilleur pour la santé, et puis les produits bio sont incontestablement un plus pour l'environnement, hein, c'est ce qui explique, bah finalement que, malgré les tensions actuelles sur le pouvoir d'achat, eh bien, l'appétit des Français pour les produits bio ne se dément pas, hein. Chaque année la consommation des produits bio augmente d'environ 10 %, alors qu'en effet, les prix des produits bio sont sensiblement, bah, plus chers.

23/02/2009, France Info

UNITÉ 5 : ENVIE DE CULTURE ?

Piste 31

Activité 2a, page 74
PRÉSENTATEUR. — Bonjour et bienvenue sur RadioNantes. Comme chaque vendredi, nous retrouvons Nicolas Durand dans son émission : *Demandez le programme !*
NICOLAS DURAND. — Avant les Journées européennes du Patrimoine, c'est le week-end, à Nantes, des passionnés d'Afrique avec plusieurs expositions qui vous donneront envie de voyager sur ce beau continent.
Avec, pour commencer, une exposition itinérante en noir et blanc réalisée par Pascal Boegli, qui raconte, sous forme de carnet de voyage, sa rencontre avec la Zambie. Cet artiste, originaire de Nyon, passionné de photographie, dévoile les richesses des parcs nationaux, la dignité des animaux africains et la beauté des enfants de pêcheurs. Une exposition gratuite qui se tient à l'hôtel des Colonies, ce samedi 12 septembre de 10h à 19h.
Pour rencontrer d'autres pachydermes et animaux exotiques, il suffit de vous rendre dimanche au château des Ducs de Bretagne, avec une exposition originale, « Autres regards d'Afrique », signée Alexandre Houllier. Couplée avec les billets d'entrée au château, l'exposition attire par ses couleurs verdoyantes et le coup de pinceau qui donne aux regards des animaux une force éléphantesque !
L'art, c'est un appel au voyage. C'est pourquoi le musée des Beaux Arts met à l'honneur quelques tableaux de Picasso d'inspiration africaine. Le peintre, qui ne s'était jamais rendu en Afrique, a découvert, dit-on, l'art africain à Paris, alors qu'il peignait *Les Demoiselles d'Avignon*. Usant des formes concaves et des joues creuses, l'artiste change alors de technique picturale. Une exposition à 3,5 euros d'une valeur inestimable !
Pour ceux qui préfèrent l'air marin, l'exposition « Sénégal, l'homme et la mer », qui se tient à Cosmopolis du 11 septembre au 18 octobre, met en valeur la richesse des milieux aquatiques et tente de cerner les enjeux sociaux, économiques et environnementaux liés à l'exploitation de la mer. À travers des panneaux, des photos, des objets, des films et des conférences, l'exposition gratuite sensibilise le public occidental et sénégalais à l'avenir de la pêche sur les côtes africaines.
Avec tout cela, vous devriez passer un bon week-end !

Piste 32

Activités 2c, 3a et 4, pages 74 et 75
NICOLAS DURAND. — Comme chaque semaine, nous vous proposons d'écouter quelques commentaires d'auditeurs qui sont allés, en avant-première, voir ces expositions.
FEMME 1. — Je recommande particulièrement cette exposition. Ça me plaît que l'on trouve autant d'informations sur les spécificités du Sénégal. Les panneaux sont clairs et l'exposition est bien faite. Le sujet est vraiment intéressant, mais je regrette que les photos ne soient pas plus professionnelles.
HOMME 1. — C'est fascinant de découvrir autant de richesses différentes sur un même continent. Je trouve formidable que le photographe ait réussi à s'intéresser aussi bien aux paysages qu'aux peuples en aussi peu de temps. La façon dont il raconte son voyage est passionnante. Chaque photo est commentée. Un vrai régal !
FEMME 2. — Franchement, c'était nul. L'éclairage était mauvais. Je ne vois pas l'intérêt que l'on peut trouver à exposer des peintures de zoo dans un cadre historique. Ça me surprend qu'on laisse faire ça.
HOMME 2. — C'est mon professeur d'art qui m'a conseillé d'aller voir cette exposition mais je suis un peu déçu d'y être allé. J'ai bien compris que Picasso s'était inspiré de l'art africain pour peindre ses toiles, mais je ne sais pas comment il a fait puisqu'il n'est jamais allé là-bas.
FEMME 3. — Bof ! Moi, l'art, ça ne me fait ni chaud ni froid ! D'accord, les peintures sont rigolotes et bien mises en valeur. Mais, c'est tout. Dommage que le peintre n'ait pas été présent pour expliquer son travail. Personnellement, je vous déconseille d'y aller.

Piste 33

Activité 1, page 79
1. Depuis 2006, quand vous traversez le pont du Garigliano à Paris, vous tombez sur cette drôle de cabine téléphonique en forme de fleur. Vous ne pourrez pas l'utiliser, il y a un téléphone mais pas de moyen de paiement ni de cadran. Par contre, si vous l'entendez sonner, décrochez ! Vous entendrez la voix de Sophie Calle. Ce téléphone, c'est son œuvre, une commande du gouvernement pour suivre la ligne du nouveau tramway. C'est Sophie Calle qui en a eu l'idée, mais c'est le célèbre architecte Franck Gehry qui l'a dessinée. Or, depuis la fin de la Seconde Guerre mondiale, l'art n'est plus uniquement le geste ou la forme, c'est aussi l'art de l'idée. Et ce sont ses idées qui ont rendu Sophie Calle célèbre, en France et à l'international.
2. Cette bouche de métro est sans doute la plus insolite de Paris. Depuis l'an 2000, en face de la Comédie française, pour entrer dans la station Palais Royal-Musée du Louvre, on doit passer sous *le Kiosque des Noctambules*, une sculpture du Français Jean-Michel Othoniel. En

1996, au début de sa collaboration avec la RATP, Jean-Michel Othoniel n'avait pas imaginé cette œuvre. La RATP avait simplement demandé un dessin à Othoniel, une œuvre imaginaire qui devait faire partie d'un livre qui serait publié pour les 100 ans du métro parisien, en juillet 2000. Réputé pour ses sculptures de verre qui évoquent et métamorphosent l'être humain, Othoniel a naturellement choisi de représenter une bouche de métro : « par sa nature et sa fonction, expliquera-t-il, elle nourrit mes obsessions d'artiste. »

3. Selon la définition de l'artiste, Jean-Pierre Raynaud, *Container Zéro* n'est ni une sculpture, ni une installation, c'est un objet architectural. Il s'agit d'un cube de 3,30 m composé de carreaux de céramique blanche de 15 cm. L'artiste a utilisé ce matériau dans presque toutes ses œuvres, sans en modifier ni la taille, ni la couleur, et sans modifier non plus la couleur du joint noir qui entoure les carreaux. Dans les années 1960, Raynaud se fait connaître par des milliers de pots de fleurs aux dimensions gigantesques, remplis de ciment. Il venait de terminer une école d'horticulture où il avait appris à soigner les plantes, mais pas à les empêcher de mourir. Son but était alors d'éviter de futures victimes. Les carreaux font également référence à la mort : la céramique rappelle le froid et la solitude de l'hôpital. Des objets sont exposés à l'intérieur de *Container Zéro*, au Centre Pompidou, et Jean-Pierre Raynaud vient régulièrement les changer comme pour marquer les changements de sa propre vie.

Piste 34

Activité A, page 79
1. C'est Sophie Calle qui en a eu l'idée, mais c'est le célèbre architecte Franck Gehry qui l'a dessinée.
2. Selon la définition de l'artiste, Jean-Pierre Raynaud, *Container Zéro* n'est ni une sculpture, ni une installation, c'est un objet architectural.
3. Il venait de terminer une école d'horticulture où il avait appris à soigner les plantes, mais pas à les empêcher de mourir.
4. Cette bouche de métro est sans doute la plus insolite de Paris.
5. En 1996, au début de sa collaboration avec la RATP, Jean-Michel Othoniel n'avait pas imaginé cette œuvre.

Piste 35

Activité B, page 79
1. La ville de Lille est restée très dynamique dans le domaine culturel depuis qu'elle a été capitale européenne en 2004.

2. La cathédrale Notre-Dame de Paris serait l'un des monuments les plus visités en Europe.
3. En 1995, la Gare du Nord à Paris a accueilli une sculpture monumentale de la danseuse Ludmila Tcherina.

Piste 36

Activité C, page 79
1. Tous les matins, il faisait systématiquement un détour par la rue de Ménilmontant pour admirer la vue sur les toits de Paris.
2. La tour Eiffel a été construite en 1889 à l'occasion de l'Exposition universelle de Paris.
3. Le musée du Louvre actuel est le résultat d'un grand nombre de changements qui ont eu lieu sur une période très étendue de plus de 500 ans.
4. La dernière pièce que nous sommes allés voir au Théâtre de la Ville n'était pas très intéressante.
5. Ils viennent enfin d'ouvrir un nouveau lieu de concert à la Villette, près du canal de l'Ourcq.
6. L'exposition du sculpteur sénégalais Ousmane Sow sur le Pont des Arts était une belle rétrospective.

Piste 37

Activité 6, page 81
1. Tu aurais pu me le dire, non ?
2. Ce n'est pas étonnant. Tu as beaucoup trop mangé.
3. Quel dommage que tes cousins n'aient pas pu venir avec nous !
4. Dis donc, la prochaine fois, appelle si tu dois encore être en retard !
5. Franchement, je regrette de l'avoir invité.
6. C'est dommage ! Je suis sûre que tu aurais pu le faire toute seule.
7. J'ai eu tort. Je n'aurais jamais dû dire ça à ta mère.
8. Si j'avais su, je n'y serais pas allé.

Piste 38

Document 3, page 85
Mahama Johnson Traoré. — La première semaine du cinéma africain, et celle que nous vivons aujourd'hui, il y a une très grande différence. Le monde a beaucoup changé, je crois qu'il faut évoluer avec.
Sophie Torlotin. — L'appel du réalisateur sénégalais, Mahama Johnson Traoré, présent il y a quarante ans à cette première Semaine du cinéma africain de Ouagadougou a été entendu. Évoluer, c'est bien ce que compte faire la nouvelle équipe aux manettes de cette vingt-et-unième édition. Michel Ouédraogo, le Délégué général du Fespaco.
Michel Ouédraogo. — Le Fespaco a besoin

d'un élan nouveau et a besoin aussi de répondre à des défis de ce siècle.
Sophie Torlotin. — Volontariste, Michel Ouédraogo en appelle aux dirigeants politiques du continent pour trouver de nouveaux modes de financement du cinéma africain et il exhorte les spectateurs à aller voir les films en salles.
Michel Ouédraogo. — Nous sommes responsables de ce qui nous arrive. Les Africains doivent accepter de regarder leurs propres images. Le cinéma africain et sa promotion passera par les Africains. Et l'ouverture des salles et la création des salles se passera par les Africains. Mais l'essentiel pour nous, c'est qu'il y ait des salles pour la promotion du cinéma africain.
Sophie Torlotin. — Des salles, en tout cas, il y en a à Ouaga. Onze au total, pour projeter les quelques cent trente films, longs ou courts métrages, fictions ou documentaires en sélection.

28/02/2009, RFI

UNITÉ 6 :
VOUS AVEZ LE POSTE !

Piste 1

Activités 2 et 4, pages 90 et 91
Voix off. — Europe 1, *Et si c'était ça le bonheur ?*, Faustine Bollaert.
Faustine Bollaert. — Cette musique culte signée Ennio Morricone, je la dédicace aujourd'hui à mon amie, Anne. En effet, ce refrain plein de légèreté illustre parfaitement son tempérament quand il s'agit de son travail. Un boulot qui en règle générale la passionne, même si elle est incapable de rester plus de quelques mois dans la même entreprise et j'avoue que je suis plutôt fascinée par cette capacité à se barrer dès que quelque chose ne lui convient pas. Surtout que le moins qu'on puisse dire, c'est qu'elle ne prend aucun gant elle-même. Un matin, Anne est capable de vous appeler pour vanter les mérites de cette magnifique entreprise avec une terrasse ensoleillée sur laquelle elle peut fumer avec ses copines pendant les pauses. Et l'après-midi de cette même journée, Anne vous appelle avec le même ton de voix guilleret pour vous annoncer qu'elle a décidé de tout plaquer parce que son patron l'ennuie – pour être polie – et qu'elle est bien décidée à ne pas se laisser marcher sur les pieds. Si vous saviez le nombre de fois où je suis restée bouche bée au téléphone, en apprenant qu'elle venait encore une fois de démissionner. Moi qui suis tellement paniquée rien qu'à l'idée de ne pas savoir ce que

je ferai dans un mois, Anne possède, elle, ce détachement, cette immense liberté qui lui permet de quitter des CDI sans avoir la moindre idée de ce qu'elle va retrouver derrière. Tandis que, moi, à sa place, je me serais déjà bouffée les moignons en essayant de joindre en vain les Assedic, elle réussit à tourner la page avec une facilité déconcertante, avec une capacité étonnante à toujours savoir regarder devant. Pourtant, le paradoxe, c'est qu'elle est plutôt stable dans la vie, Anne, et qu'en plus, plus les lignes s'accumulent dans son CV, plus elle décroche de nouveaux boulots à sa portée. Alors, ça serait ça, la solution ? Devrions-nous tous devenir professionnellement plus mobiles ? Ceux qui le sont déjà sont-ils plus adaptés au monde du travail d'aujourd'hui ? Eh bien, je vous propose d'y réfléchir, tous ensemble. « Je ne peux pas m'empêcher de changer de travail » : bienvenue dans *Et si c'était ça le bonheur ?* l'émission qui nous fait à tous beaucoup de bien.

26/10/2009, Europe 1

Piste 2

Activité 6, page 93

1. Je voudrais te parler de ce dossier. Tu as quelques minutes ?
2. Il faut que je te parle de quelque chose d'important.
3. Moi, je pense que ce n'est pas nécessaire.
4. Je voudrais préciser que je n'ai rien à voir avec cette histoire.
5. Voilà, j'ai commencé comme comptable et ensuite, j'ai décidé de démissionner.
6. Écoutez, je ne suis pas d'accord avec ce que vous dites.

Piste 3

Activité 1, page 95

FEMME 1. – J'ai gardé un excellent souvenir d'un dossier, d'un dossier, euh, qu'on appelait *Latitude* que j'ai négocié en 1997...
(Téléphone)
LA CONSEILLÈRE. – Bon, je vais répondre parce que... excusez-moi mais il doit y avoir un problème... Oui ?
FEMME 1. – Euh... Qui était un dossier stratégique, puisqu'il s'agissait d'acquérir de nouvelles parts de marché dans le... dans le paracétamol. Vous savez le paracétamol, c'est l'ingrédient principal pour faire le Doliprane, l'Efferalgan ou le Diantalvic que tout le monde prend. Et j'ai donc, heu... C'était un dossier vraiment marathon, j'ai... je me suis vraiment investie, euh, ça a duré environ six mois. Et le résultat c'est que, bon, ben

nous avons... nous... nous avons réussi et que nous sommes devenus numéro 2 mondial au niveau du paracétamol. Et j'ai été félicitée par le... par le... le chef opérationnel de la négociation, pour mon implication dans ce dossier.
LA CONSEILLÈRE. – D'accord.
FEMME 1. – Voilà.
LA CONSEILLÈRE. – Aujourd'hui vous en êtes où ?
FEMME 1. – Aujourd'hui j'ai quitté, j'ai quitté le groupe Z parce que je dois dire que j'en ai fait le tour et que j'ai envie de découvrir de nouveaux horizons. Et j'ai profité d'une restructuration, euh, pour lever la main et négocier mon départ.
LA CONSEILLÈRE. – D'accord... OK. Merci !... Bravo. Bravo. Bravo, c'est génial...
FEMME 1. – Ah bon ?
LA CONSEILLÈRE. – Ah ouais. Par rapport à tout ce qu'on a fait avant... Euh, vous avez travaillé le week-end mais ça se sent. Rien à dire, quasiment, rien que du positif.
FEMME 1. – Ah oui ?
LA CONSEILLÈRE. – D'accord ? Donc, excellent premier contact. Vous êtes souriante, sympathique, agréable, le ton est agréable, on y sent de la motivation, y a du sourire aux lèvres, on a vraiment envie de... de continuer avec vous et d'investiguer avec vous, d'aller plus avant avec vous. Donc bravo, c'est exactement ce qu'il faut avoir.
FEMME 1. – Ah, bah, tant mieux.
LA CONSEILLÈRE. – Voilà.

02/06/2006, Arte Radio

Piste 4

Activité A, page 95

1. J'ai gardé un excellent souvenir d'un dossier, d'un dossier, euh, qu'on appelait *Latitude* que j'ai négocié en 1997.
2. Je me suis vraiment investie, euh, ça a duré environ six mois.
3. Cette entreprise veut vraiment donner leur chance aux jeunes talents.
4. Ce qui me plaît dans le travail en équipe, c'est de pouvoir échanger des idées avec d'autres personnes.
5. Enseigner a toujours été une évidence pour moi.
6. Notre priorité, c'est de recruter une personne qui saura s'intégrer rapidement dans l'entreprise.

Piste 5

Activité B, page 95

1. Avez-vous déjà travaillé dans une pharmacie ?
2. Pourquoi ce poste vous intéresse-t-il autant ?
3. Avez-vous déjà géré un projet de cette taille ?

4. Quelles sont vos deux qualités principales ?
5. Nous avons besoin d'une personne qui ait l'habitude de travailler en équipe.
6. Pourquoi pensez-vous correspondre au profil que nous cherchons ?

UNITÉ 7 : BESOIN D'AIDE ?

Piste 6

Activités 1 et 2, pages 106 et 107

JOURNALISTE. – Bonjour, Lisa Charrier.
LISA CHARRIER. – Bonjour.
JOURNALISTE. – Merci d'être là pour parler de ce site que vous avez créé toute seule comme une grande.
LISA CHARRIER. – Oui, c'est vrai. Bon, il y a eu toute une équipe, une agence derrière qui a su exécuter mes désirs mais c'est vrai que c'est né de... de mon esprit, un beau jour de janvier dernier, en 2008.
JOURNALISTE. – Alors, racontez parce que vous vivez à Saône aujourd'hui, mais d'où venez-vous ?
LISA CHARRIER. – Je viens de la Côte d'Azur, en fait, donc, où mon fils est né, où mon conjoint travaillait, sur Monaco. Et puis, on a déménagé, pour raison professionnelle. J'ai suivi mon conjoint.
JOURNALISTE. – Et à ce moment-là, vous vous êtes retrouvée sans rien faire finalement, vous avez eu envie de créer quelque chose ?
LISA CHARRIER. – Oui, en fait, pour moi, la donne économique était très différente, donc, j'arrivais pas à insérer le... le tissu économique, c'est-à-dire de trouver un nouvel emploi, dans mon secteur. J'étais professeur de français langue étrangère. Assez rapidement, hein, il faut dire, j'ai eu envie de créer mon entreprise, et au début je suis partie sur... de l'idée de... voilà, comment créer... heu... poursuivre mon métier et *via* Internet. Pourquoi Internet ? Parce que c'était la deuxième fois que je... que je suivais mon conjoint et que je me retrouvais à devoir chercher un nouvel emploi. Donc, je me suis dit : « En créant sur Internet, si je dois le suivre, eh bien, je pourrai emmener mon entreprise avec... avec moi. »
JOURNALISTE. – Alors, lorsqu'on va sur Internet, sur Keekoa.com, on est très impressionnés parce que, vraiment, c'est très très riche hein. Ça va du service à la personne, bien sûr, mais dans tous les domaines hein. Ça va de l'assistante maternelle, ça c'est un grand classique, mais au chef à domicile, ça c'est nouveau, mais c'est quelque chose qui a tendance à se répandre de plus en plus.

LISA CHARRIER. – Oui, tout à fait. Alors, d'une part, j'ai souhaité effectivement être assez exhaustive dans tous les services à la personne. J'ai souhaité les présenter, parce que je pense que lorsqu'on... on a besoin d'un service, on peut avoir besoin d'un autre type de service, c'est-à-dire on peut être à la fois employeur particulier pour un mode de garde, et effectivement, un jour, se dire : « Ben tiens, pour l'organisation des soixante ans de mon papa, je vais faire appel à un chef à domicile. » Et on peut trouver tout ça sur le même site. Et, par ailleurs, j'aime bien aussi tout ce qui est innovant, donc, voilà, les nouveaux services, ça me plaît, ça me botte, alors, je les présente avec plaisir.

02/04/2009, France Bleu Besançon

Piste 7

Activité 4, page 107

1. Vous souhaitez vous initier à l'informatique ? Alors, téléphonez-moi car je peux certainement vous donner un coup de main.

2. Bonjour, je m'appelle Odette. J'ai 75 ans et je cherche quelqu'un qui pourrait m'aider à faire la cuisine. Je suis seule et c'est difficile pour moi.

3. Salut, je m'appelle Nicolas. Je suis lycéen et j'ai besoin d'aide pour réviser mes maths avant les examens.

4. Francis, 40 ans, homme à tout faire. Puis-je vous être utile ?

5. Moi, c'est Pierre. J'ai acheté une remorque l'autre jour. Je ne m'en sers pas très souvent. Si ça peut vous rendre service, je vous la prête.

Piste 8

Activités 1 et A, page 111

DOMINIQUE POIRIER. – Nous parlons de Maria Labrecque Duchesneau. C'est une femme vraiment inspirante, hein, je pense, Isabelle Craig ?

ISABELLE CRAIG. – Absolument...

DOMINIQUE POIRIER. – Je pense que t'as beaucoup aimé rencontrer cette femme-là.

ISABELLE CRAIG. – Rigolote, sympathique.

DOMINIQUE POIRIER. – Elle a créé un nouveau métier : travailleuse de rang parce que les agriculteurs, et ça c'est moins drôle parce que c'est vrai, ils ont aussi besoin de soutien, hein, et puis Isabelle pour mieux la connaître, Maria, il faut prendre la route avec elle, je pense que c'est le cas.

ISABELLE CRAIG. – Mais oui, mais quel plaisir de sortir de la ville à cette période de l'année, il se passe plein de choses dans la nature, je pense qu'on fait presque une thématique campagne en ce moment.

DOMINIQUE POIRIER. – Oui... oui, oui ! Mais pourquoi pas !

ISABELLE CRAIG. – Et puis, donc, je suis partie sur la route avec Maria. C'est une intervenante psycho-sociale, c'est une sorte de psychologue, une conseillère, même, elle me disait qu'elle peut être marieuse à l'occasion, elle a deux couples à son actif...

DOMINIQUE POIRIER. – Un fermier et puis une fermière !

ISABELLE CRAIG. – Probablement. Elle prête ses oreilles, ses conseils, elle va, heu... rencontrer des gens qui traversent des périodes difficiles, des gens qui sont un peu isolés, des producteurs agricoles. Et heu... tu vois c'est une... peut-être une profession qu'on a tendance parfois à idéaliser : on trouve qu'il y a quelque chose de bucolique, on parle de la campagne, tu vois, comme j'en parlais tout à l'heure, mais il y a beaucoup de stress et justement on vit au rythme des saisons, quand saison il y a, on est tributaire de beaucoup de facteurs, et euh Maria Labrecque Duchesneau a eu la magnifique idée de partir sur les routes et de prêter son oreille et plus que son oreille, son intelligence, sa générosité à ces producteurs agricoles, et donc je suis partie avec elle en Montérégie. Notre premier arrêt, ça a été chez Jean-Claude Poissan, qui est un producteur laitier et qui avait eu dans le passé recours à l'oreille et à l'aide de Maria, et il a accepté, si tu veux, de nous parler, de nous recevoir.

DOMINIQUE POIRIER. – On écoute ça.

MARIA LABRECQUE DUCHESNEAU. – Hola !

JEAN-CLAUDE POISSAN. – Bonjour Maria.

MARIA LABRECQUE DUCHESNEAU. – Voici la plus belle des femmes pour ta journée aujourd'hui.

JEAN-CLAUDE POISSAN. – Ça va ?

MARIA LABRECQUE DUCHESNEAU. – À part ta blonde naturellement.

JEAN-CLAUDE POISSAN. – Ah c'est sûr, là...

01/10/2009, Radio Canada

Piste 9

Activité B, page 111

1. Avec les producteurs agricoles.

2. Présentement.

3. Elle ne vivra pas éternellement Maria.

4. Il se passe plein de choses dans la nature.

5. Elle va rencontrer des gens qui traversent des périodes difficiles.

6. On parle de la campagne, tu vois comme j'en parlais tout à l'heure.

7. On est tributaire de beaucoup de facteurs.

UNITÉ 8 : TOUS ÉGAUX ?

Piste 10

Activités 1, 2 et 3, page 122

JOURNALISTE. – Les discriminations, qu'est-ce que cela évoque pour vous ?

HOMME 1. – Bah tout de suite on pense aux rapports... inégaux entre certaines personnes, notamment les Noirs, les Blancs, les gens de différentes ethnies.

FEMME 1. – On prend une personne ou on prend pas une personne par rapport à sa couleur, ou sa... sa nationalité, son nom... C'est ça, non ?

HOMME 2. – Pour moi, c'est une sorte d'atteinte à la liberté de l'être humain.

HOMME 3. – Je la rencontre pas dans ce quartier, mais je sais, je sais que ça existe dans d'autres endroits.

HOMME 4. – Le refus, déjà d'une. Le refus... le refus de la personne, le refus vis-à-vis de sa couleur, vis-à-vis de son nom, vis-à-vis de son origine surtout. Voilà, c'est ça que ça m'évoque, c'est surtout ça la discrimination.

JOURNALISTE. – Quelles sont selon vous les discriminations les plus fréquentes ?

FEMME 2. – Bah je ne sais pas, discrimination raciale, discrimination de sexe, discrimination... je ne sais pas, selon les appartenances religieuses, culturelles et tout, quoi.

FEMME 3. – Toutes sortes, hein. Discrimination raciale, discrimination à propos de la sexualité de chacun. Heu... discrimination, peut-être d'une classe à l'autre.

HOMME 5. – Bah pour le logement, déjà c'est sûr. Et d'une, c'est super dur quand on a... on n'a pas de nationalité française, d'avoir un logement. Après, pour avoir un travail, c'est encore plus dur. Quand on regarde son CV, on voit la tête, c'est encore dur ça ; quand on voit surtout le nom, Mohamed ou Rachid ou... c'est encore pire ! Ou Benamour, ça c'est sûr, ça passe pas.

HOMME 6. – Par exemple, pour quelqu'un qui est chauve, déjà il y a une discrimination. Parce que vis-à-vis de... C'était un test qui a été fait : les chauves aux mêmes titres, ils trouvent moins d'emplois qu'un mec qui a des cheveux. Voilà.

HOMME 7. – La discrimination sociale.

FEMME 4. – Ce n'est pas parce qu'ils sont âgés, qu'ils sont inaptes à faire tel ou tel travail en fait.

FEMME 5. – Pour moi, c'est la discrimination raciale. Ça me fait penser à ça, direct. Ouais.

JOURNALISTE. – C'est la première discrimination à laquelle vous pensez quand on vous dit ça ?

– Ouais.

Homme 8. – Moi, c'est par rapport femmes-hommes.

La discrimination qui doit être peut-être la plus difficile à mon avis, ça doit être pour les gens handicapées.

La HALDE

Piste 11

Activités 2, 3 et 5, page 125

Journaliste. – Nous sommes ici ce soir pour parler des inégalités hommes-femmes, et dans un premier temps je vais vous présenter nos deux invités. Tout d'abord, Mathieu Vély, bonsoir !

Mathieu. – Bonsoir !

Journaliste. – Vous êtes auteur d'un ouvrage sur la crise du féminisme paru en 2009. Également à côté de moi, Faiza Hazaoui, jeune mère et responsable du service marketing dans une entreprise où vous êtes entourée d'hommes...

Faiza. – C'est ça, oui...

Journaliste. – Et vous nous parlerez du regard porté sur les femmes dans le monde du travail dans un instant. Vous écoutez Radio Campus, en direct sur 89.9, bonsoir.

Journaliste. – Alors pour commencer, le féminisme est-il réellement en crise, Mathieu Vély ?

Mathieu. – C'est effectivement ce que les dernières études nous permettent de conclure, oui, et ceci pour plusieurs raisons, je vais vous donner les principales. En premier lieu, les femmes ont fini par acquérir suffisamment de droits, je veux dire, il y a eu notamment des lois sur la parité, et cela se traduit par un sentiment de force pour les femmes, en d'autres termes, elles sentent que le féminisme n'est plus un objet de lutte légitime...

Faiza. – Permettez-moi de vous dire que je ne suis pas du tout d'accord avec vous, mais je garde mon droit de réponse pour tout à l'heure.

Mathieu. – Ensuite, le regard porté sur les femmes a bien changé. Je m'explique : l'image de la femme porteuse de vie, éducatrice des enfants, femme au foyer en somme, a presque disparu, tandis que les femmes travaillent à 80 % dans notre société, je le rappelle. En clair, les inégalités entre les hommes et les femmes se sont réduites. Ce qu'il est important de préciser, c'est que ce sont désormais les femmes qui décident de rester à la maison, pour s'occuper des enfants, et non plus le mari. En conclusion...

Journaliste. – Excusez-moi, je vous coupe la parole, mais Faiza, je vois que vous avez envie de réagir.

Faiza. – Tout à fait, oui, on constate justement tous les jours le contraire, alors sans vouloir remettre en question vos études, vous devriez peut-être observer la réalité sur le terrain au lieu de vous contenter de chiffres et de statistiques ! En effet...

Mathieu. – C'est un peu fort ! Si vous permettez, je vous signale que...

Faiza. – Laissez-moi terminer, s'il vous plaît. Je voudrais soulever deux ou trois points que vous n'avez pas mentionnés, comme la précarité de l'emploi des femmes, par exemple, qui sont les plus nombreuses à travailler à temps partiel, et sans le choisir. Sans compter le type de travail auquel elles accèdent, caissière, femme de ménage, avec des diplômes universitaires ! Et vous parlez de réduction des inégalités ? Vous voulez rire ! Les lois existent, oui, mais elles ne sont pas respectées dans la réalité ! En ce qui concerne le choix personnel, je vous signale que l'homme refuse souvent de s'occuper des enfants à temps plein, et la femme finit par sacrifier sa carrière, ce qui n'est pas un choix ! La preuve : elle cherche ensuite à retrouver un travail, avec toutes les difficultés du retour à l'emploi causées par le regard des employeurs masculins. Ne racontez pas n'importe quoi !

Mathieu. – Vous avez raison de faire ces remarques, on ne peut qu'être d'accord sur ce sujet, et pourtant, les chiffres sont là ! Si vous voulez bien m'écouter un instant...

Journaliste. – S'il vous plaît, revenons à la vie des femmes dans l'entreprise, Faiza, pourriez-vous nous expliquer votre situation ?

Faiza. – Alors, en ce qui me concerne...

Piste 12

Activité 1, page 127

Mathilde. – Je pense que les motivations de tous les gens qui travaillent pour MSF, c'est effectivement de se dire « je me sens utile », et euh ça fait partie moi-même de... de mes motivations personnelles. Euh, il y a toujours ces... ce côté aussi, euh, je pense de... de l'humanitaire qui se dit « ouais, là, je vais faire de la médecine utile ». Bon, euh, il ne faut pas non plus tomber, euh, dans... dans ce système de pensée, je veux dire, qu'on fasse de la médecine n'importe où c'est utile, quoi. Même si je vais, euh, soigner quelqu'un qui fait de l'insomnie en France pour des petits problèmes ou, euh... autres, et on n'est pas dans le même système de valeur, on ne va pas comparer ce qui est pas comparable.

Donc, euh, la médecine en France même si des fois ça paraît futile, pour le patient qu'on soigne, bah c'est malgré tout utile. Et effectivement quand on part dans un pays, euh... comme ça ou dans une mission comme ça, là où on se dit c'est utile, c'est parce que, euh, toujours le fait de se dire si on n'était pas là, qu'est-ce que ça donnerait, quoi ? Bon malheureusement avant qu'il y ait des équipes MSF en place sur La Maca, euh, je crois que ce que nous racontaient les médecins et les personnes et le directeur de... de la prison, euh, avant la présence de MSF, je crois qu'ils en étaient presque à un mort par jour, donc euh, c'est là où on se dit, euh, « ouais c'est utile », ça peut être, ouais ça peut être sur des chiffres hein même, où on se dit : bah tiens, le fait qu'il y ait une équipe MSF, euh, et qu'on apporte, pas forcément des compétences en plus mais aussi une dynamique, un mode de fonctionnement, de mettre des... des structures, de... de... de roder des équipes. Ouais, le résultat il est... il est là, quoi. Actuellement on a peut-être un décès, un décès par mois, en temps normal, hors épidémie.

Présentatrice. – Après six mois de mission à La Maca, Mathilde s'apprête à retrouver les siens, retrouver ses patients champenois et puis, peut-être, repartir.

17/09/2007, MSF

Piste 13

Activité A, page 127

1. Il y a toujours ces... ce côté aussi, euh, je pense de... de l'humanitaire qui se dit « ouais, là, je vais faire de la médecine utile ».

2. Bon, euh, il ne faut pas non plus tomber, euh, dans... dans ce système de pensée, je veux dire.

3. Qu'on fasse de la médecine n'importe où c'est utile, quoi, euh.

4. Donc, euh, la médecine en France même si des fois ça paraît futile, pour le patient qu'on soigne, bah c'est malgré tout utile.

5. Ça peut être, ouais ça peut être sur des chiffres hein même, où on se dit : bah tiens, le fait qu'il y ait une équipe MSF.

Piste 14

Activité B, page 127

1. Je pars demain, donc je ne pourrai pas être là samedi prochain.

2. Il ne répond pas... Bon, ce n'est pas grave, j'essayerai de le rappeler demain.

3. Je vais me présenter : alors je m'appelle Nicolas, et je souhaiterais faire partie de votre équipe.

4. Mon travail ne m'intéresse plus. Je m'ennuie, quoi.

5. Ils arrivent enfin, avec 2 heures de retard !

6. J'avais envie de changer de métier, voilà, c'est pour ça que j'ai postulé.

Piste 15

Activité C, page 127

1. Ah ! Tant mieux !
2. Bon ! Tant pis !
3. Ah ! Quelle bonne idée !
4. Ouf ! J'ai eu peur !
5. Ah bon ? Quelle drôle d'idée !
6. Hein ? Il a quitté son travail ?

Piste 16

Document 3, page 133

Chanson « Viens voir » de Tiken Jah Fakoly

Viens voir, viens voir, viens voir, viens voir
Toi qui parles sans savoir (*bis*)

Bamako, Abidjan ou Dakar
Sierra Leone, Namibie, Kenya
Viens voir

Mon Afrique n'est pas ce qu'on te fait croire
Pourquoi toujours les mêmes visages
Pourquoi toujours les mêmes commentaires
Pourquoi toujours les mêmes reportages
À les écouter
Mon Afrique ne serait que sécheresse et famine
Quand on les écoute
Mon Afrique ne serait que combats et champs de mines
Viens voir

Viens voir, viens voir, viens voir, viens voir
Toi qui parles sans savoir

Mon Afrique n'est pas ce qu'on te fait croire
Pas un mot sur l'Histoire de ce continent
Sur les civilisations et les richesses d'antan
Aucun mot sur le sens des valeurs
Des gens qui t'accueillent la main sur le cœur
Viens voir

Viens voir, viens voir, viens voir, viens voir
Toi qui parles sans savoir

Mon Afrique n'est pas ce qu'on te fait croire
Africa n'est pas ce qu'on te fait croire
Viens dans nos familles
Viens dans nos villages
Tu sauras ce qu'est l'hospitalité
La chaleur, le sourire, la générosité
Viens voir ceux qui n'ont rien
Regarde comme ils savent donner
Et tu repartiras riche
Et tu ne pourras pas oublier
Viens voir

Viens voir, viens voir, viens voir, viens voir
Toi qui parles sans savoir (*bis*)

Tirée de l'album *L'Africain*, 2007.
Paroles de M. D'Inca.

UNITÉ 9 :
EN VERT ET CONTRE TOUT !

Piste 17

Activités 2 et 4, pages 138 et 139

JOURNALISTE. – La conférence de Copenhague s'est donc terminée hier dans la douleur. Des heures et des heures et des heures de retard, pour aboutir à un texte non contraignant, qui prévoit juste de limiter à deux degrés la hausse des températures d'ici 2020. Pour ce qui est du volet financier, l'aide aux pays en développement pour les aider à faire face aux conséquences de ce réchauffement et éviter la déforestation, là aussi, juste des promesses. Avec nous, pour en parler ce matin, René Ngongo, le responsable de Greenpeace en République démocratique du Congo. Bonjour.

RENÉ NGONGO. – Bonjour.

JOURNALISTE. – Alors, quelle est votre réaction face à ce résultat ?

RENÉ NGONGO. – La déception, la colère, pour moi, c'est une montagne qui a accouché d'une souris. Donc c'est vraiment dommage que malgré les cris d'alarme non seulement de la société civile mais aussi des scientifiques, qu'on soit encore à tergiverser, c'est vraiment la grande déception.

JOURNALISTE. – Qu'est-ce qui a coincé ? Parce qu'on avait l'impression que cette conférence avait été préparée depuis deux ans.

RENÉ NGONGO. – Oui, mais c'est toujours la question des gros intérêts. La réduction des émissions des gaz à effet de serre s'accompagne de conséquences économiques catastrophiques pour ceux qui ne voient que l'aspect économique.

20/12/2009, RFI

Piste 18

Activités 3 et 6, page 139

YVES COCHET. – Cette déclaration politique n'a aucune valeur du point de vue du droit international, donc c'est un échec, euh, on a... on va attendre encore cinq ans qu'il se passe quelque chose. Malheureusement, ça veut dire c'est des centaines de milliards de dollars et des centaines de milliers de gens qui vont souffrir, voire mourir, à cause de l'irresponsabilité des dirigeants du monde. C'est un scandale, nos dirigeants ont tout fait dans le secret, un texte lamentable.

Comment peut-on être satisfait après une telle énergie qui a été mise depuis tant d'années par tant de personnes pour arriver à un résultat aussi pitoyable ? Euh, je suis scandalisé et attristé par cet échec. Je suis vraiment très triste, autant de bruit pour rien, comme dirait Shakespeare.

19/12/2009, RFI

Piste 19

Activité 7, page 139

Dialogue 1

VENDEUSE. – Bonjour Madame.

CLIENTE. – Bonjour, j'ai acheté ces chaussures samedi, je les ai portées une fois et elles sont décousues. Je voudrais que vous me les remboursiez.

VENDEUSE. – Ah, non, ça ne va pas être possible parce que normalement...

CLIENTE. – Ah, non, mais, attendez, ce n'est pas vrai, je les ai portées une fois !

VENDEUSE. – Oui, je comprends, mais je ne sais pas ce que vous avez fait avec ces chaussures...

CLIENTE. – C'est inadmissible ! Je veux voir le responsable du magasin.

VENDEUSE. – Il n'est pas là aujourd'hui.

Dialogue 2

DIRECTRICE. – Oui, entrez.

HOMME. – Vous vouliez me voir ?

DIRECTRICE. – Vous avez le dossier ?

HOMME. – Le dossier ?

DIRECTRICE. – Le dossier que je vous ai demandé ce matin.

HOMME. – Ah oui, euh...

DIRECTRICE. – Ça fait dix fois que je vous le demande !

HOMME. – Oui, euh, là, je travaille dessus, je vais, euh...

DIRECTRICE. – Mais, ça commence à bien faire ! Allez me chercher ce dossier ! Maintenant !

Dialogue 3

LUI. – Ah, je vais devoir travailler samedi, ils ont besoin de moi.

ELLE. – Non, non, ce n'est pas possible. Pas samedi. On va chez Madeleine.

LUI. – Oh, mince, j'ai oublié.

ELLE. – Ah, non, tu exagères !

LUI. – Oui, bon, on ira un autre jour.

ELLE. – Ça ne va pas, non ! Ça fait déjà deux fois qu'on annule.

LUI. – En plus, il faut qu'on fasse 200 kilomètres. Vraiment, je n'ai pas envie, je suis fatigué, j'ai plein de travail.

ELLE. – J'en ai vraiment ras le bol de ton boulot ! Tu t'arranges comme tu peux. Samedi, on va chez Madeleine.

Dialogue 4

ELLE. – Qu'est-ce que tu as ? Tu fais la tête ?

LUI. – J'en ai marre de tous ces magasins !

ELLE. – Bah, pour une fois qu'on est ensemble, on en profite !

LUI. – Oui, bah, on n'en profite pas justement ! Je t'emmène à Bordeaux pour passer un petit week-end romantique et toi tu passes trois heures dans les magasins ! C'est comme si je n'existais pas ! Non, franchement, là, tu m'énerves ! Je suis furieux !

Dialogue 5

LUI. – Non, mais, attendez ! Vous n'allez pas laisser votre voiture sur le trottoir !

ELLE. – Bah, j'en ai juste pour quelques minutes.

LUI. – Ah, bah, il ne faut pas vous gêner ! Et où est-ce qu'on passe nous ? Et les personnes en fauteuil roulant ?

ELLE. – Mais, il n'y a de place nulle part pour stationner.

LUI. – C'est lamentable ! Pensez un peu aux autres !

Piste 20

Activité 1, page 143

VOIX OFF. – *C'est pas du vent !*

FRANÇOIS BERNARD. – Tout de suite je vous emmène dans une petite commune du sud de la France : Le Séquestre, qui s'est largement converti à l'écologie. Alors comment le respect de l'environnement est-il devenu une réalité quotidienne du fonctionnement de cette petite commune ? Pour le savoir je vous propose de rejoindre, au téléphone, Gérard Poujade – c'est le maire de la bourgade – pour voir comment a pris corps ce projet, s'il est du goût des habitants et quel est son avenir. Bonjour Gérard Poujade.

GÉRARD POUJADE. – Bonjour.

FRANÇOIS BERNARD. – Alors en quoi peut-on qualifier, euh, votre ville, Le Séquestre, de cité écologique ?

GÉRARD POUJADE. – Alors, de cité qui a vocation à devenir écologique, hein, le… Aujourd'hui nous avons un village qui est sur 540 hectares, c'est-à-dire un tout petit territoire, et qui a 1 500 habitants, et pour lequel nous avons mis en place une procédure de… heu, d'aménagement concerté pour faire en sorte de… de construire des quartiers, ou une partie du village qui soit très environnementale. En clair ce que l'on souhaite, c'est que ce qui soit construit là ne consomme pas d'énergie, récupère l'eau de pluie afin de ne pas consommer de la ressource eau, et que cela soit vrai pour les matériaux qui construisent les maisons, en fait pour l'ensemble de la construction et de l'urbanisation. On a mis en place un ramassage scolaire à pied, on a mis en place des repas bio à la cantine, mais au-delà de ça, dans la cantine, plutôt que de servir quelque chose qui soit tout prêt, un espèce de prêt à consommer qui serait bio, c'est un mode de gestion qui inclut bien que dans le processus de « je mange à la cantine à midi », « je me lave bien les mains avant, je me lave bien les dents après », et dans l'école il y a un grand tableau avec toutes les brosses à dents de tous les enfants de telle sorte qu'ils repartent en se brossant les dents. C'est plus qu'un geste, c'est une manière de faire.

14/08/2009, RFI

Piste 21

Activité A, page 143

1. un tout petit territoire
2. une procédure
3. construire des quartiers
4. environnementale
5. un ramassage scolaire à pied
6. Je me lave bien les mains avant.
7. les villages de ce type-là
8. Dans les années deux mille un et deux mille deux.

Piste 22

Activité B, page 143

1. inclut
2. cinq cent quarante
3. en se brossant les dents
4. cantine
5. l'ensemble
6. route
7. consommer
8. concerté
9. On a mis en place un projet.
10. C'est vrai.

Piste 23

Activité 6, page 145

1. Ah, non, ce soir, ça va être difficile. Mais on peut aller au restaurant demain, si tu veux.
2. Oh, oui, mince, c'est vrai, c'était ton anniversaire aujourd'hui. Oh, excuse-moi.
3. Oui, le facteur est passé, mais il n'y avait pas de lettre pour toi.
4. J'ai téléphoné à l'hôtel de l'Espérance, il n'y a plus de place, c'est complet.

Piste 24

Activité 9, page 145

1. Julien a téléphoné, il a dit qu'il serait là à huit heures demain matin.
2. Le ministre de l'Économie a annoncé que les salaires allaient augmenter l'année prochaine.
3. Tu crois que Marie-Christine pourrait nous aider ?
4. Mais, non, ce n'est pas possible. Le directeur va certainement trouver une solution.

Piste 25

Document 3, page 149

VOIX OFF. – *C'est pas du vent !*

JOURNALISTE. – Au-delà des activités traditionnelles de chasse et de pêche, la principale ressource économique en forêt vient de l'extraction de l'or et des services qui lui sont associés. Une activité qui attire de nombreux travailleurs illégaux des pays voisins, en quête d'un eldorado très destructeur pour les hommes et l'environnement. Une Amazonie française en proie à la fièvre de l'or que connaît bien le directeur de Solidarité Guyane, qui est avec nous en duplex depuis les studios de France bleu à Laval. Bonjour Jean-Pierre Harvard.

JEAN-PIERRE HARVARD. – Bonjour.

JOURNALISTE. – Alors, votre association intervient depuis de nombreuses années auprès des populations amérindiennes, ce qui vous amène à sillonner cette forêt régulièrement et à constater l'évolution de la situation. Quels sont les impacts visibles de cet orpaillage sur les hommes et sur l'environnement ?

JEAN-PIERRE HARVARD. – Alors, tout d'abord, ce qui est le plus… le plus visible, c'est les… le désastre environnemental, c'est l'état des… des cours d'eau, et les rivières sont turbides, et sont excessivement polluées. Ça c'est ce qu'il y a de plus visible. Et, euh, au niveau des populations, on constate de plus en plus des… des maladies chez… chez les Amérindiens. Nous, euh… nous… je rentre d'une campagne de prélèvements pour faire des analyses *mercure* comme on fait chaque année depuis six ans et, en fait, on retrouve à chaque fois des populations de plus en plus en détresse.

27/10/2009, RFI

PRÉPARATION AU DELF B1 N° 1

Piste 26

Exercice 1, page 154

FEMME. – Eh bien, moi ça remonte en 1945, c'était le bal de la libération à Châlons, en septembre, et pour la première fois j'avais eu le droit de sortir sans mes parents, avec des amis, donc une amie de Sainte-Marie, et nous étions au bal de la salle Marcel-Sembat. Et le frère de cette amie connaissait donc mon futur mari que je ne connaissais pas du tout et il m'avait présentée et je pense que ça a été le coup de foudre. On a dansé toute la soirée et, euh, bon, mais à ce moment-là, ben, ce bal, je ne sais pas, la salle Marcel-

Sembat était archi-comble, y avait pas une place, on était serrés comme des sardines, y avait pas une place ni dans les couloirs ni… tellement il y avait de monde, c'était la joie, c'était… bon. Et puis après, ben, on s'est dit au revoir et puis, euh, le frère de mon amie travaillait à Creusoloir et mon futur mari travaillait à Creusoloir, et il a demandé à me revoir, donc, euh, il est venu chez mes parents, parce que je ne sortais pas, pas toute seule normalement, et il a demandé à me fréquenter, donc… Il venait – il habitait Saint-Rémy – et le dimanche, il venait à la maison, quelquefois il déjeunait mais pas tout le temps, et ensuite avec mes parents, nous allions au cinéma…
Voilà, et après ben on s'est fiancés et je me suis mariée en 1947, donc ça a duré deux ans. Et, au début, parce qu'il y avait, euh, comme il y avait pas beaucoup d'appartements vides à Châlons, on couchait dans un garage dans la cour de… de la maison de mes parents, et après j'ai eu ma première fille et on montait le berceau de ma fille chez mes parents pendant que moi j'allais travailler, et mon mari aussi, parce qu'il n'y avait pas de logement. Ensuite on a eu un petit appartement dans le même immeuble et je suis restée à la maison parce qu'à cette époque-là, on gardait ses enfants, donc j'ai eu quatre enfants que j'ai élevés, et mon mari partait toujours travailler en bicyclette !

icontes.com

Piste 27

Exercice 2, page 154

JOURNALISTE. – C'est vrai, les appellations deviennent de plus en plus affectueuses quand il s'agit de parler de son chez soi, évolutions sociologiques, technologiques, incertitudes économiques et géopolitiques, les Français se révèlent de plus en plus attachés à leur maison. On en parle avec vous, Olivier Carpentier, bonjour.
OLIVIER CARPENTIER. – Bonjour.
JOURNALISTE. – Vous êtes le rédacteur en chef de *Ça m'intéresse*. Peut-on dire que nos maisons reflètent notre époque ?
OLIVIER CARPENTIER. – Nos maisons reflètent complètement notre époque. Souvenez-vous. Dans les années 1960 et 1970, c'est les Trente Glorieuses, on invite les gens, euh, chez soi pour montrer le beau salon, la belle salle à manger. Eh bien ça, c'est terminé, la salle à manger a disparu. Dans les années 1980-1990, alors là c'est la crise, y a la guerre en Irak, c'est la grande époque du *cocooning*, on se replie chez soi.

JOURNALISTE. – Exact.
OLIVIER CARPENTIER. – Eh bien ça aussi, c'est terminé.
JOURNALISTE. – C'est fini.
OLIVIER CARPENTIER. – Aujourd'hui, c'est le *hiving*. Alors c'est encore un mot anglais, le *hiving* qu'est-ce que…
JOURNALISTE. – Qu'est-ce que le *hiving* ?
OLIVIER CARPENTIER. – C'est la ruche. La ruche, ça veut dire qu'on veut vivre à la maison comme on vit à l'extérieur, c'est-à-dire qu'on invite des amis, qu'on pratique des activités, qu'on se détend, qu'on a ses enfants à la maison, qu'on fait de la cuisine, on veut tout faire, on veut même travailler chez soi : c'est la ruche.
JOURNALISTE. – Donc ça, c'est la grande tendance aujourd'hui, il y a des innovations liées à cette ruche ?
OLIVIER CARPENTIER. – Ah oui, alors il y a la première des innovations, c'est donc la disparition de la salle à manger. Aujourd'hui on a un salon, voire un salon-cuisine, parce qu'on n'a plus peur de montrer sa cuisine, la cuisine devient un espace de réception. Comme je vous le disais, on invite ses amis, on invite ses proches, et on va leur montrer, même, la chambre à coucher – dans les années 1970, impossible, très indécent – aujourd'hui, on montre.
JOURNALISTE. – Donc les cuisines, pivot central de la maison aujourd'hui ?
OLIVIER CARPENTIER. – Euh, le salon-cuisine, oui c'est la…
JOURNALISTE. – Le salon-cuisine.
OLIVIER CARPENTIER. – … de très loin la pièce préférée des Français, devant le jardin qui n'est pas tout à fait une pièce, même si elle a tendance à devenir une pièce, cette pièce d'extérieur, et devant également la chambre. Alors, la grande tendance en ce qui concerne le jardin, c'est l'*indoor-outdoor*, encore un mot anglais…
JOURNALISTE. – Encore un mot anglais.
OLIVIER CARPENTIER. – … Hélas, ça veut dire l'intérieur-extérieur, ça veut simplement dire qu'on veut faire dans le jardin ce qu'on fait à la maison, c'est-à-dire recevoir ses amis, faire la cuisine, etc., donc on va avoir un mobilier adapté à l'extérieur.
JOURNALISTE. – Alors la décoration est considérée comme le pivot du bien-être à la maison pour 81 % des 35-49 ans, c'est un chiffre extrait du sondage de votre enquête dans le magazine. On a parfois envie de laisser libre cours à ses pensées, mais architecte, ça reste un métier, vous donnez quand même des pistes pour s'y frotter, en quelque sorte.

OLIVIER CARPENTIER. – Eh oui, aujourd'hui, chacun se veut architecte, et à ce titre, chacun va aller chercher des idées, à la télé, dans les émissions spécialisées, dans les revues spécialisées, et surtout, bien entendu, sur le net.

19/10/2009, France Info

PRÉPARATION AU DELF B1 N° 2

Piste 28

Exercice 1, page 156

JOURNALISTE. – Le président-directeur du Louvre, Henri Loyrette, est formel, le musée de Lens ne sera pas un petit Louvre au rabais.
HENRI LOYRETTE. – C'est donc pas une antenne, c'est pas un mini Louvre en quelque sorte. C'est un peu comme si on construisait une nouvelle aile proche du palais parisien et qui reflète les collections et les missions du Louvre. Et je crois que c'est… non, c'est une grande chance pour le Louvre, vraiment.
JOURNALISTE. – Le bâtiment principal dans le projet du Louvre-Lens, c'est la galerie du temps où deux cent cinquante œuvres seront exposées et renouvelées à peu près tous les cinq ans. Mais contrairement au musée parisien, ici, pas de présentation par techniques : les sculptures d'un côté, les peintures de l'autre ; pas de présentation non plus par département : l'Égypte à gauche, la Mésopotamie à droite. Dans cette galerie du temps, les œuvres seront exposées de manière strictement chronologique. Autre originalité du Louvre-Lens, l'accès aux coulisses du musée. Le public pourra notamment visiter les réserves. Le musée qui accueillera deux grandes expositions temporaires par an : la première sera consacrée à la Renaissance.
Anne-Claire Gauchard, France Bleu Nord pour France Info.

Piste 29

Exercice 2, page 156

VOIX OFF. – Sonia, animatrice socioculturelle depuis trois ans à la Maison des Jeunes d'Arcachon.
SONIA. – Mon travail consiste principalement à faire de l'animation pure : la création de loisirs pour les jeunes. Il y a aussi une partie destinée à l'organisation de projets : l'année dernière, nous avons fait un projet d'écriture de slam avec les jeunes ; cette année, nous envisageons un concert pour la fête de la musique. Mais je fais aussi de l'accompagnement social, c'est-à-dire que j'aide les jeunes dans leurs démarches. Par exemple, il

y en a qui cherchent un job d'été mais qui ne savent pas comment écrire un CV, d'autres qui souhaitent partir faire du bénévolat dans des pays en voie de développement mais qui ne savent pas à qui s'adresser et d'autres qui n'ont aucune idée de ce qu'ils veulent faire comme métier. Bon, mon travail consiste à les écouter et les guider, si possible.

Euh, j'ai d'abord fait un bac littéraire. Ensuite, j'ai fait une formation en communication pendant trois ans. Et puis, au moment où j'ai fait mon stage, j'ai réalisé que je n'étais pas suffisamment au contact des gens comme je l'espérais au départ. Du coup, j'ai changé d'orientation. On m'a proposé un poste d'animatrice au sein de la commune où j'habitais. J'ai accepté ce poste, suivi une formation, passé mon BAFA – le diplôme d'animateur – puis je me suis lancée dans un BP JEPS, c'est-à-dire un brevet professionnel de l'Éducation, de la Jeunesse et des Sports. C'est un diplôme qui permet d'être reconnu en tant qu'animateur professionnel et aussi de pouvoir accéder à des postes plus importants.

Les qualités essentielles pour ce métier ? Ben, c'est d'abord, être à l'écoute des personnes, et puis aussi, être capable de s'adapter à toutes les formes de public. Euh, ouais, il nous arrive assez souvent de travailler avec des jeunes handicapés. Pour les projets, il vaut mieux être créatif. Ça aide à trouver des projets innovants et disons, plus attrayants. Il faut aussi être débrouillard parce que quelquefois, il faut être capable d'aller chercher des subventions, de l'aide, etc.

Mon projet d'avenir ? C'est devenir un jour responsable d'une Maison de Jeunes pour contribuer à donner à ma commune et aux jeunes un lieu de détente et de plaisir, en ayant plus de responsabilités.

PRÉPARATION AU DELF B1 N° 3

Piste 30

Exercice 1, page 158

JOURNALISTE 1. – Le conseil d'État a annulé vendredi dernier les résultats du concours interne 2007 des officiers de police après la plainte d'un policier des Yvelines pour discrimination. Justine Régnier.

JUSTINE RÉGNIER. – C'est du jamais vu. Le concours interne 2007 des officiers de police a été annulé pour cause de discrimination. Tout commence le 27 septembre 2007. Le recrutement des officiers de police est presque terminé, il reste vingt postes d'officier à pourvoir et cinquante candidats qui doivent passer un dernier entretien oral. Abdeljalel El Haddioui est l'un de ces cinquante candidats et il est le seul qui ait un nom d'origine nord-africaine. Pendant l'entretien oral, les membres du jury lui posent plusieurs questions en rapport avec sa religion et ses origines et ils lui demandent également son avis sur la présence de ministres d'origine arabe dans le Gouvernement. Abdeljalel El Haddioui n'obtient finalement que quatre sur vingt à l'oral et n'est pas reçu au concours. Il saisit alors la HALDE, la Haute autorité de Lutte contre les Discriminations, et le Conseil d'État qui a donc décidé, vendredi, d'annuler la délibération du concours de recrutement. Aujourd'hui, le ministère de l'Intérieur ne sait que faire face à cette décision sans précédent : l'ensemble des officiers de police recrutés en 2007 doivent-ils repasser le concours ? Quelle solution est-il possible d'offrir à monsieur El Haddioui ? Pour éviter de nouvelles erreurs malheureuses, le Conseil d'État a recommandé que les entretiens fassent l'objet d'un enregistrement vidéo, avec l'espoir de limiter ainsi le zèle de certains membres des jurys.

Piste 31

Exercice 2, page 158

JOURNALISTE. – Sabrina Chaoui... Bonjour Sabrina...

SABRINA. – Bonjour.

JOURNALISTE. – ... et Jean-Frédéric Montreuil Moreau.

JEAN-FRÉDÉRIC. – Exactement.

JOURNALISTE. – Bonjour. Bonjour à vous deux. Alors, on les a reçus il y a maintenant deux ou trois semaines, avant qu'ils quittent Québec pour Copenhague. Ils sont élèves au Petit Séminaire de Québec et ils représentaient le Canada, avec d'autres jeunes, à... au Forum des enfants qui avait lieu donc la semaine qui précédait le début de cette conférence sur les changements climatiques à Copenhague.

SABRINA. – Oui.

JOURNALISTE. – Alors, vous revenez de ce voyage-là heureux, enchantés, réjouis, malheureux, désespérés ?

SABRINA. – Non, moi, je suis très contente de mon expérience. C'était la plus belle expérience de ma vie.

JOURNALISTE. – Ah ouais.

SABRINA. – Et on a appris beaucoup de choses. On a eu... on a rencontré des gens extraordinaires aussi qui nous ont partagé un peu de leur vécu dans leur pays, et puis, oui, moi je suis contente de mon expérience.

JEAN-FRÉDÉRIC. – ... contact.

JOURNALISTE. – Jean-Frédéric, oui. Vous étiez, quoi, près de 200 jeunes qui représentaient 44 pays. Expliquez-nous dans quel contexte, pourquoi vous étiez là, exactement. Le Forum des jeunes devait proposer une résolution justement aux dirigeants de la planète dans ce cadre-là.

JEAN-FRÉDÉRIC. – Oui. Exactement. On était 160 jeunes de 44 pays. Et puis, c'est le climat, c'est l'environnement, c'est la situation actuelle qui nous reliait tous ensemble, puis chacun avait son mot à dire sur ce qui se passait chez lui, les impacts qu'il vivait quotidiennement des changements climatiques. Et puis nous on est arrivés là avec des solutions parce que, bon... on arrive du Canada, de la ville de Québec, où est-ce qu'on dénote pas grands effets des changements climatiques, mais quelqu'un des Maldives, quelqu'un d'Haïti qui a quelque chose, lui, qui veut nous parler de son expérience... qu'il vit chaque jour, chez lui. Euh...

JOURNALISTE. – Qu'est-ce qu'ils vous ont raconté ces jeunes-là, par exemple des Maldives ou d'Haïti ?

SABRINA. – Bah, moi je... On était jumelés un moment donné le Canada avec le Kenya, et puis on devait se demander comment... mutuellement qu'est-ce qui se passait dans nos pays, puis, il y a une fille du Kenya qui nous... qui nous disait, justement, qu'elle devait aller chercher de l'eau, chaque jour, c'était quand même très loin, qu'il y avait des inondations, de la sécheresse, des famines. Ben, moi, ça m'a fait vraiment réaliser qu'on était chanceux ici au Canada de... de ne pas encore voir ces conséquences-là, mais en même temps, je me suis sentie coupable parce que c'est notre pays qui fait qu'il y a ces évènements tragiques-là dans d'autres pays. Donc ça m'a fait un peu réaliser et sentir mal.

JEAN-FRÉDÉRIC. – Ouais et puis aussi que... d'entendre quelqu'un des Maldives qui dit aux politiciens : êtes-vous prêts à commettre des meurtres ? Je veux dire, c'est impressionnant parce que... leur pays va être inondé dans quelques années, si on continue comme ça, il n'y aura plus de maisons, plus d'emplois. Et puis, nous autres, on est les grands pollueurs de la planète, puis on n'en subit même pas les effets, donc de voir la détresse dans leur yeux, de... de vraiment sentir que, qu'ils sont désespérés, puis qu'il faut vraiment agir. Puis que c'est au Canada, puis au États-Unis, puis aux grands pays comme ça de prendre en main ce dossier-là.

12/12/2009, Radio Canada

Index des contenus

en raison de	***En raison des*** *travaux, la rue est fermée.*	U7 : A3 p. 107, A3, A4, p. 112
en revanche	*Non, je ne peux pas vous recevoir jeudi.* ***En revanche****, je peux vous voir mardi.*	U6 : A4 p. 96, U8 : p. 128
étant donné que	*Alain Delon n'a pas pu venir* ***étant donné qu****'il était en tournage.*	U7 : A3 p. 107, A3, A4 p. 112
faute de	***Faute de*** *temps, on ne visitera pas le château.*	U7 : A3 p. 107, A2, A3 p. 112
grâce à	***Grâce à*** *toi, j'ai tout compris.*	U7 : A2 p. 112
jusqu'à (ce que)	*Tu attends* ***jusqu'à ce que*** *je revienne.*	U4 : A6 p. 59, A3, A4 p. 64
laquelle, lesquelles	*Je ne connais pas la route* ***par laquelle*** *tu es passée.*	U3 : A7 p. 43, A6 p. 49
lequel, lesquels	*Voici le bâtiment* ***dans lequel*** *vous allez travailler.*	U3 : A7 p. 43, A6 p. 49
malgré	***Malgré*** *les allocations logement, beaucoup ont du mal à se loger.*	U8 : A6 p. 123, A1, A3, A4 p. 128
même	*On a acheté la* ***même*** *maison.*	U2 : A2 p. 29, A7, A8 p. 33
même si	*Tu dois répondre* ***même si*** *tu ne participes pas à la réunion.*	U8 : A6 p 123, A1 p. 128
néanmoins	*Des grèves sont annoncées,* ***néanmoins*** *quelques TGV circuleront.*	U8 : A6 p. 123, A3 p. 128
par ailleurs	*Notre partenaire a accepté notre offre.* ***Par ailleurs****, il a souhaité que nous proposions un second projet.*	U6 : A4 p. 93, A3 p. 96, U8 : A6, A7 p. 129
par contre	*J'aime la montagne,* ***par contre*** *je ne pourrais pas y vivre.*	U8 : A1 p. 128
plusieurs	*J'ai* ***plusieurs*** *rendez-vous jeudi.*	U2 : A3 p. 29
pourtant	*Je n'ai pas la même opinion que lui et* ***pourtant*** *je respecte ses idées.*	U6 : A3 p. 96 U8 : A6 p. 123, A1 p. 128
pourvu que	*Je vais en Bretagne ce week-end :* ***pourvu qu****'il fasse beau.*	U9 : A2, A3 p. 141, A3 p. 144, A8 p. 145
puisque	***Puisqu****'il fait beau, nous allons à la mer.*	U7 : A3 p. 107, A3 p. 112
quand même	*Il était très occupé, il est* ***quand même*** *venu.*	U8 : A1, A3, A4 p. 128
si	*Il est* ***si*** *grand* ***qu****'il s'est cogné la tête.* ***Si*** *je pouvais, j'irais avec toi.* *Il m'a demandé* ***si*** *tu pouvais venir.*	U7 : A5 p. 113 U5 : A6, A7 p. 77, A3 p. 80, A8 p. 81 U3 : A4 p. 45, A1, A3 p. 48
tandis que	*Je parle anglais* ***tandis que*** *ma sœur parle russe.*	U8 : A7 p. 123, p. 128
tant	*Il pleure* ***tant qu****'il me casse les oreilles.* *Ils ont joué* ***tant de*** *fois qu'ils ont fini par gagner.*	U7 : A5 p. 113
tellement	*Il parle* ***tellement*** *vite* ***que*** *je ne comprends pas.* *Il a* ***tellement de*** *problèmes qu'il ne sait plus par où commencer.*	U7 : A5 p. 109, A5 p. 113
tout à fait	*Tu as* ***tout à fait*** *raison.*	U8 : A5 p. 125
toutefois	*Les produits bio sont chers,* ***toutefois*** *ils sont plus sains.*	U6 : A4, p. 93, A3 p. 96 U8 : A4 p. 128
vu que	***Vu que*** *tu sais tout, réponds à la question.*	U7 : A3 p. 112

Crédits photographiques et illustrations

8 : Pierre Charriau/Getty Images ; **10** : Randy Faris/Corbis ; **11** : Fred Marvaux/DALLE APRF ; **13** : Bridgeman Art Library ; **14** : Bridgeman Art Library ; **15** : AFP Creative/Photononstop ; **18** : KEYSTONE FRANCE/Keystone/Eyedea Presse ; **20** *b* : Bridgeman Art Library ; **20** *h* : Laine/Cosmos ; **21** : Vincent Maston ; **24** : Jon Feingersh/Blend Images/Corbis ; **26** *b* : Emile Luider/hemis.fr ; **26** *h* : Bruno Morandi/Robert Harding World Imagery/Corbis ; **27** : Olivier Martin Gambier/Artedia ; **28** *b* : Robin MacDougall/Getty Images ; **28** *h* : John Edward Linden/Beateworks/Corbis ; **29** : Ben Artzi/REA ; **30** : Jean-Charles Martel/Artedia ; **31** : Michel Renaudeau/Hoa-qui/Eyedea Illustration ; **33** *d* : D.R. ; **33** *g* : Yves Loiseau ; **34** *b* : © Thomas Sériès/Syndicat des architectes des Bouches-du-Rhône ; **34** *h* : Kulka/Corbis ; **36** *h* : Philippe Renault/hemis.fr ; **36** *b* : Philippe Renault/hemis.fr ; **37** *b* : Mathieu Bichat/www.fetenationale-montreal.qc.ca ; **37** *h* : Jean F. Leblanc/Stock-REA ; **40** : Morgan David de Lossy/Corbis ; **42** *b* : © Librairie Arthème Fayard, 2005 ; **42** *h* : © Éditions Albin Michel ; **43** : Alberto Ruggieri/Getty Images ; **44** : Collection Christophel ; **45** *b* : Collection Christophel ; **45** *h* : Ramon Senera/CDDS Enguerand ; **46** : Collection Christophel ; **47** : Xavier Leoty/AFP Photo ; **49** *d* : Tony Barson/WireImage/Getty Images ; **49** *g* : AFP Photo by Francois Durand/Getty Images ; **50** : Peter Read Miller/Sports Illustrated/Getty Images ; **52** : 2009 Samuel Dietz/Getty Images ; **53** *b* : Marek Chalupník ; **53** *h* : Deloye/DALLE APRF ; **56** : Suk-Heui Park/Getty Images ; **58** *d* : 2006 Sang An/Botanica/Getty Images ; **8** *g* : R. Ian Lloyd/Masterfile ; **9** : BSIP ; **60** *b* : Laurence Monneret/Getty Images ; **h** : Nino Mascardi/Getty Images ; **60** *m* : © INPES/www.mangerbouger.fr ; **61** *b* : Pascal Sittler/REA ; **61** *h* : ANIA ; **62** : Michael Melford/Getty Images ; **63** : Bruce T. Brown/Getty Images ; **66** : Kevin Dodge/Corbis ; **67** : Jonathan Kingston/Getty Images ; **68** *b* : © Agence Bio – www.agencebio.org ; **68** *h* : Marta Nascimento/REA ; **69** *b* : Alfred/SIPA ; **69** *h* : Roderick Chen/Getty Images ; **69** *hg* : © Agence Bio ; **72** : Olivier Culmann/Tendance Floue ; **74** *bd* : © Alexandre Houllier ; **74** *bg* : Pascal Boegli ; **74** *bm* : Photo RMN – Jean-Gilles Berizzi/© Succession Picasso, Paris 2010 ; **74** *h* : Xavier Van Der Stappen ; **76** *bd* : Siephoto/Masterfile ; **76** *bg* : Janet Bailey/Masterfile ; **76** *h* : Jean Claude Moschetti/REA ; **77** : S. Audras/REA ; **78** : Ginies/SIPA ; **79** *d* : Philippe Desmazes/AFP Photo/© ADAGP, Paris 2010 ; **79** *g* : Photo CNAC/MNAM Dist. RMN – P. Migeat/© ADAGP, Paris 2010 ; **79** *m* : Collection Artedia/Gehry Frank/Artedia/© ADAGP, Paris 2010 ; **82** : Patrick Sheàndell O'Carroll/PhotoAlto/AFP ; **84** *b* : Issouf Sanogo/AFP Photo ; **84** *h* : Julien Chatelin/RAPHO/Eyedea ; **85** *b* : Georges Gobet/AFP Photo ; **85** *h* : Issouf Sanogo/AFP Photo ; **88** : 2009 Thomas M. Barwick INC/Getty Images ; **91** : Jean François Monier/AFP Photo ; **92** : Sie Productions/Corbis ; **93** : Images.com/Corbis ; **94** : Blasius Erlinger/Corbis ; **95** : Chabruken /Getty Images ; **98** : Jetta Productions/Getty Images ; **99** : Jérôme Chatin/Expansion-REA ; **100** : Birgid Allig/Corbis ; **101** *b* : Panoramic Images/Getty Images ; **101** *h* : Ghislain & Marie David De Lossy/Getty Images ; **104** : Leonardo/Masterfile ; **106** : Lisa Charrier/Keekoa ; **106** *h* : Marta Nascimento/REA ; **109** : MondImage – Jack Pierre/Photononstop ; **110** : Todd Warnock/Getty Images ; **111** : Ron Levine/Getty Images ; **114** *d* : Anne Sophie Bost/Sunset ; **114** *g* : Monkey Business – Fotolia ; **114** *m* : A. Roger – Fotolia ; **116** : Dimitri Vervitsiotis/Getty Images ; **117** *b* : © AFM ; **117** *h* : Sylva Villerot/REA ; **120** : Steve Bloom/Getty Images ; **122** : © LICRA ; **123** : Collection Christophel ; **124** : KEYSTONE-FRANCE/Keystone/Eyedea Presse ; **125** : Images.com/Corbis ; **126** : Hummer/Getty Images ; **127** : © Médecins Sans Frontière ; **130** : © Ligue de l'enseignement de Bretagne/www.essentiel-conseil.net ; **131** : Meeke/Corbis ; **132** : Biggie Productions/Getty Images ; **133** *b* : Vadrot/DALLE APRF ; **133** *h* : Torleif Svensson/Corbis ; **136** : Pedro Armestre/AFP Photo ; **138** *bd* : Jean-Luc Luyssen/Gamma/Eyedea Presse ; **138** *bg* : Sabine Moeller/Greenpeace ;

138 *h* : Axel Schmidt/AFP Photo DDP ; **139** : Faber-Iconovox ; **140** : Alberto Ruggieri/Getty Images ; **141** *b* : Alain Julien/AFP Photo ; **141** *h* : Brouck – Iconovox ; **142** : Etienne Poupinet/Corbis ; **143** : Dave Cutler/Getty Images ; **146** : Cornelia Doerr/Getty Images ; **148** : Armando F. Jenik/Getty Images ; **149** *b* : Corinne Heraud/Gamma/Eyedea Presse ; **149** *h* : Jason Hosking/Corbis ; **156** *h* : C. Bruneau-Amarante Golf Plaza**** ; **156** *b* : © Kazuyo Sejima Ryue Nishizawa/SANAA, Tim Culbert/Célia Imrey/IMREY CULBERT, Catherine Mosbach/Photographe : Cyrille Thomas ; **157** : Couverture du livre *Nos enfants ont-ils le droit à l'art et à la culture ?* de Jean-Gabriel Carasso, éditions de l'Attribut, 2005/ph © Jean-Christophe Sanicolas/Conception graphique : www.aprim-caen.fr ; **159** : Steven Kazlowski/Science Faction/Corbis

Crédits textes

10 : *Les souvenirs d'enfance s'invitent à l'âge adulte,* de Bruno Mallèvre, *La Croix,* 9/01/2008 ; **13** : http://dictionnaire.reverso.net/Softissimo ; **20** : *Afrique – les griots d'Afrique, la mémoire d'un continent,* http://portal.unesco.org/ci/fr/ev.php-URL_ID=9626&URL_DO=DO_TOPIC&URL_SECTION=201.html © UNESCO 1995-2009, « reproduit avec la permission de l'UNESCO » ; **21, 177** : Mamadou Sall ; **27** : Philippe Delerm : *Quelque chose en lui de Bartleby* © Mercure France, 2009 ; **28** : © Marc Durin-Valois/*Le Figaro Magazine,* 2007 ; **34** : *Ça m'intéresse*/Groupe Prisma Presse ; **34** : www.maisonapart.com ; **36, 37** : Blogue de Doris ; **42** : *Le Ciel t'aidera* de Sylvie Testud © Librairie Arthème Fayard, 2005 ; **42** : *l'éducation d'une fée* de Didier van Cauwelaert © Éditions Albin Michel, 2000 ; **44** : www.femme.com, DR ; **44** : Entretien de Sylvie Testud avec Mathilde Blottière, paru dans *Télérama* n° 3047 du 7 juin 2008 ; **52** : Propos recueillis par Mélanie Carpentier et Julien Demets/Evene.fr ; **53** : Marielle Cro ; **58** : *Thalasso. Plongez dans l'univers des médecines orientales,* Nelly Fouks et Bénédicte Transon-Capone, *Prisma,* 07/2008, DR ; **60** : www.mangerbouger.fr ; **60** : Chambre Syndicale des Eaux Minérales (CSEM) ; **68** : Véronique Bourfe-Rivière, www.jecuisinebio.fr ; **69** : © Agence Bio – www.agencebio.org ; **75** : *Crépapelle,* Mathieu Laviolette-Slanka/Evene.fr ; **75** : *Kvetch,* Marie Sautelet/Evene.fr ; **77** : Journeesdupatrimoine.culture.fr/ministère de la Culture et de la Communication ;

84 : [rfi] *Fespaco 40 ans de festival et une identité affirmée,* Catherine Ruelle, 25/02/2009, www.rfi.fr ; **85** : Wend Lassida Ouédrago/CNA ; **92** : OfficeTeam ; **93** : Domitille Arrivet, Lepoint.fr, 03/11/2009 ; **100** : Sylvain Michelet, *Psychologies magazine,* octobre 2009 ; **101** : © Virginie Bertereau/letudiant.fr ; **106** : Colette Friedrich, www.keekoa.com ; **108** : www.maisonapart.com ; **109** : François Laurent, emarketing.fr ; **116** : Isabelle Stucki, *Le Courrier,* Suisse ; **117** : Sophie Marlet/Plusmagazine.be ; **123** : www.allocine.com, DR ; **124** : Charlotte Roman, liberation.fr, 03/12/2009 ; **124** : Inde-Insee, Er-GGS1, 2005 ; **130** : Ligue de l'enseignement de Bretagne ; **132, 133** : correspondants.org ; **133, 186** : *Viens voir,* paroles de M. D'inca, musique de Tiken Jah Fakoly, Vi Avelino, David Jno Baptiste, arrangements de Jean Remy © 2007 Sony/ATV Music Publishing/Patouche Éditions ; **140** : Robin Carel ; **140** : www.europe1.fr ; **148** : Jean-Jacques Coudière, France-Antilles Guadeloupe, 30/11/2009, DR ; **149** : Florian Martin, 23/12/2009, durable.com ; **154** : [info] Emmanuel Langlois, 1/11/2009 ; **156** : Smartbox (R). Tous droits réservés ; **158** : Brigitte Saverat-Guillard, *Ouest-France,* 25/11/2009

Références sonores

1 (CD 1) : *Universal Vision,* compositeur Pierre Perez-Vergara/Kosinus

16 (CD 1) : *Living Together,* compositeur Pierre Perez-Vergara/Kosinus

17 (CD 1) : *News Marketing,* compositeur Fred Fenouille/Kosinus
11 (CD 2) : *Dynamic News,* compositeur Marc Durst/Kosinus
[rfi] **2 (CD 1) – 176** : Émission *En sol majeur,* journaliste Yasmine Chouaki, du 12/02/2009, interview à Abd Al Malik, www.rfi.fr
[RTL] **4 (CD 1) – 176** : *Kenya l'éléphant,* rubrique web fait divers, journaliste Pierrick Lieben, 10/04/2009, RTL (société EDIRADIO)
8 (CD 1) – 177 : Mamadou Sall
9 (CD 1) – 177 : Musique : « Introduction et Marche Royale du Lion » du « Le Carnaval des animaux » de Camille Saint Saens, album « Pierre et Le Loup » (Prokofiev) « Le Carnaval des Animaux » (Saint Saens)/L'Historie de Babar (Poulenc). Claude Pieplu, Peter Ustinov, Igor Markevitch, Georges Prête, Emi Classic, 2002/Voxinzebox
[rfi] **12 (CD 1) – 178** : *Gorée la douce sénégalaise,* émission *Si loin, si proche,* 23/01/2009 par Ludovic Dunod et Ziad Maalouf, jingle « Scouzi » par Stéphane Fonxin et Thierry Guarracino, www.rfi.fr
15 (CD 1) – 178 : Julie Lajoye, 01/07/2007 © P45 Magazine
19 (CD 1) – 179 : *La Grande Sophie,* par Sophie Torlotin, le 28/07/2009, émission *Culture vive,* www.rfi.fr
24 (CD 1) – 180 : Les émissions internationales de Radio Prague
25 (CD 1) – 180 : *La luminothérapie,* du 8/11/2008 par Charlotte Alix, www.rfi.fr
27 (CD 1) – 180 : *Une séance d'hypnose en direct,* réalisation Bruno Reguet, 14/01/2009, Arte Radio.com
[info] **30 (CD 1) – 181** : Chronique *Mode de vie,* 23/02/2009 avec Jean Paul Geai, rédacteur en chef du magazine *Que choisir,* journaliste Renaud Biondi Maugey
[rfi] **38 (CD 1) – 182** : *Chronique Culture : 40 ans de Fespaco,* journaliste Sophie Torlotin, 28/02/2009, www.rfi.fr, interview à Mahama Johnson Traoré et Michel Ouédraogo
1 (CD 2) – 183 : *Et si c'était ça le bonheur* de Faustine Bollaert, 26/10/2009, produite et diffusée par Europe 1
3 (CD 2) – 183 : Émission *Une cadre sup' et sa coach,* réalisation Laurent Salters, 2/06/2006, Arte Radio.com
6 (CD 2) – 183 : *Le quotidien de la famille* sur France Bleu Besançon du 02/04/2009 avec Lisa Charrier de Keekoa.com
8 (CD 2) – 184 : Émission *L'après-midi porte conseil,* journaliste Dominique Poirier, 1/10/2009/Radio Canada
10 (CD 2) – 184 : www.halde.fr
16 (CD 2) – 186 : *Viens voir* interprétée par Tiken Jah Fakoly avec l'aimable autorisation de Universal Music France
[rfi] **17 (CD 2) – 186** : Réné Ngongo, responsable de Greenpeace en RDC, sur l'issue du Sommet de Copenhague, par Christophe Paget, le 20/12/2009, www.rfi.fr
[rfi] **18 (CD 2) – 186** : Yves Cochet député Vert, membre de la délégation parlementaire française à Copenhague, par Sylvie Bibille, le 19/12/2009, www.rfi.fr
20 (CD 2) – 187 : Générique *C'est pas du vent* de Grivot et Senet, musique originale, émission du 14/08/2009 interview de Gérard Poujade, maire de la commune de Séquestre par le journaliste François Bernard, www.rfi.fr
25 (CD 2) – 187 : *L'or de Guyane* par Anne-Cécile Bras et Arnaud Jouve, le 27/10/2009, émission *C'est pas du vent,* www.rfi.fr
26 (CD 2) – 187 : © icontes.com
[info] **27 (CD 2) – 188** : Olivier Carpentier, rédacteur en chef de *Ça m'intéresse,* Pascal Le Guern, 28/10/2009
[info] **28 (CD 2) – 188** : *Un autre Louvre en plein bassin minier,* Anne-Claire Gauchard, 12/03/2009
31 (CD 2) – 189 : *La semaine verte,* 12/12/2009, Radio Canada

Nous avons recherché en vain les éditeurs ou les ayants droit de certains textes ou illustrations reproduites dans ce livre. Leurs droits sont réservés aux Éditions Didier.

Conception et direction artistique de la couverture : Christian Dubuis Santini © Agence Mercure
Principes de maquette pages intérieures (hors réalisation et iconographie) : Christian Dubuis Santini © Agence Mercure et La papaye verte
Mise en page, montages : La papaye verte
Photogravure : MCP
Édition : Cécile Rouquette
Iconographie : Véronique Foz
Illustrations : Thibaut Soulcié : pages 16, 17, 19, 32, 35, 51, 64, 65, 80, 81, 83, 96, 97, 99, 112, 113, 115, 128, 129, 144, 145, 147 – Dom Jouenne : page 12 – Gabriel Rebuffelo : pages 90, 108.
Enregistrements, montage et mixage : Fréquence Prod.